ENDLICH
IST
WIEDER
MALLORCA!

Jürgen Mayer

ENDLICH IST WIEDER MALLORCA!

Wahre Geschichten, die die Insel nie verlassen sollten

INHALT

EIN VORWORT

Als junger Mensch war ich oft auf Reisen, habe viele Länder besucht. Aber ich musste Mitte dreißig werden, bis ich zum ersten Mal nach Mallorca kam. Es war Mai – und schon nach wenigen Tagen hatte mich diese Insel gepackt. Die Mohnblüte war in vollem Gang, die Luft warm und doch erfrischend. Der Blick von den Klippen im Norden der Insel aufs Mittelmeer raubte mir fast den Atem, und Palma überraschte mich mit Schönheit und mediterranem Flair, wie ich das in noch kaum einer Stadt zuvor erlebt hatte. Kurzum: Mallorca und ich, das war Liebe auf den ersten Blick.

Seit April 2002 lebe ich auf Mallorca. Und nicht nur das: Ich berichte von hier für deutsches Radio und Fernsehen, schreibe über die Insel und die Menschen – seien es Urlauber, Residenten oder Einheimische. Ich beobachte. 24 Stunden am Tag, sieben Tage in der Woche.

Die skurrilsten, lustigsten, ungewöhnlichsten Geschichten aus all den Jahren habe ich für dieses Buch aufgeschrieben. Manche habe ich persönlich erlebt. Wieder andere habe ich mir erzählen lassen – von den Akteuren dieser Geschichten selbst oder von denen, die dabei waren. Alle sind im Kern wahre Geschichten. Aber weil sie nicht immer denen schmeicheln, die darin vorkommen, habe ich sie verfremdet, ergänzt, verkürzt. Und ich habe Namen und Orte geändert.

Ich wünsche Ihnen viel Vergnügen mit diesem Buch. Es ersetzt keine Reise auf die schönste Insel der Welt. Aber es bringt

Sie für ein paar Stunden an diesen Sehnsuchtsort, weckt womöglich Erinnerungen und lässt Sie staunen, was unsere Landsleute hier alles erlebt haben. Oder sich erlaubt haben.

Eines zeigt jede einzelne Story: Mallorca ist nicht Las Vegas. Was auf Mallorca passiert, bleibt nicht auf Mallorca ...

Jürgen Mayer

PS: Ich widme dieses Buch Christina, die so oft meiner Erinnerung auf die Sprünge geholfen hat und ohne die es Mallorca für mich nicht gäbe.

FLIEGEN LERNEN AM BALLERMANN

Playa de Palma

Johanna ist eigentlich schon ziemlich durch. Am zweiten Abend in Arenal. In der Nacht zuvor, kurz vor Mitternacht, ist sie mit ihren acht besten Freundinnen in Palma gelandet. Mit dem letzten Flug aus Hannover. Bereits auf der Fahrt von Nienburg an der Weser zum Flughafen hatten sie ordentlich gebechert, um sich in Malle-Stimmung zu bringen. Sie und ihre Mädels. Gehört sich ja auch so bei einem Junggesellinnenabschied!

Rosa Shirts und schwarze Shorts hatten sie sich besorgt, mit Hosenträgern. Nur Johanna trägt einen Petticoat. Er steht ihr gut, sie ist schlank, sieht jünger aus als die 23 Jahre, die in ihrem Ausweis stehen – und in dem Röckchen kommen ihre langen, schlanken Beine sehr gut zur Geltung. Sie hat kurze, dunkle Haare, und ihre Augenbrauen sind gepierct. Auf dem Kopf sitzt ein goldenes Krönchen, das ihre Freundinnen im Netz geschossen haben, bei einem Versandhandel für Junggesellinnenfeiern. Johannas beste Freundin Andrea hat am Ende die Klamotten für alle besorgt. Sie hat auch die ganze Reise organisiert. Flüge, Hotel, einfach alles. Sie ist ein wahrer Schatz!

»Du bist die Braut, du brauchst dich um nichts zu kümmern«, hatte sie zu Johanna gesagt.

Jetzt sind sie also hier. Auf Malle. Als sie gestern Abend kurz nach zweiundzwanzig Uhr gelandet sind, ging es direkt vom

Flughafen an den Ballermann. Sie waren mächtig angeheitert, haben gleich eine Tour durch unendlich viele Läden gemacht, haben alles durcheinandergetrunken – und als es Sarah schlecht wurde, sind sie alle zum Strand gelaufen und haben sich ein paar Stunden schlafen gelegt. Das soll eigentlich verboten sein. Aber kein Polizist kam vorbei und hat sie aufgeweckt.

Andrea hatte für die erste Nacht kein Hotel gebucht. Warum auch? Sie wollten ja feiern. Und nicht schlafen.

Sie schleppten sich mehr schlecht als recht durch den Vormittag, besorgten sich *Bocadillos* und *Café*, zogen ihre Bikinis an, die im Handgepäck steckten, und legten sich wieder an den Strand. Was für ein Abenteuer! Mehr braucht es eigentlich nicht zum Leben. Trotzdem waren alle ziemlich froh, als sie am frühen Nachmittag auf ihre Hotelzimmer durften. Ausnahmslos alle legten sich noch mal hin und schliefen tief und fest ein.

Jetzt treffen sie sich wieder. Unten in der Lobby des Hotels. Frisch geduscht und bereit, die Nacht wieder zum Tag zu machen. Es ist kurz nach zweiundzwanzig Uhr. Die beste Zeit also, um am Ballermann loszulegen.

»Wer ist für Bierkönig?«, grölt Andrea in die Runde. Und alle halten wie in der Schule ihre Hände in die Höhe: »Dann los, Mädels! Und heute Abend werden keine Gefangenen gemacht. Wir sind auf Malle! Was hier passiert, bleibt hier.« Andrea zwinkert Johanna zu, die Mädels schlagen in der Mitte ein und stolzieren los in ihren rosa Shirts und schwarzen Shorts.

Sandro hat zu diesem Zeitpunkt bestimmt schon vier Bier intus. Es ist Happy Hour im Bierkönig. Du bestellst ein Bier und bekommst zwei. Jeweils halbe Liter, logo! Sandro und die Jungs von der zweiten Mannschaft der Borussia Osnabrück sind schließlich nicht zum Spaß hier!

Sie kommen jetzt schon zum vierten Mal nach Arenal. Es ist ihre Abschlussfahrt nach der Saison. Kreisliga spielen sie, nichts Berühmtes, immer im Mittelbereich der Tabelle. Seit Jahren schon. Fußball ist ihr Hobby, sie trainieren zweimal in der Woche, am Wochenende das Punktspiel – fertig. Mehr Zeit können sie nicht investieren. Und dürfen es auch nicht, sonst würden die Frauen meckern. Noch mehr als bisher. Die wollen einfach nicht kapieren, dass Männer eben auch ihre eigene Zeit brauchen. Mit Männern. Beim Fußball. Und beim Bier danach. Ist ja wohl nichts dabei.

»Nimm!«, brüllt André rüber und stellt ihm zwei weitere Bier vor die Nase auf den Stehtisch. Jeder von den Jungs ist dran mit einer Runde. Sandro hat eben den Anfang gemacht, er kann jetzt laufen lassen. Er fällt auf, auch unter seinen Freunden. Er ist mit gut 1,90 der Größte von ihnen, die blonden Haare lässt er seit einigen Monaten wachsen, sie reichen ihm fast bis zum Kinn. Ein »Surfer-Typ« ist er, könnte glatt in einer der Serien mitmachen, die an einem kilometerlangen Strand mit Pudersand irgendwo in Kalifornien spielen. Aber Sandro hat in seinem ganzen Leben noch nie auf einem Surfbrett gestanden. Will er auch gar nicht. Fußball reicht ihm.

Auch diese Fahrt an den Ballermann hat wieder zu Diskussionen mit den Frauen geführt – wie in jedem Jahr. Die meisten sind noch nicht verheiratet, außer Fiete und Klausi. Aber alle anderen haben feste Freundinnen zu Hause, leben meistens auch schon einige Jahre mit ihnen zusammen. »Verlobt mit der Alina ist er«, sagt Sandros Vater immer, wenn die Verwandtschaft fragt. Aber es gab weder einen Antrag noch 'ne Verlobungsfeier oder so etwas. Sandro ist es egal. Alina ist in Ordnung, es läuft eigentlich ganz gut.

Vor dem Abflug mit den Jungs haben sich Alina und Sandro richtig gestritten. Wie immer vor der Ballermann-Fahrt mit dem

Verein. Sandro regt sich im Streit kurz auf, aber sobald er in seinen GTI gestiegen ist in Richtung Flughafen, ist es ihm egal.

Alina traut ihm nicht. Sie glaubt, dass er jedem Rock hinterherrennt, sobald er auf Malle ist. Dabei war sie selbst auch bereits zweimal mit ihren Freundinnen hier. Auch ohne die Männer. Und ohne ihn.

»Ich frage dich nicht, wie es war. Dann erfahre ich auch keine Sachen, die ich gar nicht wissen will«, hatte er damals gesagt, als er sie am Flughafen abholte.

Genau so hält er es umgekehrt auch. Er ist ja auch treu. Also in gewissem Sinn. Er liebt Alina – und das bleibt auch so. Klar hatte er auf jeder Mannschaftsfahrt irgendeine Frau am Start. Vor drei Jahren diese Dunkelhaarige mit dem bayerischen Akzent. Regine hieß die. Oder voriges Jahr. Tiziana. Italienerin aus Berlin. Die hat Sachen mit ihm gemacht, von denen träumt er heute noch in manchen Nächten und wacht schweißgebadet auf.

Und dann natürlich vor zwei Jahren Steffi aus Bremen. Die hatte so geweint, als er abreiste – er wusste gar nicht, wie er sie beruhigen sollte. Natürlich würde er sich sofort melden. Natürlich würden sie sich wiedersehen, sobald auch sie aus Mallorca zurück wäre. Gleich am Wochenende drauf! Bremen–Osnabrück, das ist ja keine Entfernung. Gut hundert Kilometer, eine Stunde Fahrt: kein Ding! Er hat zu Hause so getan, als würde seine SIM-Karte nicht mehr funktionieren, und sich eine neue besorgt. Mit neuer Nummer. Selbstverständlich hat er Steffi niemals angerufen.

Ballermann ist Ballermann! Und zu Hause ist zu Hause. Zwei Welten. So ist das nun mal. Weiß doch jeder!

Klausi entdeckt sie zuerst.

»Alter!«, ruft er, »'ne Braut!« Johanna stolziert in ihrem Petticoat und mit dem Krönchen in den Bierkönig, gefolgt von ihren Freundinnen in rosa Shirts und schwarzen Shorts. Sie schauen sich kurz um und steuern dann auf eine Ecke zu, in der noch nicht ganz so viel Trubel herrscht.

Also Sandro sie sieht, trifft es ihn wie der Blitz. Seine Knie werden weich. Seine Hände fangen an, ganz leicht zu zittern. Sein Magen wird flau. Er hat das Gefühl, als ob sein Kopf gerade komplett in Watte eintauchen würde. Flauschig, weich, wohlig. Etwas Warmes strömt durch seinen Körper – und es ist so stark, dass er das Gefühl hat, gleich zu glühen. Das kannte er bislang nur von einer anfliegenden schweren Erkältung – dieses Erhitzen kurz vor dem Fieberausbruch, diese Hilflosigkeit. Dieses Empfinden, als ob der Körper abwechselnd glühend heiß und anschließend wieder eiskalt würde.

Sandro hasst es, wenn sein Körper ihm nicht gehorcht. Wenn er krank ist. Wenn er nicht macht, was Sandro will. Sandro hasst es, die Kontrolle zu verlieren. Und solch einen Kontrollverlust hat er in seinem ganzen Leben noch nicht erfahren. So einen wie gerade in diesem Moment im Bierkönig auf Mallorca.

Johanna steht jetzt mit ihren Freundinnen an einem Tisch in der Ecke, keine zehn Meter von Sandro entfernt.

Er möchte das eigentlich nicht. Und will es doch. Er möchte auf keinen Fall länger hierbleiben, weil er spürt, dass diese Frau ihn nie mehr loslassen wird. Er weiß das nicht, er kann das ja nicht wissen. Und doch spürt er es. Diese Frau da hinten, das ist die Frau seines Lebens!

»Lass uns da mal was klarmachen«, sagt Ralf, schnappt sich Klausi und den Trainer.

Alle drei gehen rüber zu den Mädels in Rosa und Schwarz. Klausi macht einen Spruch, die Mädels lachen, und schon stehen die drei Bier der Jungs auf dem Tisch der Frauen. Alle stecken die Köpfe zusammen und prusten einige Augenblicke später los. Auch Johanna lacht sich schlapp. Bestimmt hat der Trainer wieder einen seiner zweideutigen Witze gemacht. Wie immer beim Baggern. Das ist seine Masche, um bei Frauen das Eis zu brechen.

Sandro beobachtet das alles von seinem Tisch aus. Er bewegt sich keinen Zentimeter dort weg. Sein Kopf fürchtet, dass sein Körper bei der geringsten Bewegung zusammenbrechen wird, er zu Boden fällt und alle rundherum lachen. Was natürlich absoluter Quatsch ist.

Überhaupt will Sandro das alles nicht – dieses Verknalltsein, diese plötzliche Liebe, wörtlich auf den ersten Blick. So was kann sich Alina in ihren Filmen angucken, die in Cornwall spielen und die sie sich jeden Sonntagabend im ZDF reinzieht, während er eigentlich lieber *Tatort* schauen würde. Aber er sagt nie etwas, weil Alina nach der Romantik-Soße so emotional aufgeladen ist, dass sie anschließend fast immer im Bett landen. Dafür verzichtet er gern auf den *Tatort*!

Das hier ist wie Cornwall. Ein Mädchen, dessen Name er noch nicht mal kennt. Und er, Sandro, der weiche Knie bekommt, wenn er sie nur anschaut. Er fragt sich kurz, warum es ihn jetzt gerade so erwischt. Ist das ihr Gesicht? Das Lachen? Er weiß es nicht – und er kann auch überhaupt keinen klaren Gedanken fassen.

»Kommst du mit, wir drehen 'ne Runde.«

Tom und der Rest der Jungs wollen jetzt Klausi und Co. ihren Mädels-Tisch überlassen und lieber anderswo in dem Laden nach Beute suchen.

»Sandro, alter Kacker, was ist? Alles gut bei dir?« Sandro nickt und lässt die Jungs gehen. Er holt sich noch ein Bier an der nächsten Theke – und als er zurückkommt, steht eine andere Gruppe Männer an seinem alten Tisch. Sandro bleibt etwas abseits stehen, um zu überlegen. Geht er doch noch quer durch den

Laden und sucht die Jungs? Oder stellt er sich zu Klausi, Ralf und dem Trainer rüber – und zu ihr?

Schon beim ersten Schritt spürt er förmlich, dass es die richtige Richtung ist. Dabei scheinen ihm seine Beine gar nicht zu gehorchen. Sie gehen einfach. Rechts. Links. Rechts. Links. Ohne Befehl aus seinem Kopf, scheint es. Einfach so. Instinktiv würde man bei einem Tier sagen. Sandro jedenfalls glaubt, dass er überhaupt keinen Einfluss auf seine Beine hat in diesem Moment. Er kann nicht denken. Sein Körper geht einfach zu ihr rüber.

Als er am Tisch angekommen ist, schaut sie ihn an, sagt: »Hi!«, streckt ihm ihre Hand entgegen. Sandro nimmt sie wie bei einem Vorstellungsgespräch und schüttelt sie.

»Johanna.«

»Sandro.«

Hat er da gerade gestottert? Bei seinem Namen? Wie megapeinlich ist das denn? Sandro weiß noch nicht mal, wie er jetzt hier an dem Tisch gelandet ist. Er hat sich nicht mehr im Griff. Er tut Dinge, die er eigentlich nicht tun will – und das liegt nicht am Alkohol. Die fünf oder sechs Bier, das ist für Sandro normalerweise kein Thema.

»Ich habe dich eben schon gesehen, drüben am Tisch. Gehörst du zu den Fußballjungs?«, fragt Johanna.

»Und ob! Das ist unser Abstauber. Und nicht nur auf dem Platz, wenn ihr versteht!«, sagt Klausi, und alle lachen, auch Johanna.

»Alter, geh kacken! Was soll die Scheiße?« Sandro ist richtig sauer auf den Arsch. Will er ihn hier vor der Frau vorführen, oder was? Als er merkt, dass er gerade die Stimmung in der Runde runterzieht, versucht er, noch schnell die Kurve zu kriegen.

»Jetzt wollte ich einmal den Schüchternen machen, da lässt der mich gleich auffliegen. Mann, Mann, Mann – du bist ein Freund! Aber ich nehm dir schon nix weg.«

Klausi lacht und alle anderen mit. Auch Johanna.

Irgendwie fühlt sich Sandro jetzt ein wenig sicherer. Er glaubt immer noch, seine eigene Nervosität zu spüren. Aber er ist sicher, dass kein anderer das merkt. Schon gar nicht Johanna. Er ist wieder ganz der Alte. Der Coole. Er hat sich wieder im Griff. Er macht Witzchen in der Runde, macht eine blöde Bemerkung zum Trainer, sagt was Nettes zu Johannas Freundin Laura, klopft Sprüche.

Johanna beobachtet ihn. Er war ihr schon aufgefallen, als sie in den Bierkönig reingekommen sind. Unter all den Kerlen, die da rumstanden und auf sie und ihre Freundinnen starrten, unter all denen ist ihr dieser Sandro sofort aufgefallen. Er hat diesen verschmitzten Blick. Und schöne Augen. Johanna steht auf schöne Augen – und erst jetzt sieht sie, wie klar und frisch seine Augen wirklich sind – jetzt, wo er neben ihr steht.

»Ist der nervös?«, fragt sie sich. Er wirkt zumindest so auf sie.

Sein Blick sagt ihr: Er würde gern flirten, traut sich aber offenbar nicht. Komisch. Für besonders große Schüchternheit scheint er ja eigentlich nicht bekannt zu sein, glaubt man den Bemerkungen seiner Kumpels. Johanna vermutet, dass er moralische Bedenken hat.

Sie, die Braut, die in zwei Wochen heiraten wird. Und er der gewissenlose Kerl, der sie womöglich noch ein letztes Mal zweifeln lassen wird, ob Andres wirklich der Mann ihres Lebens ist. Der vielleicht damit eine künftige Familie zerstört – wegen einer Nacht am Ballermann, in der beide dann in der Kiste landen. Aber bekommt der Typ wirklich wegen so etwas ein schlechtes Gewissen? So, wie der sich gibt und wie der aussieht, schleppt der nicht zum ersten Mal eine Frau für einen One-Night-Stand ab. Kann nicht sein! Aber warum wirkt der nervös?

»Ein richtiges Schnittchen, oder?« Andrea brüllt ihr das ins Ohr und deutet mit dem Blick auf Sandro. Anders würde Johanna sie auch nicht verstehen bei der höllisch lauten Musik, die jetzt im Bierkönig läuft. Irgendeine Schlagersängerin mit knappen Klamotten steht inzwischen auf der Bühne, sie müht sich ab, schreit mehr, als sie singt, wackelt mit dem Hintern – und die Menge johlt. Johanna zieht die Augenbrauen hoch und deutet ein Nicken an. Soll heißen: »Aber so was von einem Schnittchen!«

Als sie sich rumdreht, steht das Schnittchen direkt vor ihr und hält ihr ein Bier hin.

»Danke.«

Sie stoßen an, und Johanna brüllt dem Schnittchen ins Ohr: »Du willst es aber wissen.«

»Was?«

»Na, mit dem Bier. Ihr Jungs habt aber eine ordentliche Schlagzahl. Wie viel hast du denn schon?«

»Na, so sieben, acht Stück. Aber da geht noch was ... Sind ja nicht zum Spaß hier!«

Beide lachen. Sandro, weil er glaubt, wieder mal einen grandiosen Spruch gesetzt zu haben. Johanna, weil sie einfach ziemlich gute Laune hat. Den Spruch hat sie schon gekannt – und so originell war der ja auch nicht. Aber egal. Heute Abend will sie mal nicht so streng sein.

»Wo kommst du her?« Jetzt brüllt Sandro in ihr Ohr.

»Nienburg!«

»Wo?«

»Nienburg! An der Weser! Zwischen Bremen und Hannover. Ziemlich in der Mitte.«

»Kenn ich.«

»Woher?« Sie findet es ziemlich gut, immer wieder so nah an sein Ohr zu kommen.

»Pokalspiel. Fußball! Wir spielen zusammen Fußball, die anderen Jungs und ich. Borussia Osnabrück, zweite Mannschaft, nur so als Hobby. Wir haben mal ein Pokalspiel in Nienburg gehabt – voriges Jahr oder vor zweien. Weiß nicht mehr so genau.«

Sandro kann sie riechen, wenn er sich so nah zu ihr rüberbeugt und in ihr Ohr brüllt. Sie riecht toll! Er könnte gerade durchdrehen. Diese Frau wird er nie vergessen. Niemals! Weiß er jetzt schon, obwohl er sie erst ein paar Minuten kennt. Aber diese Frau hat ihn ziemlich erwischt. Er spürt gerade schon wieder dieses flaue Gefühl im Magen. Er kann seinen Blick einfach nicht von ihr lassen, er kann nichts dagegen tun. Er muss sie einfach ansehen.

»Was glotzt du so?«, sagt Johanna plötzlich.

Für den Bruchteil einer Sekunde kommt so etwas wie Panik in ihm auf, dann aber legt Johanna ihren Arm um seinen Hals und gibt ihm einen kleinen Kuss. Auf die Wange.

»War Spaß«, sagt sie. »Ich find dich auch ziemlich gut.« Sie nimmt ihn an der Hand und zieht ihn weg von den anderen, hin zur Bühne. Sie beginnt zu tanzen und flirtet ihn mit den Augen an. Sandro, die coole Socke, tanzt nie. Zumindest bisher. Heute Abend ist es ihm egal. Hauptsache, diese Frau ist um ihn herum. Hauptsache, er verliert sie nicht. Und bei diesen vielen Menschen hier sehen die anderen Jungs ja auch gar nicht, dass er tanzt. Erst bewegt er sich nur ganz langsam im Takt mit – und als Johanna ihn immer mehr anlächelt, lässt er sich gehen. Lässt sich auf die Musik ein. Tanzt, dreht sich, schaut Johanna jetzt immer ungenierter an. Vielleicht liegt es auch am Bier, dass er seine Hemmungen verliert. Aber hauptsächlich tanzt er, weil er ihr dann ganz nah ist.

Einer Frau ganz nah sein. War bisher bei ihm nicht vorgesehen. Körperlich schon, na klar. Aber bei keiner Frau hat er bisher Nähe gesucht. Im Gegenteil.

Auch Johanna sucht Nähe. Und zeigt das auch. Sie packt Sandro von hinten an die Hüften und schiebt ihn so vor sich her – zurück zum Tisch ihrer Freundinnen. Irgendwer hat »Kleiner Feigling« besorgt. Eine ganze Pappkiste mit den kleinen Fläschchen steht auf dem Tisch. Johanna schnappt sich ein Fläschchen und nimmt noch eines für Sandro. Beide klopfen es auf die Tischplatte und kippen es in einem Zug runter.

»Ich heiße Johanna!« Sandro schaut sie offenbar eine Sekunde zu lange fragend an, sie beginnt zu lachen, sagt noch etwas von Bruderschaft und küsst ihn. Jetzt aber richtig. Lange, innig, als wolle sie gar nicht mehr aufhören.

»Ich heiße Schnittchen!«, sagt jetzt Sandro, und beide prusten los.

»Du hast das gehört vorhin, oder?«

»Was gehört? Ich hab gar nichts gehört.« Er legt wieder sein Buben-Lächeln auf. »Schnittchen ist mein zweiter Vorname. Sandro Schnittchen.«

Beide lachen – und Sandro fühlt sich jetzt wieder in Hochform. Ganz der alte Sandro. Der alte Charmeur, der Baggerkönig vom Ballermann.

Als er noch Bier holen will und an Klausi vorbeikommt, ruft der ihm zu, schon deutlich lallend: »Hey, Alter, die hast du am Haken! Da geht noch richtig was!«

»Halt einfach die Fresse!«

»Oh, der feine Herr ist heute etwas empfindlich.«

»Klausi, halt einfach deine besoffene Fresse, und alles ist gut.«

»Er kriegt in seine gleich richtig was rein«, sagt Klausi nur noch leise, als Sandro schon längst weiter in Richtung Theke unterwegs ist und ihn nicht mehr hören kann. So reden sie nun mal. Unter Freunden. Unter Männern. Ganz normal. Kein Ding. Sie

sind Norddeutsche, sie sind Fußballer, sie sind am Ballermann –
und sie sind nun mal etwas derb. Wer das nicht abkann, muss zu
Hause bei Mutti bleiben.

Auch Andrea hat noch mal Bier geholt – und als Sandro zurückkommt mit seiner Runde Bier, steht der Tisch schon ziemlich
voll mit Gläsern. Sandro stellt seine einfach dazu. Alles kein Problem. Was bezahlt ist, das wird auch getrunken. Er selbst geht mit
gutem Vorbild voran und leert sein Glas in einem Zug.

»Halt!«, sagt Johanna, als er gerade zum nächsten Glas greifen will. »Ich will noch einen Feigling mit dir trinken. Aber das
Komplettprogramm.«

Sie trinken, und sie küssen sich. Und trinken. Und küssen. Die
Musik in dem Laden wird gefühlt immer lauter. Und immer unter-
irdischer. Aber das ist den meisten hier völlig egal. Saufen, knutschen, grölen, bisschen fummeln vielleicht und jemanden abschlep-
pen: Deshalb sind sie alle hier. Und einfach mal vergessen, was zu
Hause wartet. Die Hypothek. Der Ärger mit dem Chef. Die Frau.

Hier ist Malle – und das ist nur einmal im Jahr. Ballermann:
Olé-Olé-o-lé-Olé!

Auch Sandro gerät langsam außer Rand und Band. Er singt
mit, grölt, tanzt auf der Stelle, dreht sich, springt. Er benimmt
sich, als hätte er zwischen den vielen Bieren und Feiglingen auch
einen ganzen Krug Glückshormone getrunken.

So wirkt er auf Johanna.

Oder hat er was geschluckt?

»Hast du was genommen?«, fragt sie ihn und küsst ihn mi-
nutenlang, bevor er antworten kann.

»Nee, ich nehm nix. Nur das hier«, antwortet er und hält sein
Bierglas hoch.

Und das ist wirklich nicht gelogen. Sandro nimmt aus Prinzip
keine Pillen. Er hat regelrecht Angst vor dem Zeug. Die anderen

schlucken schon mal Speed oder auch Ecstasy, um am Wochenende gut drauf zu kommen. Er nicht. Auf keinen Fall. Dann säuft er lieber doppelt so viel – und ist auch gut drauf. Ein Megaschädel am nächsten Tag und vielleicht die Kotzerei – viel mehr kann beim Saufen nicht passieren. Kevin, der bei ihm um die Ecke wohnt, war mal fast zwei Wochen außer Gefecht, hat nur mit Fieber im Bett gelegen, Schüttelfrost, Krämpfe. Der hatte sich die falschen Pillen von den falschen Leuten andrehen lassen. Das will Sandro auf keinen Fall erleben.

»Ich find das nicht schlimm«, sagt Johanna, »ich hab auch schon mal was reingeworfen. Ist doch nix dabei.« Sie stößt ihre Freundin in die Seite, und Andrea reicht ihr zwei hellblaue Pillen aus ihrer Handtasche. »PP« steht in Großbuchstaben vorn drauf – und auf der Rückseite: »*Don't die!*«

Sandro will das nicht. Aber er ist zu betrunken, um Nein zu sagen. Und zu verliebt. Ja, das ist er! Verliebt! Er wollte es nicht, es ist einfach passiert. Und je mehr er trinkt, desto verliebter wird er. »Noch drei Bier«, sagt er zu sich selbst und lächelt dazu, »dann frag ich sie, ob sie mich heiraten will.«

Sie knutschen wieder. Johanna ist richtig fordernd. Sandro mag das. Er steht auf Frauen, die wissen, was sie wollen. Die nach vorn preschen. Die nicht zimperlich sind. »Diese Frau hier ist einfach der Wahnsinn!«, denkt er und sieht in dem Moment, wie die Wahnsinnsfrau von einer Sekunde zur nächsten blass wird im Gesicht.

»Alles okay mit dir?« Sie hält ihn mit dem rechten Arm auf Abstand. Die linke Hand hält sie vor den Mund.

Und rennt los. Zwischen den Tanzenden hindurch, vorbei an der Bühne, begleitet vom Wummern der Bässe rennt Johanna, so schnell sie kann, Richtung Frauenklo. Sie schafft es gerade noch bis zum Waschbecken. Dann gibt es kein Halten mehr. Sie kotzt sich die Seele aus dem Leib. Andrea kommt dazu und hält ihr die Haare aus dem Gesicht.

»Hey, Braut!«, sagt sie, »amüsierst du dich wenigstens mit dem Schnittchen?«

Johanna antwortet nicht. Wie auch. Ein weiterer Schwall kommt aus ihr raus. Das Schlimmste ist, dass sie sich im Spiegel selbst beim Kotzen zuschauen muss. Da kommt es ihr gerade noch mal hoch.

Als die beiden Mädels von der Toilette zurückkommen, hat Sandro bereits zwei weitere Bier intus. Er nimmt sie in den Arm, aber Johanna schüttelt mit dem Kopf.

»Alles in Ordnung?«, Sandro schaut sie mit aufgerissenen Augen an. Er lallt leicht.

»Na ja, ich hab mir gerade die Seele aus dem Leib gekotzt. Mit dem Geruch willst du mich nicht küssen. Das willst du garantiert nicht!«

Wortlos dreht sich Sandro um, verschwindet an der Theke und kommt mit zwei großen Bier zurück. »Dann müssen wir mal 'ne kleine Spülung machen.« Er lacht sich schlapp.

Johanna trinkt das große Glas in einem Zug aus. Sandro ist schwer beeindruckt.

»Du kannst ja sogar trinken! Und wie du das kannst. Dich könnte man ja glatt heiraten.«

Eigentlich ist ihm das jetzt nur so rausgerutscht. Nicht ernst gemeint. Und doch findet Sandro, wenn er wirklich drüber nachdenkt, dass die Idee vielleicht gar nicht so schlecht ist. Er kann allerdings nicht mehr richtig nachdenken. Nicht in diesem Zustand. Nicht in diesem Laden.

Und Johanna? Nimmt den Spruch natürlich auch nicht ernst. Sie küsst ihn mit dem biergespülten Mund, schaut ihn an und sagt: »Tja, du bist zu spät. Ich hab schon einen, den ich heirate.

In zwei Wochen.« Dann zieht sie die Schultern hoch. »Kann man nix machen.«

Sandro zieht eine Schnute. Er macht ein Gesicht, wie Ange-trunkene es machen, wenn sie nicht wissen, ob sie jetzt lachen oder weinen sollen. Trotz seines hohen Pegels und der Scheiß-egal-Stimmung versetzt ihm dieser Satz einen kleinen Schlag in die Magengrube. Er fühlt sich verletzt.

»Ich glaube nicht, dass du den heiraten wirst!«, hört er sich reden. »Du wirst nämlich mich heiraten, wenn du siehst, was ich kann.«

Johanna grinst, deutet mit dem Zeigefinger auf seine Hose und ist offenbar kurz davor, laut loszulachen.

»Nein, nein«, stottert Sandro fast. »Also, das natürlich auch. Meisterlich kann ich das! Kannst dich gern erkundigen! Aber das meine ich gar nicht.«

»Sondern?«

»Sondern was?

»Sondern was meinst du? Was kannst du?«

»Fliegen!«

Der Trainer stellt eine weitere Runde Bier auf den Tisch, Andrea kommt mit 'nem neuen kleinen Päckchen Feigling um die Ecke. Links hinten prügeln sich ein paar Typen, einer wirft einen Barhocker, zwei Jungs haben sich gegenseitig am Hals ge-packt. Die Security geht sofort dazwischen und schmeißt alle vor die Tür. Keiner stört sich groß dran, weiter kann's gehen mit dem Feiern. Das ist Alltag am Ballermann – »Allnacht«.

Johanna und Sandro klopfen ihre Feiglinge auf die Tisch-platte, und sie knutschen wieder lange und intensiv.

»Du kannst also fliegen?«, flüstert sie ihm ins Ohr – und brüllt dabei gleichzeitig. Anders geht's nicht bei dieser Laut-stärke.

»Komm einfach mit, ich zeige es dir. Unser Hotel ist nur zwei Straßen weiter. Das Alce. Da zeige ich dir das.«

Jetzt gehen bei Johanna doch noch die Alarmglocken an, so viel Verstand hat sie trotz ihres Pegels noch übrig.

»Aber doch nicht allein. Du fliegst, ich sehe das – und hinterher glaubt mir keiner!« Sie ist froh, dass ihr diese Ausrede noch eingefallen ist.

Sandro schaut sie lange an, er scheint nachzudenken. Vielleicht starrt er aber auch nur vor sich hin, so voll, wie er inzwischen ist. »Na gut«, sagt er dann, »deine Freundinnen kommen alle mit! Euch allen zeige ich, wie ich fliege!«

Tatsächlich geht Johanna jetzt los und sammelt die Mädels ein. Andrea steht sowieso den ganzen Abend am Tisch und quatscht mit dem Trainer, Sandra und Laura tanzen, Kerstin knutscht mit irgendeinem Typen an Theke rum, die lässt sie in Ruhe.

»Dann mal los!«, sagt Johanna, mit den drei Freundinnen im Schlepptau, »jetzt wollen wir was sehen.« Alle sind betrunken, lachen, sind sehr laut. Auch der Trainer kommt mit. Er kann jetzt sowieso nichts mehr saufen – und egal, was die Mädels jetzt mit Sandro vorhaben: Er will das nicht verpassen! Klausi und die anderen Jungs haben sie alle schon seit Stunden nicht mehr gesehen. Die sind vermutlich schon längst in irgendwelchen anderen Läden unterwegs.

Sandro fühlt sich benebelt und ist trotzdem wahnsinnig hibbelig. Unruhig. So rastlos. Er könnte Bäume ausreißen! Das könnte an der Pille liegen, die Johanna ihm gegeben hatte.

Das Hostal Alce liegt gerade mal fünf Minuten zu Fuß vom Bierkönig entfernt, in einer relativ ruhigen Seitenstraße. Hier sind die Jungs alle untergebracht. Ein einfaches Hotel ist das, drei

Stockwerke, Pool, kleines Frühstück. Keiner von den Freunden hat bisher allerdings den Frühstücksraum gesehen, obwohl sie schon drei Tage hier sind. Fast jeden Morgen sind sie erst zurück ins Hotel gekommen, kurz bevor es hell wurde. Sie sind jedes Mal sofort ins Bett gefallen, besoffen, fertig, halb tot. Und haben bis weit über Mittag geschlafen, um sich dann irgendwo an einer der Buden 'ne Currywurst zu holen. Das ist ihr Ballermann-Frühstück! Und hat eigentlich schon Tradition bei der zweiten Mannschaft von Borussia Osnabrück.

»Okay!« Sandro stellt sich an den Poolrand des Hotels und hält so was wie eine kleine Rede. »Okay!«, fängt er wieder an. Er lallt, er schwankt. Fast sieht es so aus, als würde er gleich rückwärts in den Pool kippen. Sandra kichert vor sich hin, Andrea schaut, als müsste sie sich auch gleich übergeben. Laura sieht so aus, als würde sie Sandro am liebsten einen Schubs geben, damit er ins Wasser plumpst. Und Johanna fallen fast die Augen zu. Der Trainer steht ein wenig abseits mit verschränkten Armen und bekommt offenbar von allem nichts mit. Er wirkt, als würde er im Stehen schlafen.

»Meine Damen, meine Herren!«, fängt sich Sandro wieder, »verehrtes Publikum: Sie werden gleich erleben, wie der übergroße Sandro, der größte Artist der Welt, vor Ihren eigenen Augen und Ohren fliegen wird. Bitte haben Sie noch einen ganz kleinen Augenblick Geduld, es geht soforrrrrt los!«

In diesem Moment läuft Sandro los – und bevor der Rest das richtig mitbekommt, ist er verschwunden. Wo ist er hin? Am Pool ist er nicht mehr. Auf der Terrasse auch nicht.

»Tatatataaaaaaa!« Keine Minute später ruft Sandro wieder: »Meine Damen und Herren! Verehrtes Publikum!« Irgendwo von oben. Nein, er ruft jetzt nicht. Er brüllt es!

Sandro steht auf dem Balkon seines Zimmers im dritten Stock des Hotels. Er steht bereits mit beiden Füßen auf dem Geländer.

Alle starren hoch.

Als Erstes fängt sich Johanna: »Sandro, hör auf! Komm da weg!« Auch sie schreit jetzt: »Komm da runter, Sandro! Was soll das denn?«

»Ich fliege! Weil du mich dann heiratest.«

»Hör auf mit dem Scheiß! Komm da jetzt runter.«

Weitere Fenster werden aufgerissen, und wütende »Ruhe«-Rufe von anderen Urlaubern sind zu hören. Der Nachtportier kommt aus dem Hotel gelaufen und spricht aufgeregt irgendetwas auf Spanisch ins Telefon.

Johanna schaut den Nachtportier an und sieht – vielleicht zum Glück – nicht, wie Sandro aus dem dritten Stock wie ein nasser Sack vom Balkon nach unten fällt. In den Pool will er offenbar von da oben springen. Aber das ist völlig unmöglich, der ist viel zu weit vom Gebäude weg.

Sandro fliegt. Für einige Sekunden. Und kracht dann mit einem dumpfen Knall in einen großen Oleanderbusch direkt an der Hauswand.

Totenstille. Kein Geräusch. Kein Wummern. Keine Bässe.

***

Sandro hat den Sprung vom Balkon überlebt. Mit einer Gehirnerschütterung und mehreren Knochenbrüchen. Knapp zwei Wochen muss er im staatlichen Krankenhaus Son Espases in Palma bleiben, dann darf er nach Hause fliegen. Er kann sich wegen der Gehirnerschütterung an so gut wie nichts erinnern, was an diesem Abend im Bierkönig passiert ist. Auch nicht an Johanna. Er muss eine Strafe von siebenhundert Euro bezahlen – wegen Balconing. Das Herumklettern und Springen von Balkons ist wegen der zahlreichen Todesfälle während der Saison auf Mallorca explizit verboten.

Johanna erleidet einen Schock, als Sandro vom Balkon fliegt. Sie wird ebenfalls wie ihre Freundinnen im Rettungswagen behandelt, darf dann aber in ihr Hotel zurück. Sie heiratet, wie geplant, zwei Wochen nach der Mallorca-Reise. Von der denkwürdigen Nacht im Bierkönig und ihrem Ende, das fast ein Menschenleben gekostet hätte, hat sie niemandem erzählt. Die Mädels haben sich noch vor ihrem Rückflug darauf geeinigt, über diese drei Tage auf Mallorca eisern zu schweigen. Bislang haben sich alle dran gehalten.

 ## Jenseits vom Ballermann

Balconing

Wer auf den Balearen auf Balkons herumklettert oder gar von ihnen in die Tiefe springt, macht sich strafbar. *Balconing* wird auf den Inseln von der Polizei verfolgt. Wer erwischt wird, muss eine Geldbuße zwischen 750 und 1.500 Euro zahlen und wird des Hotels verwiesen. Die Behörden hatten beobachtet, dass die Balkonkletterer nach Zechgelagen und Drogenkonsum in den Touristenhochburgen immer höhere Risiken eingingen und wollten dem mit der Strafe entgegenwirken. Pro Saison fordert das *Balconing* auf Mallorca und Ibiza bis zu einem halben Dutzend Menschenleben und sorgt für zahlreiche Schwerstverletzte.

BRITTA UND DER BELGISCHE SCHWINDLER

Port d'Andratx

Britta kennt die Nummer auf ihrem Display nicht.

Sie fängt mit 0043 an. Ist das nicht eine Nummer in Österreich? Sie überlegt kurz, wen sie in Österreich kennt. Ihr fällt niemand ein. Trotzdem nimmt sie ab, ihre Neugier siegt. Sie kann ja nicht wissen, dass nach diesem Anruf nichts mehr so sein wird wie zuvor. Dass gleich ihre komplette Welt zusammenbrechen wird.

»Hallo?«

»Grüß Gott.« Eine Frau ist am anderen Ende der Leitung. Sie spricht hochdeutsch, Britta kann keinen österreichischen Akzent hören.

»Ja bitte?«

»Sind Sie die Frau von Tim Mertens?«

»Wer will das wissen?«

»Mein Name ist Sophia. Das ist hier für mich kein einfacher Anruf, wissen Sie. Ich muss ihnen etwas erklären ...«

Britta schaut aus dem Fenster auf die Bucht von Andratx. Im Hafen unten schaukeln die Boote. Sie kann aus der Ferne sehen, dass die Terrassen der Restaurants und Bars am Hafen voller Menschen sind. Sie zündet sich eine Zigarette an und geht mit dem Telefon auf die große Terrasse, stellt sich ans Geländer und blickt aufs Meer hinaus.

»Also gut. Ja, ich bin die Frau von Tim Mertens.«

Am anderen Ende der Leitung ist alles still.

»Hallo?«

»Entschulden Sie bitte«, sagt die Frau jetzt. »Ich muss wirklich mit Ihnen reden. Dringend.«

Sie macht erneut eine Pause, atmet tief durch. Britta kann es ganz deutlich hören.

Die Frau erzählt, warum sie unbedingt anrufen musste, und Britta lässt sich in den großen Korbstuhl sinken.

»Sind Sie sicher, dass wir den gleichen Tim meinen?«

Britta zweifelt. Wie kann das sein? Ihr Tim? Hätte sie das nicht bemerken müssen? Hätte ihr das nicht auffallen müssen? Bestimmt ist das alles nur ein Missverständnis. Bestimmt! Bestimmt! Bestimmt! Vielleicht nur eine Verwechslung – wegen eines gleichen Namens.

»Vielleicht meinen wir gar nicht den gleichen Mann!«, sagt sie jetzt zu der Frau.

»Ich fürchte zwar, dass Sie sich da falsche Hoffnungen machen, aber ich könnte Ihnen ja einfach ein Foto schicken.«

Britta gibt der anderen Frau ihre spanische Handynummer. Als kurz darauf ihr Handy den WhatsApp-Ton spielt, zittert sie. Noch einmal schaut sie von der Terrasse auf die Hafenmole rüber – so, als wolle sie sich mit diesem lebendigen und vertrauten Anblick selbst versichern, dass sie nicht träumt. Dass das real ist, was sie gerade erlebt.

Sie zieht besonders lange an ihrer Zigarette und nimmt dann ihr Handy.

Kein Zweifel! Das ist ihr Tim. Leider. Neben ihm auf dem Foto steht eine Frau, kurze Haare, brünett, etwa Mitte vierzig.

»Sind Sie das?«

»Ja. Das war vor drei Jahren. Etwa.«

»Sie haben völlig recht. Wir müssen sprechen. Aber nicht am Telefon. Ich komme natürlich zu Ihnen. Wenn das okay ist.«

»Gern. Ich wohne in Salzburg.«

Keine Viertelstunde später bucht Britta einen Flug von Palma nach Salzburg und zurück. Gleich am nächsten Tag geht die Maschine, kurz vor Mittag.

Sie ist froh, dass Tim nicht zu Hause ist. Sie wäre sonst bestimmt hysterisch geworden. Wäre vielleicht ausgeflippt im ersten Moment.

Tim ist für eine Woche in Belgien unterwegs. Geschäftlich. Hat er zumindest behauptet. Britta weiß nicht mehr, ob sie ihm das noch glauben kann. Ob sie ihm überhaupt noch etwas glauben kann. Ob sie überhaupt weiß, wer das ist: dieser Tim, den sie vor elf Monaten geheiratet hat.

Auf der Anrichte liegt eine neue Packung Marlboro. Sie zieht das Zellophan ab, schenkt sich ein großes Glas Weißwein ein und geht hinaus auf die Terrasse.

»Das kommt davon, wenn man sich mit einem Urlauber einlässt«, murmelt sie vor sich hin.

Dann nimmt sie einen großen Schluck.

Als dieser »Urlauber« im Juli vorigen Jahres in ihr Leben kam, da war sie bereits 57. Und seit einem guten halben Jahr geschieden. Zwei Jahre zuvor schon hatten sie und Ernesto sich getrennt. Nach zwölf Jahren Ehe. Die Kinder hatten alles recht gut verkraftet. Maite war zehn Jahre alt, ihr Bruder Rafael acht, als Tim zum ersten Mal in der Villa in Port d'Andratx auftauchte.

»Geschäftsmann aus Belgien sucht kultivierte Residentin über fünfzig, die ihm die Insel zeigt. Spreche deutsch, spanisch, englisch, französisch und flämisch. Mag gutes Essen und erlesene Weine.« Diesen Post hatte Tim in einem Mallorca-Forum auf

Facebook abgesetzt. Er war ihr damals sofort ins Auge gesprungen. Tim antwortete auf ihre Nachricht nach nicht einmal einer halben Stunde und schickte ein Foto, das sie auf der Stelle beeindruckte.

Seine grauen Haare und der Dreitagebart, dazu ein sympathisches Lächeln. Gepflegt, seriös. In Brittas Augen wirkte Tim auf diesem Bild wie der nette Millionär von nebenan.

»Ein richtiges Zückerchen!«, befand auch ihre beste Freundin Michaela, der sie das Foto sofort weitergeschickt hatte.

»Ein Urlauber, der etwas erleben will«, antwortete Britta.

»Na und? Wenn zwei das Gleiche erleben wollen, ist doch alles in Ordnung.« Michaela ist auch in zwischenmenschlichen Fragen eher praktisch veranlagt.

Mallorca ist kein gutes Pflaster für alleinstehende Frauen, die auf der Suche nach einem Mann sind. Britta musste feststellen, dass die besten Männer bereits vergeben sind. Und der Rest, der halbwegs akzeptabel ist, hat irgendeinen Spleen. Sie hatte seit der Trennung von Ernesto in den üblichen Foren und mit Tinder nach neuen Kontakten gesucht. Etwa ein Dutzend Männer hatte sie in den beiden Jahren kennengelernt. Bei manchen war ihr bereits nach dem ersten Telefonat klar, dass es nicht passt. Mit einigen hatte sie sich zum Essen verabredet – und mit zweien war sie im Bett gelandet. Kein einziger Mann aber hatte sie wirklich so berührt, dass sie sich eine längere Beziehung hätte vorstellen können.

Deshalb hatte sie sich anfangs auch bei Tim keine großen Hoffnungen gemacht.

Es ist bereits neunzehn Uhr, und die Sonne steht direkt über dem Mirador de Cap Andritxol. Das ist der Aussichtspunkt auf der gegenüberliegenden Landzunge, den Britta von ihrer Terrasse aus sehen kann, wenn sie quer über den Hafen schaut. Der Mirador, das ist ihr direkter Nachbar auf der anderen Seite. Denn zwischen ihrer Villa und dem Cap Andritxol steht kein Haus mehr. Es gibt unter ihr nur den Fels und das Meer.

Britta schenkt sich nach. In ziemlich genau einer Stunde wird die Sonne verschwinden. Sie hat das Schauspiel schon abertausendmal gesehen, und doch fasziniert es sie immer wieder.

Sie liebt es, mit Tim um diese Zeit hier zu sitzen. Er schaltet Lounge-Musik an. Sie mixt zwei Gin Tonic. Und dann lehnen sie sich in ihren Korbstühlen zurück – und irgendwer von ihnen beiden sagt, sobald die Sonne untergegangen ist: »Mannomann, war das wieder kitschig heute!«

Dann antwortet der andere immer: »Ja, schlimm dieses Mallorca!«

Das ist ihr Ritual. Jeden Abend, wenn es das Wetter zulässt. Seit mehr als einem Jahr.

Je länger Britta darüber nachdenkt, desto sicherer ist sie, dass die Frau aus Österreich wirklich recht haben könnte mit dem, was sie vorhin am Telefon behauptet hat. Tims viele geschäftliche Termine. Seine regelmäßigen Reisen. Seine finanziellen Engpässe. Alles fügt sich plötzlich wie bei einem Puzzle zu einem Bild zusammen, wenn sie ihre gemeinsamen Monate aus diesem neuen Blickwinkel betrachtet. Auch ihr Ritual in der Abendsonne kommt ihr nun verlogen und falsch vor.

Britta stellt sich vor, wie Tim zusammen mit der Sonne hinter dem Mirador de Cap Andritxol im Meer verschwindet. Für immer und ewig.

Zeit für eine weitere Marlboro.

»Tut mir leid, wenn ich gleich so direkt bin. Aber ich bin sehr beeindruckt.«

Das waren die ersten Sätze gewesen, die Tim zu ihr gesagt hatte.

Sie führten ihr erstes Gespräch über Facetime. Telefonieren mit Bild.

Und Britta gab offenbar ein Bild ab, das er nicht erwartet hatte von einer Frau mit 57 Jahren. Sie ist groß, 1,82. Sie hat rotes Haar, das sich ziemlich wild bis zu ihren Schultern ergießt. Und sie hat große Augen. Große grüne Augen.

Tim machte einen unsagbar eleganten Eindruck auf Britta. Er gab sich höflich, wohlerzogen, ganz Mann von Welt. Am meisten gefiel Britta seine Stimme. Tief, mit einem leicht französischen Akzent.

Sie sprachen fast eine Stunde lang über alles Mögliche. Sie erzählte ihm, dass sie bereits mehr als zwanzig Jahre auf Mallorca lebt, geschieden ist und völlig unabhängig. Sie erfuhr von ihm, dass er seit einem halben Jahr getrennt ist und sich derzeit in die Arbeit stürzt. Er ist Geschäftsmann, pendelt durch ganz Europa, verkauft große Anlagen für Industriemaschinen. Drei Jahre hatte er in Barcelona gelebt, damals noch als leitender Angestellter eines schwedischen Chemieunternehmens. Deshalb spricht er recht passabel spanisch – nach wie vor.

»Ich würde mich sehr, sehr freuen, wenn das klappen würde mit unserem Treffen in zwei Wochen«, sagte er zum Schluss.

»Ich bin mir absolut sicher, dass wir uns in 14 Tagen sehen. Ich werde dafür sorgen, dass nichts dazwischenkommt.«

Dann legten sie auf.

»Du hattest so was von recht«, erklärte sie Michaela, die darauf bestanden hatte, dass Britta sie sofort anruft, sobald sie mit Tim gesprochen hat.

»Mit was?«

»Mit dem Zückerchen. Der ist sogar noch mehr als ein Zückerchen. Das ist 'ne ganze Zuckertüte.«

Und dann schilderte sie ihrer Freundin in allen Einzelheiten, was sie alles von Tim erfahren hatte.

»Und wo ist der Haken?«, wollte Michaela dann wissen.

»Kein Haken.«

»Quatsch. Das gibt's nicht. So ein Typ ohne Haken muss erst noch erfunden werden. Aber du kannst es ja dann rausfinden. In aller Ruhe und ausgiebig.«

»Das werde ich auch tun. Und ich freue mich drauf.«

Britta war fast ein wenig beleidigt, weil Michaela ihren Überschwang nicht teilte.

Pünktlich.

Britta ist in Salzburg gelandet und steht nun am Avis-Schalter. Sie ist nervös. In der Nacht hat sie kaum geschlafen. Stundenlang grübelte sie im Bett, was sie jetzt tun soll, wie es weitergehen soll mit ihr und Tim. Ob es überhaupt weitergehen kann.

Die Frau trägt das brünette Haar noch immer so kurz wie auf dem Foto mit Tim. Sie ist schlank und kann sich den knappen Rock absolut leisten, den sie zum Treffen mit Britta in einem Café in der Salzburger Innenstadt angezogen hat. Sophia ist 47.

»Ich bin seit sechs Jahren mit Tim verheiratet.«

Britta bleibt bei diesem Satz für einen kurzen Moment die Luft weg, aber dann fängt sie sich wieder.

»Kinder?«

»Nein.«

»Wann habt ihr euch denn zuletzt gesehen?«

»Vorgestern. Alles war wie immer.«

Britta schaut die Frau fragend an, die mit dem gleichen Mann wie sie verheiratet ist.

»Mir hat er gesagt, dass er geschäftlich unterwegs ist. Und ziemlichen Stress hat.«

»Das sagt er mir auch, wenn er vermutlich bei dir auf Mallorca ist.«

»Warum macht er so was?«

»Ich weiß es nicht.« Sophia hebt die Schultern. »Ich habe jetzt zwei Nächte lang wach gelegen und mir darüber Gedanken gemacht. Aber ich weiß es nicht.«

»Wie hast du das rausbekommen, das mit Tim und mir?«

Sophia erzählt von dem Anruf ihres alten Schulfreundes Paul, der schon lange auf Mallorca lebt. Er hat Tim und Britta in einem Restaurant in Palma gesehen. Sie hatten Händchen gehalten und sich geküsst. Er hat vorgestern ein Foto gemacht und es an Sophia geschickt.

»Und woher weißt du, dass wir verheiratet sind?«

»Paul kennt dich vom Sehen, sein Boot liegt in dem Hafen, an dem du wohnst. Und er hatte gehört, dass du einen Belgier geheiratet hast. Da musste er nur zwei und zwei zusammenzählen.«

Britta ist nun doch fassungslos. Sie war auf alles vorbereitet, doch jetzt, wo sie so konkret alles erfährt, trifft es sie erneut wie ein Schlag. Sie erfährt, dass Tim zudem bei Weitem nicht so vermögend ist, wie er tut. Er hat zwar schon eine Menge Geld verdient in seinem Leben, aber er hat auch etliche Geschäfte in den Sand gesetzt. In Belgien hat er Schulden, in Deutschland ebenfalls. Aus irgendeiner Quelle sprudeln noch immer regelmäßig Gelder, aber Sophia hat nicht herausfinden können, woher das Geld stammt.

»Ich vermute, von irgendeinem Schwarzkonto im Ausland«, erklärt sie. Sie hatte sich ebenso wie Britta bislang nie sonderlich für Tims Einkünfte interessiert. Auch sie ist finanziell unabhängig, seit sie die Firma ihres Vaters verkauft hat. Beide Frauen haben Tim immer wieder finanziell unter die Arme gegriffen, stellen sie nun fest. Niemals ganz große Beträge, mal zweitausend, mal dreitausend Euro. Er hatte immer eine gute Begründung, warum er das Geld brauchte. Mal hatte sein Wagen eine Panne, und die Kreditkarte funktionierte nicht. Ein anderes Mal musste er angeblich eine große Rechnung bezahlen, konnte aber auf die Schnelle nichts von seinem Festgeldkonto abheben.

»Was machen wir jetzt?«

»Schluss mit ihm machen wir. Am besten wir beide. Doppelte Ehe. Doppelte Scheidung. Also, ich kann das natürlich nur für mich sagen.« Sophia lässt keinen Zweifel daran, wie entschlossen sie ist.

»Aber wir machen doch nicht so einfach Schluss, oder? Es soll ihm doch auch wehtun, wenn er uns schon wehtut.« Auch Britta wirkt entschlossen.

»Selbstverständlich! Richtig wehtun muss es ihm.«

»Mir ist aber noch nichts eingefallen ...«

Jetzt lächelt Sophia zum ersten Mal: »Ich hätte da eine Idee.«

In der Abendmaschine nach Palma nickt Britta kurz weg. Ihr fehlt einfach der Schlaf. Sie bestellt einen Kaffee und denkt weiter nach. Über Tim. Darüber, wie schnell alles ging. Und wann sie hätte merken können, dass mit ihm irgendetwas nicht stimmt.

Tatsächlich hatte er sie bei ihrer ersten Begegnung noch viel mehr beeindruckt als bei den Anrufen. Er war größer, als sie dachte. Eine Erscheinung war er. Eine höfliche Erscheinung.

Sie hatten sich zum Abendessen in der Villa Italia getroffen, nur wenige Schritte vom Hafen in Port d'Andratx entfernt. Tim überraschte sie mit einem Strauß Blumen. Sie redeten den ganzen Abend, lachten und verstanden sich so gut, dass Britta gar nicht glauben konnte, dass sie diesem Mann erst vor wenigen Stunden zum ersten Mal begegnet war.

»Komisch, mir kommt es vor, als ob wir uns schon ewig kennen«, sagte sie, als sie zum Absacker nach dem Abendessen in Romeo's Bar saßen und in der lauen Julinacht auf die Lichter der Segelboote schauten.

»Ich glaube, das liegt daran, dass wir den gleichen Humor haben.«

Das war der Augenblick, in dem sie Tim am liebsten geküsst, an die Hand genommen und zu sich nach Hause in ihr Schlafzimmer gezogen hätte. Er musste ihr das angesehen haben. Anders konnte sie sich nicht erklären, warum er wortlos aufstand, zahlte und dann zu ihr sagte: »Ich bringe dich gern zu deinem Haus, dann werde ich aber weiterfahren. In mein Hotel.«

»Okay. Sehen wir uns denn morgen?«

»Ich bestehe darauf. Und freue mich.«

Sie küsste ihn und ging dann doch zu Fuß in die Villa hoch, die frische Luft tat ihr gut.

Im Bett landeten sie an ihrem zweiten Abend. Nicht in ihrer Villa, sondern in seinem Hotel. Maite und Rafael schliefen im Haus, die wollte sie nicht mit einem wildfremden Mann überraschen.

»Und?«, fragte Michaela am Vormittag danach, als sie beide im Café Cappuccino saßen, »auch das war okay?«

»Granate war das. So schön wie schon ganz lange nicht mehr.«

»Also. Wo ist denn jetzt der Haken? Der Sonnyboy muss doch 'ne dunkle Stelle haben.«

»Er ist kein Sonnyboy. Er ist ein Gentleman. Und wenn er eine dunkle Stelle hat, dann hat er sie bisher sehr gut vor mir versteckt.«

Michaela nahm ihre Tasse Kaffee, lehnte sich zurück und zog an der Zigarette: »Du wirst sie schon noch finden.«

»Sie ist eine unverbesserliche Pessimistin«, denkt Britta kurz vor der Landung in Palma. Aber sie hat doch meistens den richtigen Riecher. Auch wenn es lange gedauert hat, bis die dunkle Stelle des Gentlemans zum Vorschein kam.

Die Sonne geht gerade unter, als Britta vom Flughafen nach Hause fährt. Eine gute halbe Stunde braucht sie gewöhnlich für die Strecke nach Port d'Andratx. Auf der Fahrt denkt sie darüber nach, wie rasend schnell alles mit Tim gegangen ist.

Der »Gentleman« war bereits nach wenigen Wochen zum Liebling ihres Freundeskreises avanciert. Tim war perfekt im Small Talk. Er hielt ihren Freundinnen die Wagentür auf. Er konnte wahnsinnig gut Geschichten erzählen von seinen vielen Reisen.

»Kannst du mir den nicht mal leihen?«, fragte sogar Dana. Und die hatte eigentlich nur Augen für Harold, einen schwerreichen Engländer, den sie vor gut zehn Jahren in der Segelschule kennengelernt hatte. In diesem Augenblick war Britta zum ersten Mal richtig stolz auf ihren Tim.

Auch die Männer im Golfklub und in den anderen Runden nahmen Tim sofort in ihre Mitte auf. Britta musste ihn nur kurz vorstellen und konnte dann mit ihrem Glas Sekt zu einer Freundin weiterziehen: Tim und die Jungs kamen ganz fix ins Gespräch, sprachen über Sport oder Geschäfte oder Mallorca oder das Segeln. Er konnte immer mitreden. Und er hatte auch immer etwas zu sagen.

Britta muss an diesen Abend Ende August denken.

Sie hatten eine Runde Golf gespielt, und Britta beobachtete aus ein paar Metern Entfernung, wie er mit den Männern ihrer Freundinnen im Klubhaus an der Theke saß und einen Weißwein trank. Wie er so dasaß, in einer Hand das Glas, in der anderen eine Zigarre, wie er lachte, redete, diskutierte, wie er gestikulierte – in diesem Moment hatte Britta so eine wahnsinnige Vertrautheit gespürt – so, als sei er schon immer der Mann an ihrer Seite gewesen.

Das war der Abend, an dem sie ihn später auf der Terrasse fragte, ob sie nicht heiraten sollten.

»Aber wir kennen uns doch gerade mal zwei Monate ...«, hatte er geantwortet.

»Aber ich bin 57, und du wirst nächsten Monat 59. Auf was sollen wir noch warten?«

Einen ganz kurzen Moment dachte Tim nach.

»Also – ich bin dabei!«, sagte er dann.

»Wäre ja auch doof, wenn nicht. Bei deiner eigenen Hochzeit.«

Also haben sie keine zwei Monate später geheiratet. Am 15. Oktober im Rathaus in Andratx. Nur mit den allerengsten Freunden und den beiden Kindern. Michaela war Brittas Trauzeugin. Tim hatte sich Harold als Trauzeugen ausgesucht.

Kurz hinter dem Santa-Ponsa-Kreisel ruft Britta aus dem Wagen ihre beste Freundin an. Nur zweimal klingelt es, dann nimmt Michaela ab.

»Schatz, wo hast du dich denn heute rumgetrieben? Ich habe am Mittag bei dir geklingelt, als ich mit den Hunden unterwegs war. Aber die Kinder sagten, du würdest erst spät zurückkommen.«

»Ich komme gerade aus Salzburg zurück.«

»Was hast du denn da gemacht?«

»Die dunkle Stelle ist aufgetaucht.«

»Oha! Sehr dunkel, die Stelle?«

»Noch viel dunkler.«

Es ist erst kurz nach elf am nächsten Morgen, und Michaela bestellt bereits einen Cava. Sie kann ihn gut gebrauchen.

»Bist du dabei?«, fragt Britta.

»Was ist das denn für eine Frage? Selbstverständlich bin ich dabei!«

»Und was hältst du von dem Plan?«

»Ein sehr guter Plan. Der wird sich anschließend wünschen, niemals sechzig geworden zu sein!« Michaela hat eine ungewöhnlich tiefe Stimme. Ihr Lachen wirkt laut und schmutzig.

Die beiden sitzen auf der Terrasse des Café Cappuccino zwischen Urlaubern und rauchen Kette. Michaela muss immer noch verdauen, was Britta ihr am Abend zuvor bereits am Telefon erzählt hat. Von Sophia, der anderen Ehefrau in Salzburg. Von den Spielchen, die er jetzt seit mehr als einem Jahr mit beiden Frauen treibt. Von dem Geld, das er sich mal von der einen, mal von der anderen hat geben lassen.

»Und das mit der anderen Frau geht schon sechs Jahre?«

Britta nickt.

»Wie hat er das denn organisiert? Auch über die Entfernung hinweg? Ich meine – was für ein Aufwand!«

»Ist das wirklich wichtig? Ich glaube, ich will das gar nicht alles wissen. Ich weiß ja noch nicht mal, ob es nicht noch eine dritte oder eine vierte Frau gibt ...«

»Darauf kommt's jetzt auch nicht mehr an.« Erneut lacht Michaela.

Sie besprechen noch einmal ihren Plan in allen Einzelheiten. Morgen Vormittag kommt Tim zurück. Übermorgen ist sein sechzigster Geburtstag. Britta und Michaela gehen jetzt noch mal durch, wen sie zur Überraschungsparty einladen. Die Jungs vom Golfklub mit ihren Frauen müssen unbedingt dabei sein. Die Namen haben sie schnell zusammen. Aber Tim hat in seinem Jahr auf Mallorca viele Freundschaften geschlossen. Britta versucht, sich an alle zu erinnern, Michaela schreibt die Liste. Am Ende stehen genau vierzig Namen drauf. Sie einigen sich, wer wen anruft.

Britta hat bereits am Morgen mit Stephan aus Manacor telefoniert.

»Da habe ich echt Glück gehabt.« Stephan betreibt einen gut gehenden Partyservice. Sie kennen sich seit vielen Jahren. Eigentlich ist es unmöglich, ihn so kurzfristig zu buchen.

»Ich habe ihm gesagt, es ist eine Art Notfall. Und jetzt wirbelt er mächtig, damit er uns morgen was Ordentliches auf den Teller zaubern kann.«

»Stimmt ja auch«, erwidert Michaela. »Ist ja tatsächlich eine Art Notfall.«

»Der Notfall darf nur nichts von alldem mitbekommen.«

Michaela kramt in ihrer Handtasche und stellt dann ein kleines Fläschchen auf den Tisch.

»Normalerweise genügen zehn Tropfen. Aber wir wollen ja auf Nummer sicher gehen. Klaus hat gesagt, du sollst 25 geben. Dann dauert das zwei bis drei Stunden. 'ne sichere Sache«, erklärt Michaela.

Klaus ist ein Freund von ihr. Er ist Internist in Paguera und schuldet ihr noch einen Gefallen.

»In der Praxis wissen sie auch Bescheid. Du kannst Tim also direkt dort hinfahren – ohne Termin.«

Britta betrachtet die kleine Flasche. »Laxoberal« steht auf dem Etikett.

»Und die schmeckt er nicht?«

Michaela zieht die Augenbrauen hoch und schaut ihre Freundin an.

»Das Zeug ist angeblich völlig geschmacksneutral. Klaus schwört auf die Tropfen. Du machst sie ihm einfach in den Kaffee. Merkt kein Mensch. Und wenn ihr später weg seid, kann Stephan mit seinen Leuten alles aufbauen.«

Britta spult den kompletten Ablauf in ihrem Kopf ab. Die Einladungen gleich, morgen die Ankunft von Tim, die Tropfen am Mittag, dann kommen sie am frühen Abend vom Arzt zurück, die ersten Gäste sind dann bereits auf der Terrasse. Und um Mitternacht, wenn Tim Geburtstag hat, wird sie die Bombe platzen lassen. Wenn wirklich alles klappt.

»Du guckst so. Hast du noch irgendwelche Bedenken?« Michaela beugt sich vor, nimmt Brittas Gesicht in ihre Hände wie eine Mutter. »Du hast doch hoffentlich kein schlechtes Gewissen?«

Britta schweigt.

»Dir ist aber schon nach wie vor klar, dass der Typ dich vom ersten Tag an nur belogen hat? Der führt ein Doppelleben! Dem kannst du kein einziges Wort mehr glauben.«

»Ich weiß ja.«

»Was denn dann? Sag mir nicht, dass du den noch liebst ...«

Britta zögert einen kleinen Moment. Sie muss nachdenken, sie weiß selbst nicht genau, was sie fühlt.

»Das weiß ich nicht, ehrlich gesagt. Bis vor zwei Tagen war ich noch im siebten Himmel. Und jetzt ist alles völlig durcheinander. Mein ganzes Leben.«

»Schatz, verstehe ich alles. Aber bevor er dich ausnimmt wie eine Weihnachtsgans, mach dem ein Ende. Und mach es mit 'nem richtigen Wumms!«

Daraufhin bestellt Britta noch zwei Gläser Cava, und sie besiegeln ihren Plan.

Als Tim am nächsten Morgen in Palma landet, steht Britta zur gleichen Zeit mit einem Kaffee auf der Terrasse und schaut auf das Meer herunter. Die Sonne glitzert auf der fast glatten Wasserfläche. Heute soll es ein Traumtag auf Mallorca werden, haben sie gerade im Inselradio versprochen. Keine Wolken, null Prozent

Regenwahrscheinlichkeit und am Nachmittag Temperaturen bis 32 Grad. Weil so gut wie kein Wind weht, soll auch der Abend angenehm warm werden.

Maite und Rafael sind längst in der Schule. Ihr Vater wird sie später dort abholen. Sie dürfen heute Nacht bei ihm in Palma schlafen. Britta möchte nicht, dass Tim die Kinder noch mal sieht.

»Na, wie hast du geschlafen?«, fragt Michaela.

Britta klemmt das Handy zwischen Schulter und Ohr, weil sie zwei freie Hände braucht, um sich die erste Marlboro des Tages aus der Packung zu fingern.

»Na ja, geht so.«

»Also, ich freue mich auf den Abend heute«, Michaela lacht.

»So richtig hast du ihn nie leiden können, oder?«

»Doch, das habe ich. Aber ich bin halt ein misstrauischer Mensch. Und wenn mir ein angeblicher Mr Perfect meine beste Freundin wegnimmt, dann darf man doch mal ein bisschen eifersüchtig sein.«

»Ich hatte aber eine richtig schöne Zeit mit Tim. Vom ersten Tag an.«

»Das weiß ich, und das habe ich dir auch immer gegönnt. Aber jetzt ist Schluss damit. Jetzt freue ich mich erst mal auf unseren Spaß heute Abend.«

Kurz darauf hört Britta, wie Tim unten seinen Wagen einparkt.

»Ich habe für heute Abend einen Tisch bei Fosh reserviert, damit wir in deinen Geburtstag reinfeiern können.« Britta wundert sich selbst, wie glatt ihr diese Lüge über die Lippen geht. Marc Fosh ist Tims Lieblingskoch. Er ist der einzige Brite in ganz Spanien, der sich einen Michelin-Stern erkocht hat.

»Wow. Das ist ja eine tolle Idee! Ich hatte das auch schon überlegt.«

Er sieht wirklich gut aus. Sehr, sehr gut sogar. Britta schaut aus der Küche zu Tim rüber, der auf der Terrasse sitzt. Sie stellt Schinken und Käse in den Kühlschrank und die Teller in die Spülmaschine. Dann drückt sie den Knopf des Kaffeeautomaten.

»Für einen Mann, der morgen sechzig wird, sieht er sogar herausragend gut aus«, denkt sie, und für einen kleinen Moment bedauert sie, dass dieser herausragend gut aussehende Mann ab morgen aus ihrem Leben verschwinden wird.

Anschließend macht sie 25 Tropfen Laxoberal in seinen Espresso. Sie überlegt kurz und schickt noch mal fünf Tropfen hinterher. Sicher ist sicher.

»Zur Feier des Tages: einen Carajillo!«

Sie stellt ihm die Tasse auf den Terrassentisch. Ein Carajillo ist der typische mallorquinische Espresso mit einem Schuss Rum »Amazonas«. Britta hofft, dass der Rum die Tropfen überdeckt, falls sie doch nach irgendetwas schmecken sollten.

»Oh, da hast du es aber gut gemeint«, sagt Tim nach dem ersten Schluck. Er meint die ordentliche Portion Rum im Kaffee.

Dann trinkt er die Tasse aus und legt sich für eine Siesta ins Schlafzimmer.

Es ist kurz vor sechzehn Uhr, und es hat tatsächlich keine drei Stunden gedauert.

»Britta!«, ruft Tim aus dem Schlafzimmer, und sie hört seinem Tonfall an, dass gerade die erste Stufe ihres Planes gezündet hat.

Er liegt auf dem Bett und krümmt sich vor Schmerzen.

»Was hast du?«

»Bauchschmerzen, wahnsinnige Bauchschmerzen! Und Durchfall!«

Britta setzt sich auf seine Bettkante und fühlt seine Stirn.

»Fieber hast du keines.«

»Aber ich drehe noch durch, so weh tut das. Richtige Krämpfe.«

Waren dreißig Tropfen vielleicht doch zu viel? Er sollte doch nur für ein paar Stunden außer Gefecht gesetzt werden. Britta muss sich dazu zwingen, die Ruhe zu bewahren. Als Tim sich umdreht, sieht sie, dass sein Gesicht aschfahl ist.

»Komm, ich fahre dich zum Arzt!«

»Das geht nicht.« Tims Stimme jammert.

»Wieso nicht?«

»Wegen dem Durchfall. Das schaffe ich nicht bis Palma.«

»Dann fahren wir nur nach Paguera. Zu Dr. Krüger. Das sind nur zehn Minuten. Ich ruf eben schnell an. Zieh dir schon mal was über.«

Im Wohnzimmer nimmt sie ihr Handy vom Tisch.

»Hallo? Ist Dr. Krüger da? Ich habe einen Notfall. Mein Mann hat ganz entsetzliche Krämpfe. Und Durchfall.«

»Das hat er sich mehr als verdient«, sagt Michaela am anderen Ende. »Lasst euch Zeit. Sobald ihr weg seid, fahre ich zu deinem Haus und sage Stephan Bescheid, dass seine Leute hier alles aufbauen können.«

»Ja, ist gut. Vielen Dank. Wir fahren sofort los.«

Keine zehn Minuten später sitzt Tim wie ein Häufchen Elend auf dem Stuhl im Behandlungszimmer. Er war eben zuerst auf die Toilette in der Praxis gerannt, dann konnten sie direkt durchgehen.

»Haben Sie etwas Außergewöhnliches gegessen?«, fragt der Arzt, während er Tims Blutdruck misst.

»Nicht, dass ich wüsste ...«

»Also, wir zwei haben heute Mittag genau das Gleiche gegessen, Schinken, ein paar Oliven, Käse, nichts Besonderes«, ergänzt Britta.

»Und Sie spüren gar nichts? Auch kein Magengrummeln?« Britta schüttelt den Kopf und wundert sich über die schauspielerische Leistung von Dr. Krüger.

Er gibt Tim eine Spritze und nimmt ihm Blut ab.

»Nur zur Kontrolle. Ich vermute, Sie haben sich irgendwo den Magen verdorben. Mehr nicht. Vielleicht schon heute früh im Flieger. Ich will mir nur einmal ihr Blutbild etwas genauer anschauen, um irgendwelche unschönen Diagnosen auszuschließen. Sie können draußen warten.«

Tim dämmert auf dem Stuhl im Wartezimmer vor sich hin. Er ist noch immer angeschlagen, aber Magenschmerzen und Durchfall haben nachgelassen. Die Spritze wirkt schnell. Britta nutzt die Gelegenheit, um vor der Tür der Praxis eine zu rauchen und Michaela anzurufen.

»Wie sieht's aus?«

»Läuft wie am Schnürchen.« Man hört Michaelas Stimme an, wie sie sich freut. »Und bei euch?«

»Läuft auch. Wir warten noch auf die Ergebnisse des Bluttests. Denke aber mal, dass es jetzt nicht mehr lange dauert.«

»Macht nix. Wir sind so weit.«

»Super, beste Freundin!«

Als Britta nach der Marlboro zurückkommt, ist das Wartezimmer leer.

»Ihr Mann ist drin«, erklärt die Sprechstundenhilfe, »Sie sollen bitte hier warten.«

War das so abgesprochen? Warum soll sie nicht hören, was der Arzt zu Tim sagt? Hat er wirklich das Blut untersucht? Und was gefunden? Britta rutscht nervös auf dem Plastikstuhl hin und her. Sie hat das Gefühl, als würde in genau diesem Augenblick alles aus dem Ruder laufen.

»Was ist denn los?« Britta spring von ihrem Stuhl auf, als Tim aus dem Behandlungszimmer kommt. Er sieht nicht gut aus. Sein Gesicht ist zwar nicht mehr so blass wie vorhin, aber seine Augen sind trübe.

»Lass uns erst mal fahren.«

Im Wagen schweigt Tim weiter.

»Jetzt sag schon, was ist denn?«

»Gar nichts. Durchfall ist auch besser. Deutlich besser.«

»Aber du hast doch was! Jetzt sag schon!« Sie sieht ihm an, dass er etwas verschweigt.

»Es ist gar nichts. Ich schwöre«, sagt er, beugt sich dann zu ihr rüber und küsst sie.

Zu Hause wartet Tims große Überraschung.

In der Straße stehen zwei Lieferwagen von »Top-Catering«, dahinter parken etliche Autos von Freunden. Michaela winkt ihnen bereits vom Tor aus zu.

»Was ist denn hier los?«, fragt Tim, kaum dass er ausgestiegen ist.

»Ist alles okay?« Michaela küsst Tim zur Begrüßung.

»Nichts ist okay«, antwortet er in patzigem Tonfall.

»Tim hat Durchfall.«

»Oh? Und jetzt? Was ist mit der Party?«

»Welche Party?«

Michaela schaut Tim streng an.

»Na, welche Party wohl? Wer wird heute um Mitternacht denn sechzig?«

Nun schaut Tim Britta streng an.

»Sagtest du nicht, du hast einen Tisch bei Fosh reserviert?«

Den folgenden Blick hat Britta tatsächlich gestern Abend vor dem Spiegel geübt. Mitleidig soll er sein, unschuldig soll er wirken. Und ein bisschen flehend. Zu ihrer eigenen Überraschung funktioniert der Blick ganz wunderbar. Tim nimmt sie in den Arm, drückt sie und küsst sie.

»Ich wollte dich doch nur überraschen ... Ich konnte ja nicht ahnen, dass du Durchfall bekommst.«

Einen kurzen Augenblick denkt Tim nach.

»Okay. Ich gehe duschen, und dann komme ich. Ich weiß aber nicht, ob ich viel länger als bis um zwölf durchhalte.«

»Das wirst du garantiert nicht«, denkt Michaela.

Tim hält sich tapfer.

Dr. Krügers Spritze zeigt nun ganze Wirkung, der Durchfall ist wirklich weg. Er prostet allen zu, steht mal bei dieser Gruppe von Gästen, mal bei jener. Er erzählt, hört zu, spricht von seinen Geschäften und über Zukunftspläne. Britta merkt ihm jedoch an, dass er nicht gut drauf ist. Müde wirkt er, angeschlagen, unglücklich. Als ob ihn irgendetwas belasten würde.

Bei den Gästen ist die Stimmung prächtig. Mehr als dreißig sind gekommen – und das, obwohl Britta und Michaela sie erst gestern eingeladen haben. Es wird viel gelacht, und alle genießen das herrliche Panorama, das man von Brittas Terrasse bewundern kann. Unten im Hafen schaukeln die Boote nur ganz leicht, ihre Lampen schwanken sanft hin und her. Es geht kaum ein Lüftchen, und selbst jetzt – kurz vor Mitternacht – zeigt das beleuchtete Thermometer im Rosenbeet 26 Grad.

Michaela steht an der Terrassentür und hält den Daumen hoch. Britta nickt.

»Liebe Freunde«, ruft sie jetzt und klopft mit einem Löffel ans Glas, »und natürlich lieber Tim!«

Er stellt sich neben sie, und alle schauen nun aufmerksam zu ihnen rüber.

»Oh, eine Rede!« Tim lächelt.

»Keine Angst, das wird keine richtige Rede. Ich will nur ganz kurz etwas sagen. Und etwas verkünden.«

Ein leichtes Raunen geht um.

»Ihr seid alle gekommen, um Tims Sechzigsten zu feiern und ihm zu gratulieren. In genau einer Minute ist es so weit. Deshalb beeile ich mich auch. Ihr wisst, wie schnell das im vorigen Jahr gegangen ist, mit Tim und mir. Kennenlernen, verlieben – und dann haben wir gesagt, warum sollen wir länger warten, und haben geheiratet. Morgen vor elf Monaten war das. Heute kann ich euch verkünden, dass unsere gemeinsame Familie, Tim und meine, Zuwachs bekommen wird.«

Tim schaut ungläubig zu ihr rüber. Die Freunde machen erstaunte Gesichter, zaghaft klatschen einige.

»Nicht, was ihr vielleicht denkt. Der Zuwachs ist bereits 47.«

Sie nickt Michaela am anderen Ende der Terrasse zu, und die schickt nun eine Frau mit kurzen brünetten Haaren nach draußen.

»Ich freue mich, euch Sophia vorzustellen. Sie kommt aus Salzburg. Und sie ist auch mit Tim verheiratet. Seit sechs Jahren.«

Alle Augen sind jetzt auf Sophia gerichtet, die zu Britta und Tim geht. Sie schreitet langsam quer über die Terrasse. Die Gespräche sind auf einen Schlag verstummt, niemand sagt etwas. Tims neue Mallorca-Freunde verfallen in Schockstarre.

Auch Tim verfolgt jeden einzelnen Schritt, den Sophia macht.

Als sie vor ihm steht, starrt er sie nur an. Er gibt ihr nicht die Hand. Und er schaut auch nicht zu Britta, die neben ihm steht. Für einen kurzen Moment wirkt es auf die Umstehenden so, als wolle Tim etwas sagen. Als wolle er ein großes Missverständnis aufklären. Oder sich entschuldigen. Aber er bleibt stumm. Keine Reaktion von ihm.

Rainer fängt sich als Erster. Er hat in den vergangenen Monaten sehr viel Zeit mit Tim verbracht. Sie haben nicht nur Golf miteinander gespielt, sondern waren auch häufiger an den Wochenenden ohne die Frauen abends in Palma unterwegs. Auch auf Partys standen die beiden meistens zusammen, mit einem Glas in der Hand, und haben Witze gerissen.

»Tim, stimmt das?«, ruft er und tritt einen Schritt nach vorn, direkt vor die anderen, damit er Tims Gesicht besser sehen kann.

Tim schaut seinen engsten Mallorca-Freund an, kann aber dessen Blick keine Minute standhalten. Er stellt sein Weinglas auf dem Tisch ab und geht ohne ein Wort oder einen weiteren Blick. Er geht einfach an allen Freunden vorbei ins Haus, schaut weder nach links noch nach rechts. Erst als er im Haus verschwunden ist, löst sich die Spannung, und alle auf der Terrasse beginnen, wild durcheinanderzureden.

Nur wenige Augenblicke später wird unten auf der Straße die Tür von Tims Auto zugeschlagen, und der Wagen fährt los. Niemand von den Gästen bekommt im Durcheinander und der Aufregung etwas davon mit. Nur Britta steht am Geländer der Terrasse und schaut Tim nach, bis die Rücklichter hinter der Kurve verschwunden sind.

Nach großem Palaver sind die Gäste jetzt, zwei Stunden später, alle verschwunden. Britta setzt sich zu Michaela und Sophia in einen Korbstuhl auf der Terrasse. Sie haben sich Decken geholt. Die Luft hat sich zwar nur wenig abgekühlt, trotzdem fröstelt es alle drei.

»Schlimm.«

Michaela ist die Erste, die jetzt etwas sagt.

»Was genau?«, will Britta wissen.

»Das mit der Impotenz.«

»Welche Impotenz?«

»Ach, das hat er dir gar nicht erzählt? Klaus, also Dr. Krüger, hat in seinem Blut einen sehr seltenen Keim entdeckt. Tim wird schon bald sehr heftige Schmerzen in seinem Schambereich bekommen. Im schlimmsten Fall müssen sie ihn sogar amputieren, sonst könnte der Keim auf den restlichen Körper übergreifen, und das wäre sein sicherer Tod. Klaus hat ihm dringend geraten, sich sofort von einem Spezialisten untersuchen zu lassen. In Salzburg.«

Beide Frauen schauen jetzt Michaela an.

»Ja, Mädels. So einfach soll er uns doch nicht davonkommen. Natürlich gibt es überhaupt keinen Keim. Aber das weiß er nicht. Das wird ihn sicher noch 'ne Weile beschäftigen. Und ja, ich gebe es ja zu. Das war meine Idee.«

**

Tim verließ am nächsten Tag Mallorca und meldete sich nie mehr bei seinen neuen Freunden.

Sowohl Brittas Anwältin als auch der Anwalt von Sophia einigten sich mit Tim auf schnelle Scheidungen ohne gegenseitige Forderungen. Im Gegenzug verzichteten die Frauen auf eine Anzeige wegen Bigamie. Die Doppelehe wird in Österreich und Spanien mit Freiheitsentzug bis zu drei Jahren bestraft.

Britta und Sophia sehen sich bis heute regelmäßig. Immer im September, einen Tag vor Tims Geburtstag.

Der Heiratsmarkt

Mallorquiner verlieben sich gern unter sich. Jemanden zu heiraten, der nicht von der Insel stammt, war zumindest im Inselinnern lange undenkbar. Noch bis in die Sechzigerjahre des vorigen Jahrhunderts galt es sogar als ungehörig, eine Frau oder einen Mann aus dem Nachbardorf zu heiraten. Dass die Verlobten manchmal miteinander verwandt waren, wurde großzügig übersehen. Das änderte sich erst mit dem Tourismusboom, als sich vor allem junge mallorquinische Männer häufig in Urlauberinnen aus dem Norden verliebten. Allerdings sind noch heute die Beweise für die strengen Sitten der Vergangenheit an den Briefkästen zu finden. In Felanitx gibt es ausgesprochen viele Menschen, die Oliver oder Obrador heißen. In Manacor tauchen die Namen Riera, Nadal oder Galmés besonders häufig auf. In Sa Pobla sind es Serra und Crespì. Das Gleiche gilt für Coll in Lloseta oder für Sastre in Selva. All das sind typische mallorquinische Nachnamen. Schaut man sich die Einwohnerlisten der ganzen Insel an, Stadt wie Land, sind diese mallorquinischen Nachnamen inzwischen jedoch in der Minderzahl. Der häufigste Nachname ist heute Garcìa.

18.000 Mallorquiner tragen diesen typischen Namen vom Festland. Es folgen Martínez, Fernández, López, Sánchez, Rodríguez und Gonzáles. Auch das sind klassische spanische Namen. Erst auf Rang acht landet ein mallorquinischer Nachname: Pons. Gut neuntausend Menschen tragen ihn auf der Insel.

STICHTAG BEI DEN HARTMANNS

Es Trenc

Die Wellen schlagen nur ganz leicht an den Strand, der Wind flüstert so leise, man spürt ihn kaum. Nur wenn man aus dem Meer kommt, dann verschafft das Lüftchen dem nassen Körper ein wenig Kühle. Es ist Ende September, und noch immer scheint Mallorcas Sonne mit voller Kraft – auch jetzt am späten Nachmittag.

Bastian liegt auf dem Bauch im Sand und schläft. Und Heidi ist aufgeregt wie ein Teenager vor dem ersten Date.

Sie liegt direkt neben Bastian, hat den Kopf auf die Hände gestützt und betrachtet über Bastians Rücken hinweg das türkisfarbene Wasser am Es-Trenc-Strand, dem besten Stück Karibik, das Mallorca zu bieten hat. Ein paar Sandkörner haben sich in dem leichten Flaum verfangen, der sich aus Bastians Badehose in Richtung Rücken kräuselt. Sie bewegen sich in seinem Atem auf und ab, und Heidi ist zufrieden.

»Bastian hat noch immer einen richtigen Knackarsch«, denkt sie. Und er gehört ihr. Seit zwanzig Jahren.

Heute ist ihr Hochzeitstag. Aber Bastian und Heidi nennen es nicht so. Hochzeitstag, das klingt so nach alten Leuten, nach den Neunzigern. Ihre eigenen Eltern, ja, die haben Hochzeitstag und feiern den auch in jedem Jahr. Sie nennen es einfach Stichtag. Irgendwann ist ihnen dieses Wort eingefallen. Am Stichtag schenken sie sich nichts. Aber jeder hat einen Wunsch frei. Nichts Materielles. Irgendetwas Persönliches.

Heute früh, im Hotel, hat Heidi Bastian beim Frühstück von vorn bis hinten bedient. Hat ihm Kaffee gebracht. Hat ihm Orangen an der kleinen Maschine am Büfett frisch ausgepresst. Hat ihm sogar ein Brötchen geschmiert und auf den Teller gelegt.

»Und dein Wunsch, mein Schatz?«, hat er gefragt.

»Sag ich dir später. Lass dich überraschen.«

Jetzt ist später. Viel später. Aber noch immer ahnt Bastian nichts von ihrem Wunsch. Kommt noch.

»Er wird so schnell braun«, denkt Heidi und muss dran denken, wie er heute früh aus der Dusche gekommen ist und sie seinen schneeweißen Hintern am braunen Body bewundert hat. Er ist 45 und immer noch top in Form. Nicht nur der Hintern, der ganze Bastian.

»Das sind die Gene«, sagt er immer. Er kann tatsächlich eine ganze Menge essen und wird nicht fett. Aber er geht auch zweimal in der Woche joggen, bei jedem Wetter. Sogar hier auf Mallorca ist er gestern früh eine Runde gelaufen – noch vor dem Frühstück, als die Sonne noch keine richtige Kraft hatte. Man sieht ihm an, wie fit er ist. Selbst wenn er nur auf dem Bauch liegt, wie jetzt am Es Trenc.

Sich selbst findet Heidi auch ganz gut. Im Moment. Das war nicht immer der Fall, aber seit sie dreimal in der Woche ins Studio geht, fühlt sie sich richtig prima. Die paar Pfunde, die sie drüber war, sind schon lange weg. Sie fühlt sich straff und fit. Sie sieht – findet sie – noch wirklich ansprechend aus mit ihren 42 Jahren. Wenn sie nicht gerade im gnadenlosen Neonlicht einer Umkleidekabine steht, findet sie sich auch sehr sexy. Trotz ihrer 42 Jahre. Oder wegen ihrer 42 Jahre? So genau ist ihr das selbst nicht klar. Sie ist zwar nicht spindeldürr, aber trotzdem schlank, hat eine gepflegte Haut und kann sehr verführerisch sein.

Wenn sie will. Und heute will sie. Am Stichtag.

Eigentlich hat Sandra sie auf die Idee zu diesem Wunsch gebracht, ihre beste Freundin.

»Guck mal, was ich hier entdeckt habe«, hatte sie vor einem guten Monat zu ihr gesagt und ihr Handy gezückt. Sandra zeigte ihr drei oder sogar vier Clips auf YouTube. Keine Minute waren die, und alle spielten in den Dünen des Es Trenc. Immer wieder war das Gleiche zu sehen, nur in wechselnder Besetzung: Menschen, die heimlich Sex haben im Sand hinterm Strand, nur leicht geschützt durch die sanften Hügel oder Büsche.

»Das ist ein offenes Geheimnis inzwischen, das weiß jeder da unten, dass es die Leute da treiben«, erklärte ihr Sandra, die selbst noch nie auf Mallorca gewesen war, aber immer wahnsinnig interessiert ist an allen Dingen, die sich um Liebe und Partnertausch und all solche Sachen drehen. »Wenn du mit Bastian auf Mallorca bist – fahrt doch da mal hin, das ist der Kitzel schlechthin«, sagte sie zu Heidi und zwinkerte dabei.

Heidi zeigt ihr nur einen Vogel: »Also bitte! Das würde Bastian nie mitmachen.« Allerdings ließ sie der Gedanke an ein Abenteuer im Sand mit ihrem eigenen Ehemann von diesem Moment an nicht mehr los. Im Gegenteil: Aus der anfänglichen Empörung wurden erst eine vage Idee und schließlich ein konkreter Plan.

Es ist schließlich das erste Mal seit 17 Jahren, dass sie und Bastian allein in den Urlaub fahren. Ohne die Kinder. Marco ist jetzt 16, er ist zu Hause geblieben, hat sowieso Schule. Er war ziemlich begeistert, als er erfahren hat, dass er eine Woche sturmfrei haben wird. Und Hanna ist jetzt noch zwei Wochen in England bei ihrer Austauschfamilie. 15 ist sie – und ziemlich wahrscheinlich beim nächsten Urlaub in den Sommerferien wieder mit von der Partie.

Aber jetzt, in diesem September, sind sie ganz allein hier auf Mallorca. Nur Bastian und sie. Herr und Frau Hartmann.

Sie hat alles ganz genau geplant. Schon zu Hause in Osnabrück hat sie sich exakt ausgemalt, was heute alles passieren wird. Und jedes Mal, wenn sie daran gedacht hat, wurde sie nervös. Bekam manchmal sogar schwitzige Hände und weiche Knie. Aber es war eine sehr schöne Nervosität. Eine, die sie gern noch viel öfter spüren würde. Richtig kribbelig wird ihr, wenn sie dran denkt, was sie vorhat. Gleich am Es Trenc – oder genauer: in den Dünen hinter dem Es Trenc.

Heidi hat gestern eingekauft. Oliven, Schinken, zwei Sorten Käse, Weintrauben. Heute früh hat sie im Supermarkt gleich neben dem Hotel ein ganz frisches Weißbrot gekauft, das so geduftet hat, dass sie auf dem Rückweg ins Zimmer am liebsten schon reingebissen hätte. Und freundlicherweise hat der junge Spanier an der Rezeption die Flasche Sekt über Nacht kalt gelegt, die Heidi bereits am Flughafen besorgt hatte.

»Sekt am Strand?«, hat Bastian vorhin gefragt. Aber dann hat er ein Loch gebuddelt und die Flasche in den feuchten Sand gestellt, damit sie kühl bleibt.

»Du gräbst die Sektflasche aus der Erde und ich decke den Tisch.«

»Wow«, sagt er nur, als er Käse, Schinken und Brot auf dem Handtuch sieht, das Heidi als »Tisch« ausgebreitet hat. Und als er die Weintrauben entdeckt, zeigt er das spitzbübischste Lächeln, das er draufhat. Bastian liebt Weintrauben. Und Heidi liebt es, ihn damit zu überraschen.

»Und das alles, mein Lieber, ist nur der Gruß aus der Küche.« Diesen Satz hat sie sich extra für diesen Moment ausgedacht. Und sie hat einen Heidenspaß daran, zu beobachten, wie es jetzt in Herrn Hartmanns Kopf arbeitet.

Wie meint sie das denn jetzt?

Was soll denn da noch als Hauptspeise kommen?

Und was als Nachtisch?

Nur drei Worte genügen, und Heidi weiß, dass Bastian ganz genau das Richtige ahnt, was sie sich unter Hauptspeise und Dessert vorstellt.

»Geiler Bikini übrigens«, sagt Bastian. Mehr nicht.

Es ist ihm also aufgefallen.

»Der ist neu«, antwortet sie nur. Und lupft das Oberteil ein wenig, so als wollte sie es zurechtrücken.

Sie steckt ihm eine Weintraube in den Mund.

Sie wartet, bis er sie runtergeschluckt hat.

Und dann küsst sie ihn. Lange. Sehr lange. Und sehr intensiv. Das Spiel kann beginnen.

»Was hast du denn vor«, fragt er nur.

»Nach was sieht es denn aus?«

»Na ja, nach was es aussieht, das ist ja wohl klar. Aber du weißt schon, dass hier noch mindestens hundert Leute um uns rum liegen? An diesem Strand? Am Es Trenc? Und ich kann jetzt eigentlich schon nicht mehr aufstehen, ohne dass sämtliche Nachbarn spontan applaudieren würden.« Er lächelt erst und zieht dann die Stirn in Falten, um die Bedeutung seines Nachsatzes zu betonen: »Wenn Sie verstehen, was ich meine, Frau Hartmann ...«

»Ich verstehe sehr gut, Herr Hartmann. Aber Wunsch ist Wunsch. Und ich habe noch einen frei.«

Jetzt prusten beide los. Bastian nimmt sie in den Arm, drückt sie nach unten und küsst sie noch einmal sehr lange, während er sich über sie beugt und ganz an sie ranrückt.

»Und wie stellt sich die gnädige Frau das jetzt vor?« Er flüstert das in ihr Ohr, und Heidi weiß, dass Bastian diese Frage sehr ernst meint. Sie weiß, dass er jetzt wirklich sehr, sehr verrückt nach ihr ist. Wenn er ins Ohr flüstert, dann will er. Unbedingt. Und genau jetzt. Sie kennt ihren Bastian seit zwei Jahrzehnten.

Und sie freut sich, dass ihr Plan genau so läuft, wie sie es sich seit Wochen ausmalt.

»Pass auf«, flüstert sie ihm jetzt ins Ohr, setzt sich dann aber auf und spricht ganz normal zu ihm: »Erst trinken wir diese Flasche Sekt. Und zwar komplett. Wir essen noch ein wenig vom Schinken und dem Käse, vielleicht ein paar Oliven. Dann stopfe ich dir noch ein paar Weintrauben in den Mund. Und dann verschwinden wir.«

»Und wohin verschwinden wir?«

»Das zeige ich dir dann schon«, sagt sie und gießt Sekt nach.

Als es so weit ist und sie ihn an die Hand nimmt, folgt Bastian ihr einfach. Heidi hat die Sachen in den Korb gelegt, die leere Flasche dazugesteckt, die Handtücher über den Arm gelegt und ihm einfach ihre Hand entgegengestreckt.

Sie zieht ihn nur wenige Meter weit nach hinten in die Dünen. Der Sand steigt direkt hinter dem flachen Strand um einige Zentimeter an. Büsche stehen hier, ganz flache Kiefern. Die Dünen gehen immer wieder auf und ab. Ein Trampelpfad führt quer hindurch, eng, gerade so breit, dass ein Mensch entlanggehen kann. Heidi geht vor, Bastian an der Hand hinter ihr.

Nach drei oder vier Kurven bleibt Heidi plötzlich stehen. Ganz aus der Nähe, vermutlich keine zehn Schritte entfernt, hören sie eine Frau. Sie stöhnt. Ganz leise. Heidi drückt Bastians Hand, und beide atmen tief durch. Hinter der übernächsten Biegung zieht sie ihn zwischen zwei Bäumchen hindurch, die sich flach in Richtung Boden drücken, um besser vor dem Sturm geschützt zu sein, wenn er denn auch Richtung Meer kommt.

Jetzt schützen die Bäumchen Heidi und Bastian. Man kann sie nicht mehr sehen. Von dem kleinen Fußpfad aus nicht – und erst recht nicht vom Strand. Dabei sind sie keine dreißig Meter vom Meer entfernt. Sie können die Wellen bis hierhin hören – und das Rufen der Urlauber, die direkt am Wasser mit ihren hölzernen Beachballschlägern auf den Gummiball eindreschen. So nah sind sie, und doch weit genug weg, um nicht gleich entdeckt zu werden.

Dieser Nervenkitzel macht Heidi geradezu wahnsinnig! Sie hält es kaum noch aus, breitet das große Handtuch auf dem Dünensand aus und drückt sich dann ganz fest an Bastian. Ein langer Kuss im Stehen – und sie spürt unmissverständlich, dass er ihre kleine Idee zum Stichtag ziemlich gut findet.

Die Wunscherfüllung kann beginnen.

Heidi dreht Bastian den Rücken zu und lässt sich auf die Knie sinken. Mit beiden Händen hält sie ihre langen, dunklen Haare im Genick nach oben, macht so den Hals frei und den Bikiniknoten.

»Wenn der Herr vielleicht höflicherweise hier öffnen würde.«

Das lässt sich Bastian nicht zweimal sagen, geht hinter ihr auch auf die Knie und macht sich vorsichtig am Bikiniknoten zu schaffen.

Plötzlich hält er ganz still. Heidi wundert sich.

»Ah!«, sagt Bastian nur ganz kurz. Heidi denkt im ersten Moment, er habe sich womöglich am Knoten einen Fingernagel eingerissen. Sie dreht sich zu ihm um – und beide sehen in diesem Moment, wie ein Tier aufgeregt über das Handtuch davonrennt, über den Sand.

Wie eine Art Krebs sieht es aus, gerade mal so groß, dass es auf eine Handfläche passen würde. Vorn trägt es zwei Zangen, die verhältnismäßig groß sind. Und hinten zeigt ein spitzer Schwanz nach oben.

Ein Skorpion!

Sie kennen beide Skorpione nur von Bildern oder Filmen, aber sie wissen sofort: Das ist kein Spaß! Die Viecher sind lebensgefährlich! Ihr Gift tötet! Und dieser verschwindet gerade in Windeseile unter den gebeugten Bäumchen.

»Was dann folgt«, das denkt Heidi später immer wieder, »ist der schlimmste Moment dieser ganzen Geschichte.« Bastian schreit: laut, schrill, bestialisch! Heidi geht dieser Schrei durch Mark und Bein.

Sie reißt den Kopf herum, er lässt sich nach hinten auf den Rücken fallen. Das rechte Bein hat er ganz an die Brust gezogen, und er schreit weiter. Er wälzt sich vor Schmerzen.

Beide wissen, dass es jetzt auf jede Sekunde ankommt.

»Bastian, was soll ich machen?« Die pure Panik erfasst Heidi. Sie zittert am ganzen Körper, kann nicht mehr denken, springt auf, schaut über die Büsche, ob sie jemanden entdeckt, der womöglich helfen kann. Aber da ist niemand!

Heidi beugt sich über Bastian, der nun zwar nicht mehr schreit, aber sein rechtes Knie vor Schmerzen hält. Deutlich ist der Einstich zu sehen. Rot! Wie mit der Nadel gestochen. Um den Einstich herum schwillt das Knie bereits an.

»Das Gift«, denkt Heidi, »das Gift!« Von Minute zu Minute kann es tiefer in Bastians Körper eindringen. Aber was soll sie tun? Sie springt erneut auf, schaut sich wieder um. Hofft auf Hilfe. Aber immer noch ist niemand zu sehen.

Hat denn hier keiner gehört, wie der Mann geschrien hat? Warum reagiert denn niemand? Heidi kann überhaupt keinen klaren Gedanken mehr fassen. Ein Albtraum! Ja, wie im Albtraum sieht sie das Allerschlimmste auf sich zukommen, weiß, dass sie dringend etwas tun muss, ist aber wie gelähmt! Und am Boden liegt Bastian, der sich vor Schmerzen krümmt. Tränen kullern ihm übers Gesicht. Ist er überhaupt noch bei Bewusstsein?

»Bastian?« Nichts.

»Bastian!«

Er schaut auf. Alles klar. Heidi versucht, sich zusammenzureißen. Aber das Einzige, was ihr jetzt einfällt, ist, erneut aufzuspringen.

Und dann ruft sie, so laut sie kann: »Hilfe! Hilfe! Hilfe!«

Es dauert nicht lange, da kommen die ersten Urlauber angelaufen. Erst nur zwei, drei, vier. Dann stehen bestimmt zwei Dutzend Männer und Frauen in Badeklamotten im Kreis um Bastian herum. Aber keiner tut etwas. Keiner weiß, was jetzt zu tun ist.

Als ein untersetzter, älterer Mann auch noch sein Handy zückt und Bastian filmen will, dreht Heidi völlig durch: »Jetzt macht doch endlich mal was! Verdammt! Steht nicht so blöd rum, er braucht Hilfe! Den hat ein Skorpion gestochen!«

Die Blicke der Umstehenden verändern sich. Bisher haben sie alle nur neugierig geschaut. Jetzt schaltet die Mimik auf Entsetzen um.

Und Heidi ist nicht mehr Herrin über ihre Sinne. Bastian liegt am Boden. Er krümmt sich – vermutlich wegen der höllischen Schmerzen.

Als Heidi merkt, dass ihr die Beine wegsacken wollen, spürt sie eine Hand auf ihrer Schulter, und ein Mann sagt: »Kommt schnell, wir fahren euch zum Arzt. Nach Campos.«

Ralf. Der Berliner aus dem Hotel. Die Rettung!

Und eine, die zupacken kann. »Geht's?«, fragt er Bastian und packt ihn unter dem Arm, ohne die Antwort abzuwarten. Er zieht ihn hoch, hakt ihn unter und stapft mit ihm einfach los in Richtung

Parkplatz. Ute, seine Frau, schnappt sich geistesgegenwärtig das Handtuch vom Boden, stopft es in den Korb zu Schinken und Käse, hakt Heidi unter und folgt den beiden Männern.

Der Mietwagen der beiden steht ganz vorn auf dem Parkplatz. Keine fünf Minuten dauert der Weg. Trotzdem kommt es Heidi vor, als hätten sie Stunden gebraucht. Sie weiß: Hier zählt jede Sekunde, es geht um Leben und Tod!

Der nächste Schock überkommt sie im Wagen der Berliner. Sie schaut zu Bastian und sieht sein blasses Gesicht. Kreidebleich ist das. Nein – es ist leichenblass! Als Heidi das sieht, fängt sie völlig hysterisch an zu weinen.

»Hey, Heidi! Was ist?« Ute versucht, sie zu beruhigen, nimmt sie in den Arm: »Wir sind doch schon unterwegs. In ein paar Minuten sind wir beim Doc.«

»Und wenn er nicht da ist?«

»Das wird er schon. Er ist eigentlich am Nachmittag immer in der Praxis. Wir kennen den!«

Heidi will das nicht glauben. Sie ist überzeugt, dass Ute nur beschwichtigen will. Und das facht ihre Angst nur noch weiter an. Sie zittert. Und Bastian sitzt vor ihr auf dem Beifahrersitz und schweigt. Sie möchte ihm von hinten über die Stirn streichen und den kalten Schweiß wegwischen. Aber sie kann nicht. Sie ist nicht in der Lage, sich auch nur einen Millimeter zu bewegen.

»Wie geht es dir, Schatz?« Heidi schluchzt diesen Satz.

Er sagt nichts. Zuckt nur kraftlos mit den Schultern.

»Hast du Schmerzen?«

Keine Antwort.

»Der Schock«, vermutet Heidi. Giftschock oder so was vielleicht. Hoffentlich hat ihn das Gift des Skorpions noch nicht gelähmt. Wieder durchfährt ein Panikschauer ihren ganzen Körper.

Was, wenn er plötzlich nicht mehr atmen kann, weil das Gift seinen ganzen Körper lähmt? So was hat sie schon in Filmen gesehen. Sie hat so eine wahnsinnige Angst. So eine Angst um Bastian. Um ihren Bastian!

Sie versucht, sich zusammenzureißen. Nicht zu weinen. Sie muss jetzt ganz stark sein, findet sie. Einer von ihnen muss stark sein – und Bastian kann das nicht. Sie haben zwei Kinder. Die brauchen Mutter und Vater!

Heidi muss sich selbst jetzt immer wieder dazu ermahnen, die Nerven zu behalten. Das gelingt ihr auch für kurze Zeit, aber dann sieht sie bereits vor ihrem inneren Auge die schlimmsten Szenen so deutlich, als seien sie Wirklichkeit. Sie, wie sie auf dem Flughafen in Palma neben einem Sarg steht. Wie sie aus dem Fenster die beiden Mitarbeiter der Airline beobachtet, die den Sarg unten ins Flugzeug schieben. Wie sie in Hannover am Flughafen von ihrem Vater und den Kindern abgeholt wird. Alle tragen Schwarz.

»Heidi? Bist du noch bei uns?« Ute tätschelt ihr die Wangen.

»Ich glaube, du warst eben mal kurz weg, oder? Kreislauf, nehme ich an. Der Doc soll dir auch gleich was geben.«

Heidi nickt nur. Sie fühlt sich zu schwach, um zu antworten.

Sie wollte doch nur, dass sie und Bastian ein wenig Spaß haben. Im Sand. In den Dünen des schönsten Strandes auf Mallorca. An ihrem Hochzeitstag. Da ist doch nichts dabei! Oder hätte sie besser aufpassen müssen?

Sie ist schuld! Das wird Heidi in diesem Augenblick bewusst.

Ralf fährt wirklich flott in dem nagelneuen Miet-Golf. Draußen rast die Landschaft förmlich vorbei. Die Felder, die nach den Sommermonaten braun und ausgetrocknet sind. Ab und zu eine Dattelpalme. Die kleinen Fincas, die überall an der Straße nach Campos stehen und an denen jetzt die bunten Bougainvilleas in voller Blütenpracht stehen.

Heidi nimmt diese Schönheiten überhaupt nicht mehr wahr. Sie rauschen an ihr vorüber. Ohnehin hat sie das Gefühl, als wären schon Stunden vergangen, seit sie am Es Trenc losgefahren sind. In Wahrheit sind gerade mal gut zehn Minuten vergangen, bis Ralf den Wagen in einer kleinen Seitenstraße in Campos parkt – direkt neben dem Haus mit dem Schild »Deutsche Arztpraxis«.

Und Bastian ist so tapfer. Als Ralf ihm die Autotür aufhält und ihm beim Aussteigen helfen will, lehnt er ab. Er will allein in die Praxis gehen. Aufrechten Ganges. »Also immerhin keine Lähmung«, denkt Heidi.

Die Praxis ist völlig leer. Kein einziger Patient wartet. Kein Geräusch. Auch der Stuhl hinter der Empfangstheke ist unbesetzt.

Heidi dreht jetzt fast durch, reißt sich aber zusammen.

»Hallo?«, ruft Ralf in die Leere.

Nur Sekunden später öffnet sich eine Tür, und eine junge Frau kommt in die Praxis. »Birgit« steht auf ihrem Namensschild. Sie spricht offenbar deutsch, spanisch und englisch. Zumindest sind diese Flaggen auf dem kleinen Schild unter ihrem Namen zu sehen. Heidi wird sich später noch oft wundern, warum sie sich an solche unwichtigen Details erinnert.

»Ist Andreas da?«, fragt Ralf. »Wir haben einen Notfall.«

»Ja klar, geht schon mal rein. Ist niemand drin. Andreas kommt gleich.«

Der Arzt ist tatsächlich sofort da, kaum dass sich Bastian auf die Liege im Behandlungszimmer gelegt hat – ein Typ mit Glatze und Dreitagebart, braun gebrannt. Er trägt keinen Kittel, sondern ganz normale Straßenklamotten. Und er macht den Eindruck, als wolle er gleich noch los zum Tennis.

»Hartmann«, sagt Bastian, als der Arzt ihm die Hand reicht.

»Ich bin der Andreas, grüß dich.«

»Bastian.«

»Was kann ich für dich tun?«

Heidi kann das jetzt nicht glauben. Ihr Mann kämpft um sein Leben, und der Typ spult sein übliches Begrüßungsprogramm runter. Kapiert er nicht, dass da ein Notfall vor ihm sitzt? Und hat er gerade zum Ausgang geschielt? Wahrscheinlich will er wirklich zum Sport.

»Herr Doktor, er ist am Es Trenc von einem Skorpion gestochen worden!« Fast droht ihre Stimme wegzukippen, so panisch ist sie. So aufgewühlt. So sauer, dass der Arzt nicht sofort etwas unternimmt.

»Meine Frau.«

»Hallo«, sagt der Arzt, schaut nur ganz kurz nach hinten zu Heidi und guckt dann wieder Bastian an, der direkt vor ihm sitzt. »Wo ist denn der Einstich?«

Bastian beugt sich nach vorn und zeigt auf sein rechtes Knie. Der Arzt schaut erst das Knie an. Dann Bastian.

Und dann zuckt der Doktor mit den Schultern.

»Sorry, ich kann nichts sehen. Wo genau ist der Stich?«

Bastian stützt sich auf und beugt sich nach vorn, um sein eigenes Knie besser betrachten zu können. Tatsächlich: keine Schwellung. Kein roter Kreis mehr. Nur ein klitzekleiner Punkt ist noch zu sehen. Aber das auch nur, wenn man ganz genau hinschaut. Noch nicht mal so groß wie ein Stecknadelkopf ist der.

Heidi streckt den Kopf ganz nach vorn und versucht ebenfalls, etwas auf Bastians Knie zu erkennen. »Aber da war ein Skorpion! Und der hat meinen Mann gestochen. Ich war ja dabei. Wir haben ihn gesehen. Beide. Ganz sicher! Und da war alles rot und geschwollen. Bis eben! Und Schüttelfrost hat er gehabt. Und ganz kalten Schweiß.«

»Das glaube ich«, sagt Andreas ganz ruhig, »es gibt hier auf Mallorca Skorpione. Auch am Es Trenc natürlich. Aber die sind harmlos.«

Jetzt reißt Bastian die Augen auf. »Aber es hat so höllisch wehgetan, das war kaum zum Aushalten. Im ganzen Bein war der Schmerz. Ich hatte sogar das Gefühl, dass das Bein gelähmt ist ...«

»Und jetzt? Tut es immer noch weh?«

Bastian schaut Heidi an, so als wollte er sie fragen, ob ihm das Bein wehtut. Er schüttelt den Kopf.

»Jetzt eigentlich nicht mehr ...«

»Siehst du«, sagt der Doktor, »und das ist typisch für einen Skorpionstich hier auf Mallorca. Eigentlich harmlos. Jedenfalls nicht gefährlicher als ein Wespenstich. Aber er tut höllisch weh. Weil die kleinen Biester mit ihrem Gift eine Säure spritzen. Und die verursacht diese Schmerzen. Wird aber vom Körper wieder relativ schnell abgebaut und macht gar nix kaputt.«

Heidi und Bastian schauen sich an. Heidi weiß nicht, ob sie jetzt erleichtert sein soll. Oder ob sie sich schämen soll.

»Wie hat der Skorpion denn ausgesehen?«, will der Doc wissen.

»Na ja, das war schon ein Skorpion. Da bin ich ganz sicher.« Bastian antwortet, fast wirkt er ein wenig beleidigt.

»Das glaube ich dir. Trotzdem: Wie groß waren die Scheren?«

»Die waren riesig.«

»Größer als der Schwanz mit dem Stachel?«

»Viel größer.«

»Das ist gut. Es gibt eine Faustregel: Je größer der Stachel im Verhältnis zu den Scheren ist, desto giftiger ist der Skorpion.«

»Aber ich denke, die hier auf Mallorca sind alle harmlos?«

»Sind sie auch. Ich will einfach nur ausschließen, dass du nicht einen erwischt hast, der gar nicht von Mallorca kommt, sondern vielleicht aus Südamerika oder aus Mexiko. Und der aus einem Terrarium ausgebrochen ist. Hatten wir alles schon. Und diese Skorpione, die können wirklich gefährlich werden. Aber so einer war das nicht. Ganz sicher. Dann würdest du jetzt nicht so entspannt hier sitzen.«

»Okay.«

»Ja. Sonst noch ein Problemchen? Wenn ihr schon hier seid?«

Die beiden sitzen einfach nur da und schütteln den Kopf. Sprachlos. Sitzen einfach nur da und schauen – auf den Boden, in die Luft, irgendwohin. Zwei Häufchen Elend in einer Arztpraxis auf Mallorca. Sie in ihrem schicken, verführerisch knappen Bikini auf einem Stuhl. Er auf der Liege in seiner Badehose.

Heidi kommt das alles auf einmal so unwirklich vor. Einen kurzen Moment überlegt sie sogar, ob sie diesem Andreas wirklich trauen kann. Einen zweiten Arzt fragen soll. Googeln. Oder Dr. Singer anrufen, ihren Hausarzt in Osnabrück. Aber nein! Alles Quatsch! Besser keinen großen Wirbel um die Sache machen.

»Kommt bitte, ich möchte jetzt gern zurück ins Hotel«, sagt sie nur, und als sie die Praxis verlassen, entdeckt Heidi tatsächlich neben der Empfangstheke eine Sporttasche, aus der ein Tennisschläger rausschaut.

Im Auto redet keiner. Ralf und Ute setzen die beiden wieder am Parkplatz am Strand ab, wo noch ihr Mietwagen steht.

»Ich glaube, die lachen sich jetzt gerade kaputt.« Das ist der erste Satz, den Bastian sagt, als sie allein sind. »Und zwar über uns.«

»Nein. Quatsch. Das kann ich mir nicht vorstellen.«

»Ich kann mir das sehr gut vorstellen. Ich würde mich jetzt umgekehrt kaputtlachen über die.«

»Aber wir konnten das doch nicht wissen.«

»Bitte, Heidi! Ich will jetzt einfach nicht mehr drüber sprechen. Jetzt nicht. Und später eigentlich auch nicht!« Während der Fahrt zum Hotel fängt Heidi noch einmal kurz an, aber Bastian zieht nur die Augenbrauen hoch, und sie schweigt wieder bis zum Hotel.

Später fahren sie zum Abendessen nach Palma. Bastians Kollege hatte ihm einen schicken, romantischen Laden empfohlen. Er hatte bereits in Deutschland über die Website des Restaurants einen Tisch reserviert. Heimlich.

Das ist seine Überraschung für Heidi. Erstens ist ja schließlich noch immer Hochzeitstag. Trotz der oberpeinlichen Nummer heute am Es Trenc.

Und zweitens treffen sie dann garantiert nicht mehr auf Ralf und Ute.

***

Heidi und Bastian verbringen die restlichen Tage ihres Mallorca-Urlaubs nur noch am Hotel-Pool. Sie fahren nicht mehr ein einziges Mal zum Strand.

Den Zettel mit der deutschen Telefonnummer von Ralf und Ute werfen sie noch auf Mallorca in einen Papierkorb. Und zu Hause erzählen sie keinem Menschen vom Malheur in den Dünen des Es Trenc.

Außerdem nennen sie ihren Hochzeitstag seit der Reise Hochzeitstag. Und nicht mehr Stichtag. So übel waren die Neunziger ja schließlich auch nicht.

Jenseits vom Ballermann

Der Sanddiebstahl

Wer an Mallorcas Stränden badet, ist ein Sanddieb. Ein Geografieprofessor der Universität der Balearen in Palma hat bei einer Testreihe im Sommer 2003 herausgefunden, dass jeder einzelne Badegast pro Tag dreißig Gramm Sand von den Stränden verschleppt. Die einzelnen Körner stecken in Handtüchern, Badekleidung und Schlappen. Das ist zwar nur eine kleine Menge, aber die Masse der Touristen sorgt für gewaltige Strandbewegungen. An der Playa de Palma baden täglich rund dreißigtausend Besucher. Sie schleppen in den drei Sommermonaten Juni, Juli und August rund 82 Tonnen Sand weg. Selbst der geschützte Strand Es Trenc mit rund siebentausend Besuchern pro Tag muss in der Hochsaison einen Verlust von 19 Tonnen Sand im Jahr verkraften.

YOGA-KLAUS UND DER HERABSCHAUENDE HUND

Sineu

»Einatmen. Ausatmen.« Klaus atmet ein. Klaus atmet aus.

»Wir lassen los, die Stirn ist entspannt, die Wangen sind entspannt, der Kiefer ist entspannt, die Zunge liegt locker im Mundraum. Die Lippen liegen weich aufeinander, mit einem kleinen Lächeln in den Mundwinkeln. Die Schultern sind breit aufgefächert, die Handinnenflächen zeigen zum Himmel, die Beine fallen auseinander, die Fußspitzen fallen nach außen – und wir atmen dabei gleichmäßig. Ein. Und aus. Und ein. Und aus.« Klaus atmet ein, er atmet aus, er atmet ein, er atmet aus. Er liegt als einziger Mann mit zehn Frauen in einem Zelt und entspannt. Beim Yoga.

»Wenn Gedanken aufkommen, lassen wir sie los ...« Es ist Freitag. Gerade haben sie zum Ende ihrer Yogastunde das »Om« so richtig schwingen lassen, und Jule lächelt zufrieden.

»Ihr wart toll konzentriert heute! Ganz bei der Sache. Prima.«

»*Namasté!*«, sagen alle fünf Schüler fast gleichzeitig. Irgendwo hat Klaus gelesen, dass dieser Gruß wörtlich übersetzt heißt: »Das göttliche Licht in mir grüßt das göttliche Licht in dir.« Klaus kennt nach seinen ersten sechs Monaten Yoga sie alle hier im Zelt schon ganz gut. Fast immer kommen die Gleichen. Zweimal die Woche, jeden Dienstag und Freitag. Sandra und ihre Freundin

Steffi. Anne, Eva, Karina, Silke. Alle leben bereits seit etlichen Jahren hier auf Mallorca. Alles Frauen. Bis auf Dennis. Der ist Architekt mit eigenem Büro in Palma und hat ziemlich viel zu tun. Er kommt so alle zwei Wochen vorbei. Sonst ist Klaus immer der Hahn im Korb.

Er hört an diesem Freitagabend nach der Yogastunde gar nicht, wie der Reißverschluss des Zeltes aufgezogen wurde. Klaus will sich gerade eine Tasse Tee nehmen, als eine Frau, die er noch nie gesehen hat, im Zelt steht.

Jule springt auf: »Nicola!«

»Yeah! Bin schon da, der Flieger ist tatsächlich früher gelandet – und mit dem Mietwagen, das ging heute ratzfatz. Ich kann ja auch mal Glück haben ...«

Die beiden umarmen sich, alle anderen in der Runde hocken auf dem Boden und schauen neugierig.

»Das ist Nicola, meine alte Freundin. Nein, falsch! Keine alte Freundin. Wie klingt das denn? Eine meiner engsten Freundinnen. Aus früheren Zeiten in Deutschland.«

Alle lachen, einige heben die Hand, winken, grüßen.

»Nicola macht beim Yoga-Retreat nächste Woche mit. Wir machen vorher noch zwei Freundinnentage.«

»Nette Person«, denkt Klaus. Aber auch ziemlich auffällig. Relativ groß ist sie, hat lange Beine, wallendes brünettes Haar, dünne Augenbrauen. Mitte fünfzig ist die bestimmt auch schon, denkt Klaus. Nicolas Haut ist glatt, Klaus entdeckt kein Fältchen um die Augen oder sonst wo in ihrem Gesicht. Eigentlich zu glatt für eine Frau ihres Alters. »Die hat garantiert ordentlich nachgeholfen«, überlegt er. Niemals würde er so etwas laut sagen, dafür legt er viel zu viel Wert auf höfliche Umgangsformen. Außerdem ist ja nichts dabei. Auch seine Ex-Frau Karin hat damals das eine oder andere machen lassen.

Nicolas überproportional großer Busen fällt Klaus an diesem Tag gar nicht auf und ist ihm auch egal.

Auch am Montagmorgen, als es endlich losgeht mit dem Retreat, achtet er in keiner Sekunde auf Nicolas hervorstechende Merkmale aus Silikon oder welches Material sie auch immer heute verwenden bei Brustvergrößerungen. Klaus freut sich einfach nur wie ein kleines Kind auf die fünf kommenden Tage, an denen sich alles nur um Yoga und um Entspannung und ums Wohlfühlen drehen soll. Um Selbstreflexion, um Achtsamkeit, um die innere Balance. So hat er sich das Leben auf Mallorca immer vorgestellt.

»*Namasté!*«

Jule kommt an diesem Morgen als Erste ins Zelt.

Alle stellen sich vor, und Klaus muss den Anfang machen – als einziger Mann in der Runde.

»Ich heiße Klaus. Ich lebe auf Mallorca. Seit einem guten Jahr. Vorher, also in Deutschland, habe ich noch nie Yoga gemacht. Erst hier. Seit 'nem halben Jahr. Ungefähr. Ich habe in Deutschland bei einer Bank gearbeitet. Und jetzt bin ich nicht ... ja, nicht Frührentner. Ich bin ja nicht krank. Ich bin ... ja, Privatier klingt auch irgendwie komisch. Ich bin etwas früher in den Ruhestand gegangen, weil sich eine gute Gelegenheit geboten hat. So könnte man es vielleicht ganz gut erklären. Ach so. Geschieden bin ich. Das auch.«

Die anderen nicken, und eine nach der anderen stellt sich vor. Alle Teilnehmerinnen sind praktisch Anfängerinnen. Eine macht Yoga erst seit einem Monat, eine seit Herbst, eine andere seit einem guten halben Jahr. Klaus kann sich all das Zeug der Yogafrauen gar nicht merken. Dann ist Jules Freundin an der Reihe.

»Ich heiße Nicola. Ich bin Eventmanagerin. Yoga mache ich so seit einem halben Jahr. Aber eher unregelmäßig. Man hat ja

nicht immer Zeit. Ja, und früher habe ich beim Fernsehen gearbeitet. Als Moderatorin. Also hauptsächlich Wetter. Aber einmal
auch 'ne große Show, vielleicht hat der eine oder andere das ja
auch gesehen – *Abenteuer Schloss*, eine Spielshow war das. Na ja,
ist lange her ...«

Den Gesichtern nach zu urteilen erinnert sich niemand in
der Runde an Nicola, die Spielshowmasterin.

»So, Mädels«, sagt Jule schließlich, »dann wünsche ich uns
eine tolle Yogawoche hier auf Mallorca.« Klaus zieht die Augenbrauen hoch.

»Und Klaus, natürlich! Dir wünsche ich das natürlich auch.
Wie konnte ich dich vergessen ...«

Alle lachen. Sie lachen richtig herzlich. Über Klaus. Über den
Hahn im Korb.

Dann üben sie mit Jule in allen Formen, wie man richtig
entspannt. Weil dazu in erster Linie die richtige Atmung gehört,
holen sie alle zusammen Luft. Aber nicht dass jeder einfach
so atmen kann, wie er gerade will. Nein, sie atmen im Quadrat. Pranayama nennen sie das beim Yoga, hat Klaus gelernt –
Atemkontrolle.

»In Gedanken ziehen wir ein Viereck. Wir atmen ein und
ziehen die linke Kante nach oben, wir stoppen oben an der Ecke,
halten die Luft kurz an und gehen in unserer Fantasie die obere
Linie nach rechts bis zur Ecke, dann atmen wir wieder aus, während wir die rechte Kante nach unten fahren. In der Ecke wieder
das Gleiche: Luft anhalten und nach links rüber in die nächste
Ecke – fertig ist das Viereck!« Klaus atmet also über vier Ecken.
Wie alle anderen sitzt er im Schneidersitz auf seiner Matte, ihm
gegenüber Ute. Sie kommt irgendwo aus dem Schwabenland, aus
welchem Ort genau, hat er vergessen. Ute ist eine schlanke Frau,
unauffällig, das aschblonde Haar zum praktischen Pferdeschwanz

zusammengebunden. Junge Mutter ist sie, daran kann er sich noch erinnern.

»Und von vorn. Einatmen über links, Luft anhalten oben. Jeder macht für sich allein zwanzig Atmer ...«

Ute atmet. Klaus atmet. Synchron. Und dabei gucken sie sich an und lächeln. Genau genommen guckt keiner so wirklich. Alle sind auf sich konzentriert, auf den eigenen Atem. Aber da sie nun mal gegenübersitzen, schaut der eine immer ins Gesicht des anderen. Klaus' Gedanken kreisen sogar kurz darum, wie nah man bei solch einer Yogastunde doch den Menschen kommt, die man überhaupt nicht kennt. Aber dann verliert sich dieser Gedanke schnell wieder, er konzentriert sich und ist wieder ganz fokussiert auf seinen Atem. Das ist schließlich auch Sinn dieser Übung.

Als sie später in der Mittagspause zusammen in Jules Finca sitzen, Tee trinken und irgendwelches ayurvedisches Zeug essen, das Klaus nicht kennt, ist diese schöne Ruhe wieder dahin, die den Vormittag über im Zelt geherrscht hat. Alle plappern wild durcheinander – so, als ob sich ein Ventil geöffnet hätte und den Druck vom Kessel nähme. Nur Klaus hält sich zurück.

Als für einen kleinen Augenblick alle still sind, wie auf ein unausgesprochenes Kommando, versucht sich Klaus an einem kleinen Witz:

»Stimmt es, dass Synchron-Atmen im Quadrat nächstes Jahr olympische Disziplin wird?«

Schweigen. Einige schauen betreten nach unten, ein paar ziehen missbilligend die Augenbrauen hoch.

Nur Nicola prustet los. Durchbricht die peinliche Stille mit einem lauten, dreckigen Lachen. »Der war gut!«, sagt sie und hält sich weiter den Bauch vor Lachen. Zwei oder drei Mädels lachen jetzt auch mit, wenn auch deutlich verhaltener.

In diesem Augenblick nimmt sich Klaus fest vor, während der Yogawoche keinen Scherz mehr zu machen.

Der Stimmung tut der missglückte Witz jedenfalls am ersten Nachmittag des Retreats keinen Abbruch. Alle freuen sich, dass Jule mit den Übungen zur ersten Serie startet: »Okay, Leute, es wird ernst. Wir stellen uns alle vorn auf die Matte. Füße zusammen. Und wir starten mit dem Sonnengruß.«

Der Atem muss ständig mit den Asanas synchronisiert werden, den Körperübungen, den Stellungen. Alles muss gleichmäßig durchgeführt werden, im Rhythmus des eigenen Atems. Im Idealfall macht man die komplette erste Serie in einem durch, automatisch, ohne nachzudenken, bei voller Konzentration. Wer an gar nichts denkt, wer so achtsam ist, der findet seinen inneren Frieden. Das ist die Theorie. Es ist eine Art Meditation mit Kalorienverbrauch. Und wahnsinnig anstrengend für einen wie Klaus. Er ist zum Ende jeder Yogastunde so kaputt und durchgeschwitzt wie früher, als er noch mit Armin und Helmut zum Squash gegangen ist.

Die Frauen aus Deutschland gehen an diesem Abend noch zusammen essen. Klaus hat bereits vorige Woche zu Jule gesagt, dass er sich ausklinken müsse an diesem ersten Abend. Ein alter Schulfreund aus Deutschland hat sich angekündigt – und heute ist der einzige Abend, an dem sie sich sehen können.

Also steigt Klaus in seinen Range Rover und fährt nach Hause.

Am nächsten Tag hat Klaus allerbeste Laune und richtig Bock auf den zweiten Tag des Retreats. Ein kräftiger Herbstwind ist in der Nacht aufgezogen und hat die Spätsommerhitze vertrieben, die ihm beim Yoga gestern doch arg zu schaffen gemacht hat.

Als er ins Zelt kommt, liegen schon drei Frauen auf ihren Matten und dösen. Oder meditieren, so genau kann er das nicht erkennen.

»*Namasté* allerseits!«, sagt er und beißt sich anschließend fast auf die Lippen wegen des flotten Spruches. Aber niemand reagiert. Glück gehabt.

»Du hast was verpasst, Klaus«, begrüßt ihn Jule, die direkt nach ihm mit Nicola und dem Rest der Yogatruppe das Zelt betritt.

»Ach, wo wart ihr denn?«

»Im Es Ginebro. Das ist der Vegetarier in Inca. Kennst du den?«

»Habe davon gehört. War es lecker?«

»Ja … und sehr interessant. Wir haben uns noch mal richtig vorgestellt, jeder hat was von sich erzählt. Wir haben uns alle gut kennengelernt.«

»Ach, schade. Aber du weißt ja: Mit meinem alten Freund bin ich schon zur Schule gegangen, und morgen fliegt er schon wieder zurück.«

»Aber heute Abend kommste mit …«

»Klar. Ab jetzt jeden Abend. Ich will euch ja auch alle kennenlernen …«

»Na, na, na!« Ute, die gerade ihre Matte wieder gegenüber von Klaus ausrollt, hält ihren rechten Zeigefinger hoch. Zur Mahnung.

»Wie meinst du das denn?« Klaus ist kurz irritiert, aber dann grinsen ein paar der Mädels.

»*Namasté*, Mädels und Klaus! Heute möchte ich mit euch nur kurz Pranayama machen, also unsere Atemübungen. Heute wollen wir etwas mehr für unsere Muskeln tun und unsere Beweglichkeit. Zum Ausgleich wird die Meditation am Nachmittag etwas intensiver.«

Sie atmen wieder im Quadrat. »Wenn es richtig gut läuft, vergesst ihr alles um euch herum, dann seid ihr nur noch eins mit euch und eurem Atem«, hat Jule noch gesagt, und Klaus findet das ein wenig schade. »Da liegt man auf dem Holzboden eines

Zeltes auf einer Finca, mitten in der schönsten Natur Mallorcas und soll das alles vergessen«, überlegt er. Es riecht ein wenig feucht an diesem Herbstmorgen, der Wind zerrt leicht an der Zeltwand, und Klaus sieht vor seinem inneren Auge die Berge der Tramuntana im Norden. Er weiß, sie glühen jetzt förmlich rot, angestrahlt von der Morgensonne, die genau gegenüber aufgeht. Das soll er vergessen?

Seine Gedanken schweifen ab, er holt sich wieder das Viereck zurück in seine Vorstellungswelt, atmet links ein, an der oberen Kante hält er die Luft an, er atmet rechts aus, und unten ist erneut Luftanhalten angesagt. Seine Augen sind geschlossen, und tatsächlich taucht Klaus in eine Art inneren Frieden ein. Nur noch atmen. Mehr passiert gerade nicht in seinem Leben. Draußen kräht ein Hahn, irgendwo düst ein Flugzeug im Landeanflug Richtung Palma, ein Trecker fährt an der Finca vorbei. Klaus nimmt das alles nicht wahr.

Dann: ein Schnarchen. Kann das sein? Tatsächlich. Klaus öffnet vorsichtig die Augen und blinzelt zu den Frauen in der Reihe gegenüber. Die Dunkelhaarige ist es. Die aus Nürtingen. Ihren Namen hat er vergessen. Oder Nicola? Oder beide? Klaus muss lachen. Nur ganz kurz. Er stößt einen kleinen Lacher durch die Nase. In diesem Moment öffnen alle die Augen und starren ihn an. Weil er gelacht hat? Das war nur für eine Sekunde! »Haben die sich gegen mich verschworen?«, fragt sich Klaus, je länger er drüber nachdenkt. Wahrscheinlich finden die sowieso, dass ein Mann hier völlig deplatziert ist. Vielleicht hätte er doch zu dem Kennenlernabend mitgehen sollen. Jule scheint zu spüren, dass Klaus' Lacher einigen ziemlich unangenehm aufgestoßen ist, und versucht, die Situation zu überspielen: »Dann öffnen wir jetzt alle unsere Augen. Wir recken uns, wir strecken uns, ziehen erst die Beine aus der Hüfte raus, wir machen die Arme ganz lang. Und

dann kommen wir nach oben und stellen uns vorn an die Matte
für unseren ersten Sonnengruß.«

Sonnengruß also. Einatmen, Hände über dem Kopf zusammen, Blick zu den Daumen, ausatmen, runterfalten, Hände zum
Boden, einatmen, Blick über die Nasenspitze nach vorn, ausatmen, Beine nach hinten in den Stock, einatmen, heraufschau-
ender Hund, ausatmen, herabschauender Hund und in dieser
Position fünf Atemzüge. Klaus kennt die Abfolge auswendig. Er
konzentriert sich wieder ganz auf sich und seinen Körper.

»Jule, sorry«, hört er plötzlich.

Ute ist aufgestanden und guckt fragend zu Jule am Kopfende
rüber: »Mir zieht es hier total. Können wir das Zelt irgendwie
besser verschließen? Der Wind zieht direkt auf meinen Rücken.«

»Komm, wir tauschen!«, bietet Nicola an. Ihr Platz ist der
ganz hinten in der Ecke. »Hier zieht es nicht, hier ist es geschützt.«

Also nehmen die beiden ihre Matten, ihre Handtücher und
Wasserflaschen und wechseln die Plätze. Nicola rollt die Matte
gegenüber von Klaus aus, Ute freut sich: »Viel besser hier. Super!
Danke, Nicola. Ist das wirklich okay?«

»Ja, klar«, sagt Nicola noch, legt sich direkt gegenüber von
Klaus auf den Bauch und gibt damit aus nicht einmal einen Meter Entfernung den Blick frei auf ihre überdimensionierten Brüste, die zu einem Viertel aus dem viel zu engen Yogashirt schauen.

Klaus blickt bewusst etwas seitlich an ihr vorbei und konzentriert sich wieder ganz auf sein Yoga. Er will sich nicht ablenken lassen, will das erste Yoga-Retreat seines Lebens richtig
genießen. Eine Woche gefüllt von Praxis, Meditation, Massagen,
Schwimmen, Achtsamkeitstraining, dazu ayurvedisches Essen.

»Macht bitte vier weitere Sonnengrüße selbstständig und in
eurem Tempo, in eurem Atem«, fordert Jule und lächelt zu ihm
herüber. Sie ist eine tolle Frau, findet er. Sie strahlt Sicherheit und

Optimismus aus. Kein Gramm Fett an ihrem Körper, durchtrainiert, das dunkle Haar raspelkurz.

Als sie ihn gefragt hat, ob er bei dem Retreat mitmachen möchte, war er unsicher. Er hat nicht wirklich viel Erfahrung – und jetzt schon so eine Intensivwoche Yoga? Aber Jule hat zu ihm gesagt: »Das sind alles Anfängerinnen, da kannst du locker mithalten.« Das hat ihn richtig stolz gemacht.

Kurz holt ihn Jules Stimme aus den Gedanken: »In uns fließt jetzt alles. Mit jedem Atemzug spüren wir unseren Körper. Unsere Gedanken sind völlig frei.«

Er kann es eigentlich selbst nicht so recht begreifen. Er, der frühere Topmanager, der Banker, der Chef, der Experte für öffentliche Finanzierung, er sitzt gerade auf einer Finca mitten auf Mallorca, auf dem Holzboden eines Zeltes, trägt eine Art Leggings und ein Shirt mit einem aufgedruckten Mandala. Und freut sich über Tee und Ingwerplätzchen. Wenn ihn so Frau Schwabling aus dem Controlling sehen könnte, mit der er so viele Kämpfe ausgefochten hat, denkt er. Aber: Er ist jetzt ein Banker im Ruhestand. Und ein Yogaschüler. Manchmal fragt sich Klaus, ob er nicht von einem Klischee ins nächste gestolpert ist seit seinem Umzug auf die Insel. Aber er ist auch stolz, dass er diesen anstrengenden zweiten Tag des Retreats bisher so gut gemeistert hat.

»Und wir atmen ein. Wir atmen aus.« Alle haben nun ihre fünf Sonnengrüße hinter sich und stehen vorn an ihren Matten.

Klar, einatmen und ausatmen konnte Klaus schon vorher. Aber sich dabei auf eine einzige Sache konzentrieren und alle anderen Dinge ausblenden, weglassen, vergessen – das konnte er nicht. Nie konnte er das. In seinem ganzen Leben nicht. Er hat es erst hier gelernt. Auf Mallorca. Und es tut ihm gut. Richtig gut. Klaus legt sich auf die rechte Seite, weil er schon weiß, was Jule jetzt sagen wird. »Wir legen uns jetzt auf unsere rechte

Körperseite und lassen noch einmal alles los.« Klaus liegt schon. Auf der rechten Seite, der Yin-Seite.

Seine Augen fallen kurz zu, so entspannt ist er. So sehr hat er alles losgelassen in seinem Inneren. Wenn es so etwas wie inneren Frieden tatsächlich geben sollte: Hier auf Mallorca, in seinem neuen Leben, hat er ihn gefunden. Dank des Yogas. Ausgeglichen ist er. Frei wie nie fühlt er sich.

Er setzt sich auf. Ihm gegenüber auf der Matte sitzt seit heute Nicola. Eine Freundin von Jule. Sie war mal Moderatorin im Fernsehen.

»Wir ziehen unsere Wirbelsäule ganz gerade nach oben in den Himmel, so weit es geht. Die Sitzhöcker drücken fest in den Boden, damit wir alle geerdet sind. Wir legen die Handflächen vor der Brust zusammen ins Anjali Mudra. Und dann holen wir tief Luft für ein gemeinsames Om ...«

In Albträumen gibt es diese Momente, in denen man trotz des Schlafes förmlich spürt, dass jetzt ein Unglück nicht mehr aufzuhalten ist. Das sind Millisekunden, in denen man weiß, man ist falsch abgebogen, und die Katastrophe rollt gnadenlos auf einen zu. Weil Klaus wach ist, sich im wirklichen Leben befindet, auf einer Yogamatte mitten auf Mallorca, spürt er in diesem Augenblick nicht, dass er gerade diese Millisekunden erlebt hat, in der irgendwer die Weiche umgestellt hat, und der Zug jetzt Richtung Abgrund rast. Sein Zug.

Nach dem »Om« lässt sich Nicola aus dem Schneidersitz leicht auf die Seite fallen, kommt auf ihre Knie und stützt sich auf die Arme. Sie beugt sich in diesem Moment weit nach vorn. Weil sie den Hals dabei ganz lang macht, drückt sich ihre große Brust vor, als wolle sie diese noch ein Stück über den Ausschnitt des Shirts quetschen, Klaus regelrecht entgegen. Er blickt jetzt genau zwischen ihre Brüste. Und denkt sich nichts weiter dabei.

Keinen halben Atemzug später rollt die Lawine los.

»Ich glaube, es hackt!« Nicola ist völlig hysterisch. Sie schreit fast. Klaus ist sich keiner Schuld bewusst. Aber er spürt, dass nur er gemeint sein kann.

»Hast du sie noch alle?« Nicola ist jetzt nicht mehr zu bremsen. Klaus schaut völlig konsterniert. »Was soll das? Du weißt genau, was ich meine! Guck nicht so!« Klaus schnappt nach Luft und merkt, wie ihm das Blut bis hoch in die Ohren schießt. Sie fühlen sich glühend heiß an. Sein Kopf läuft feuerrot an. Alle können das sehen.

»Wir machen hier fleißig Sonnengrüße, und der Typ glotzt mir in den Ausschnitt!«, ruft sie jetzt ins Zelt. Empört sich. Zieht die Schultern hoch und hält die Handflächen nach oben. Schaut zu den anderen Frauen und fordert mit ihrem Blick deren weibliche Solidarität ein. Klaus sieht gar nichts mehr, sein Blick ist trübe. Aber er hört.

»Typisch Mann!«, ruft eine.

»Ich kann's kaum glauben, ausgerechnet beim Yoga!«, eine andere.

»Die Kerle, die sind unmöglich. Alle!«

»Ich habe gleich gesagt, der passt hier nicht rein!« Klaus weiß nun erst recht nicht mehr, wo er hinschauen soll. Alle diese Frauen tragen diese hautengen Yogaklamotten. Er blickt einfach auf seine Matte. Ihm ist schwindelig. Er weiß nicht, was er denken soll. Er kann auch gar nicht denken, jetzt, in dieser Situation. Dabei hätte er einen klaren Kopf gerade jetzt so bitter nötig. Aber dieser Kopf funktioniert im Augenblick nicht.

»Passt mal auf, Mädels«, hört Klaus nun Ute aus der rechten Ecke. Bis vor rund zwei Stunden lag sie an der Stelle, von der aus ihn Nicola gerade wie eine Furie anstiert. »Jetzt spinnt mal nicht rum. Seit gestern lag ich genau gegenüber von Klaus – und er hat nicht ein einziges Mal unangemessen geguckt oder so. Nicht im Geringsten!«

»Das wundert mich überhaupt nicht!« Nicola holt zum Gegenschlag aus: »Was soll er bei dir auch schon gucken? Auf dein Flachbrett vorn, oder was?«

Jetzt schreien sie alle quer durcheinander. Klaus bekommt von alldem so gut wie nichts mehr mit – nur noch einzelne Satzfetzen. Es scheint, als wäre sein Kopf in Watte eingehüllt. »Silikontitten!«, hört er. »Arrogante Kuh!« Es fehlt nicht mehr viel, und neun Yogafrauen fangen an, sich zu prügeln. Oder zumindest an den Haaren zu ziehen. Oder sich ihre Trinkflaschen an den Kopf zu werfen.

An der linken Seite, direkt neben dem Reißverschluss, der als Eingang dient, steht das einzige Möbelstück im Zelt. Jules Kopfstandhocker. Mit diesem Teil will Jule ihren Schülern die Angst vor dem Kopfstand nehmen. Runterbeugen, Kopf durchs Loch, langsam nähertrippeln und den Hintern heben – und am Schluss liegen die Schultern auf dem Polster auf, der Kopf hängt durchs Loch, und man macht einen Kopfstand, ohne dass Jule groß unterstützen oder halten muss.

Dieser Hocker ist richtig, richtig schwer. Nicola, deren Kopf inzwischen auch feuerrot ist – vor Wut oder Empörung –, springt auf, stürzt auf den Kopfstandstuhl zu und reißt ihn hoch.

»Jetzt ist aber mal Ende!«, brüllt Jule. »Verdammte Scheiße noch mal! Nicola, stell das Ding gefälligst wieder hin, und hock dich auf deine Matte! Seid ihr alle noch gescheit? Spinnt ihr denn alle? Fahrt mal runter! Wir machen hier Yoga!«

Totenstille.

»Hinlegen! Auf die Matte! Alle!« Klaus hört, wie das Blut durch seinen Kopf rauscht.

»Wir kommen jetzt alle wieder runter. Wir schließen die Augen. Wir atmen ein. Wir atmen aus.«

Dann wird Jule hörbar ruhiger. Ihre Stimme wird leiser, sie spricht deutlich langsamer: »Versucht, mit jedem Atemzug euren Atem zu verlängern. Ein und aus. Und immer wieder ein wenig länger.« Klaus liegt da und atmet. Aber konzentrieren kann er sich jetzt nicht mehr. Sein Kopf spielt verrückt. Er überlegt ernsthaft, ob er jetzt einfach aufstehen und gehen soll. Er traut sich nicht.

Ausgerechnet jetzt muss er an Karin denken, seine Ex-Frau. »Du und Yoga?«, hätte sie zu ihm gesagt, »das machst du keine dreimal. Glaub mir, ich weiß, wovon ich spreche.« Sie hatte mindestens zehn Jahre lang Yoga gemacht. In Köln. Dann war ihr das irgendwann zu langweilig geworden, und als zuerst Regine und dann Anja nicht mehr zu den Stunden gekommen waren, da hatte sie auch keine Lust mehr auf Yoga gehabt und das Studio gekündigt. Klaus war damals noch auf dem absoluten Karrieretrip. War kaum zu Hause. Saß ständig in irgendwelchen Sitzungen in Frankfurt oder London. Stieg zwei- oder dreimal in der Woche in ein Flugzeug nach London, Madrid oder Berlin. Arbeitete zwölf, dreizehn oder vierzehn Stunden am Tag – und selbst am Wochenende kontrollierte er mindestens jede Viertelstunde seine Mails.

Wenn Klaus heute an diese Zeit denkt, kann er nur mit dem Kopf schütteln. Er war das lebende Klischee eines ehrgeizigen Bankmanagers – umtriebig, fleißig, erfolgreich. Kein Angeber-Typ, kein typischer Aufsteiger mit dickem Auto und Freundin und Gucci-Sonnenbrille. Aber trotzdem zielstrebig. Er hat immer versucht, sich dabei seinen Anstand zu bewahren. Mensch zu bleiben. So einer war er. So ehrlich, wie es eben ging in diesem Geschäft. Nie hatte er Karin betrogen. Und immer war er fair zu seinen Mitarbeitern gewesen. Er war beliebt bei seinen Leuten. In der Bank hat er einen rasanten Aufstieg hingelegt, auch wenn es für einen Platz im Vorstand nie gereicht hat. Aber eine Stufe drunter. Immerhin. Und er hat richtig gutes Geld verdient.

Die Villa im Kölner Süden haben sie nach der Scheidung verkauft. Klaus ist jetzt 58, er hätte noch ein paar Jahre weiterarbeiten können. Aber als die Scheidung durch war und sie in der Firma umstrukturieren wollten, hat er sein komplettes Leben umgekrempelt. Er konnte eine fette Abfindung aushandeln und ist gegangen.

Nach Mallorca. In ein ganz neues, ein ganz anderes Leben. Er hat eine kleine Finca gemietet und wohnt da jetzt ganz allein. Zumindest die meiste Zeit. Seit ein paar Monaten bekommt er ab und zu Besuch. Sogar über Nacht. Er hat jemanden kennengelernt. Es ist gerade alles so wahnsinnig spannend und neu und anders für ihn.

Und jetzt liegt er hier und soll konzentriert atmen, um nach der Aufregung wieder runterzukommen. Er schämt sich in Grund und Boden. Und zweifelt, ob das mit dem Yoga wirklich so eine gute Idee war. Klaus liegt regungslos und kontrolliert atmend da und versucht, nicht an diese Vorstellung von eben zu denken. Versucht, das zu verdrängen. Ihm fällt auf, dass keiner im Zelt auch nur das geringste Geräusch abgibt. Noch nicht mal das Atmen ist zu hören. Gar nichts. Selbst der Wind scheint zu schweigen. Er meint, nur zu hören, wie sein eigenes Blut durch die Adern rauscht. Zu hören, wie sein Pulsschlag in den Ohren klopft.

Klaus lässt noch mal alles Revue passieren, was während der ersten zwei Tage des Retreats passiert ist. Jeden Moment, jede Bewegung, jede Geste, jede Haltung. Und er ist jetzt überzeugt: Nicola hat ihm eine Falle gestellt. Sie wollte, dass er hinguckt. Sie wollte ihn vorführen. Sie wollte eine Szene. Unbedingt!

Wenn er jetzt genau darüber nachdenkt, gibt es gar keine andere Erklärung für das, was sich eben hier abgespielt hat. Klaus ist zu hundert Prozent davon überzeugt. Aber eigentlich ist es ihm auch egal. Er steht auf, zieht seine Strickjacke über, die hinter ihm liegt, schnappt seine Autoschlüssel und geht.

»Klaus, deine Matte!«, ruft ihm Jule noch hinterher. Er reagiert nicht. Klaus braucht die Matte nicht mehr. Das war's mit Yoga für ihn. Für immer und ewig. Er weiß immer noch nicht genau, ob er sich ärgern oder schämen soll. Ob er peinlich berührt sein soll. Oder wütend. Er findet die ganze Situation einfach nur noch lächerlich. Und sich selbst ebenfalls.

Noch im Wagen ruft er Dennis an, den Architekten, den er vor drei Monaten im Yogazelt kennengelernt hat. »Kannst du bitte kommen? Und über Nacht bleiben? Es war ganz furchtbar heute. Erzähle ich dir gleich alles. Ich mag jetzt einfach nicht allein sein.« Klaus freut sich, dass sein neuer Freund gleich bei ihm sein wird. Dann kann er endlich entspannen. Ganz ohne Yoga. Nur mit Dennis.

***

Ein halbes Jahr nach dem Vorfall im Yogazelt machen Klaus und Dennis ihre Beziehung öffentlich. Zu ihrem ersten gemeinsamen Fest, das sie auf Klaus' Finca geben, lädt Dennis auch Jule ein, die Yogalehrerin. Als Gastgeschenk bringt sie Klaus' Matte mit, die noch immer im Zelt lag, und sie will Klaus überreden, zurück zum Yogaunterricht zu kommen.

Vergeblich. Er besucht nie mehr in seinem Leben eine Yogastunde.

Der Pfahl-Yogi

Ein Mallorquiner zählt zur Weltelite im Pfahl-Yoga. Amaro Gómez-Pablos, 1985 in Palma geboren, war im Jahr 2019 einer der wenigen westlichen Teilnehmer bei der ersten Weltmeisterschaft im Mallakhamb. Das ist eine traditionelle indische Sportart, bei der man Yogastellungen auf einem drei Meter hohen Pfahl ausführen muss – oder an einem Seil hängend. In mehreren Durchgängen müssen fast dreißig verschiedene Asanas in der Luft gezeigt werden, was eine ungeheure Konzentration und Körperbeherrschung erfordert. Der Palmesaner, der in Paris Filmwissenschaft studiert hat, lernte die Kunst des Mallakhamb in Mumbai, wo er seit einigen Jahren für Bollywood-Filmproduktionen arbeitet.

SANGRIA UND PEITSCHE

Palma

Dieser Blick!

Der Sicherheitsmann an der Kontrolle am Stuttgarter Flughafen schaut zuerst in den Koffer. Dann schaut er Moni an. Und dann wieder in den Koffer, der mit halb geöffnetem Deckel vor ihm liegt.

»Wohin soll's denn gehen?«

»Mallorca.«

»Darf ich?«, fragt er und deutet auf das Stück Leder, das unter Monis Blusen herausschaut.

»Natürlich«, antwortet sie, aber ihr Augenaufschlag sagt: »Tu es bitte, bitte nicht ...«

Er tut es. Der Sicherheitsmann zieht ganz langsam an dem Leder, und wie in Zeitlupe kommt eine Peitsche zum Vorschein, kaum größer als eine Weinflasche.

Monis Gesicht läuft auf der Stelle knallrot an.

»Sie verreisen allein?«

»Nein, mit meinem Freund.« Moni zeigt auf Frank, der mit seinem Trolley hinter der Sicherheitsschleuse auf sie wartet und fragend mit den Schultern zuckt.

»Haben Sie etwas aus Metall in diesem Koffer?«

Sie wühlt vorsichtig zwischen ihren Sachen. Nach und nach zieht sie einen Ballknebel, ein Paddle und Lederhalsband hervor.

Und dann ertastet sie endlich die beiden Metallstücke. Es sind die Handschellen, mit Leder bezogen, die offenbar im Scanner verdächtig aufgefallen sind. Von außen glänzen metallene Stacheln an den Handschellen.

»Lassen Sie das ruhig drin. Danke schön«, sagt der Kontrolleur und schaut noch einmal zu Moni rüber. Sie versucht, seinem Blick auszuweichen, schaut erst zum Boden, dann zur Decke. Ihr ist das alles nur noch peinlich. Unsagbar peinlich!

»Ja, dann wünsche ich Ihnen noch viel Spaß im Urlaub auf Mallorca.« Der Sicherheitsmann verzieht keine Miene, aber Moni ist sicher: Innerlich grinst der von einem Ohr bis zum anderen.

Sein Blick sagt ihr: »Ich habe dich erwischt. Und ich versohle dir gleich den Hintern!«

Moni stellt sich das kurz vor und muss schmunzeln.

»Oh Mann«, sagt sie zu Frank auf dem Weg zum Gate. »Das hat der Typ doch extra gemacht. Der wollte sehen, ob ich eine rote Birne bekomme, wenn er die Sachen entdeckt.«

»Und? Hast du?«

»Ja. Habe ich. Aber ist mir jetzt auch egal.«

Sie greift seine Hand. Frank schaut sie daraufhin fragend an und sagt: »Das hast du aber schon lange nicht mehr gemacht.«

»Das ist die Vorfreude. Ich bin richtig aufgeregt!«

Sie sind auf dem Weg nach Mallorca, um Abwechslung in ihr Liebesleben zu bringen. Auch zu Hause schlafen sie oft miteinander, oft vier- oder fünfmal in der Woche. Aber Moni ist das alles zu einseitig, fast langweilig geworden. An den nächsten drei Tagen in Palma wollen sie etwas ganz Neues ausprobieren. So ist der Plan.

Der Kurzurlaub war Monis Idee gewesen. Sie hatte *Fifty Shades of Grey* gelesen und Frank dazu überredet, sich mit ihr gemeinsam den Film im Kino anzuschauen. Schon im Kino knutschten sie wie die Teenager. Und dann konnten sie es nicht abwarten, endlich nach Hause ins Bett zu kommen.

»Ist dir was aufgefallen?«, fragte Moni anschließend.

»Wir waren beide so verrückt nacheinander wie schon ewig nicht mehr«, sagte Frank.

»Das stimmt, aber das meine ich nicht.« Sie gab ihm einen Kuss. »Wir haben beide ganz genau aufgepasst, welchen Sex Ana und Christian im Film gemacht haben. Oder interessierst du dich nicht dafür?«

»Für was?«

»Na ja, für die harten Sachen halt. Wahnsinnig leidenschaftlich war das doch. Mit dieser Peitsche. Die Backpfeifen und so. Das Fesseln. Das hast du bei mir noch nie gemacht.«

Frank runzelte die Stirn.

»Hättest du das denn gern?«

Moni zögerte die Antwort heraus, als ob sie darüber nachdenken würde. Dabei kannte sie ihre Antwort schon lange.

»Ja. Warum nicht? Ich fand das jedenfalls sehr interessant. In dem Buch schon. Und jetzt im Kino war das noch aufregender.«

»Und wenn ich dir wehtue?«

»Also, du musst mich ja nicht gleich vertrimmen wie bei einer Wirtshausschlägerei.«

»Aber man braucht ja auch Sachen dafür. Also so 'ne Peitsche und so was. Und das haben wir nicht.«

»Kann man kaufen.«

»Und wenn wir dabei Krach machen? Wenn du anfängst zu schreien?«

»Wieso ich?« Moni lächelte keck. »Wer sagt denn, dass nicht du derjenige bist, der bei unseren Spielchen schreien wird?«

Frank riss überrascht die Augen auf. Diese Variante war ihm noch gar nicht in den Sinn gekommen.

»Ich mein ja nur, wenn die Nachbarn uns hören. Die Eberts nebenan. Oder der alte Siebert oben. Ich würde sterben, wenn ich die anschließend im Hausflur treffe.«

»Dann machen wir es eben woanders!« Moni war nun fest entschlossen.

»Und wo, bitte schön, soll das sein?«

»Auf Mallorca.«

Jetzt sitzen sie nebeneinander im Flieger und halten schon wieder Händchen. Moni lässt das Ablagefach über dem Nachbarsitz nicht aus den Augen. Dort liegt ihr Koffer. Und in dem ist alles, was sie brauchen für ihren Abenteuerurlaub. Sie hat im Internet einen Spezialversand ausfindig gemacht und dort ein »BDSM-Anfängerset« bestellt. 13 Teile für nur 16,90 Euro. Handschellen und Fußfesseln sind mit dabei, eine kleine Peitsche, Bondageseile, eine Augenbinde, ein Halsband mit Leine, ein Knebelball und noch viel mehr Spielzeug. Bei manchen Sachen hat sie nachschauen müssen, weil ihr nicht gleich klar war, was sie mit ihnen anstellen soll.

»Weißt du, was ein Flogger ist?«, flüstert sie Frank ins Ohr, damit der Herr nichts mitbekommt, der in ihrer Reihe ganz am Fenster sitzt.

»Ein Flodder?«, flüstert Frank zurück.

»Flogger. Das ist eine kleine Peitsche mit ganz vielen Riemen vornedran.« Sie schaut zum Ablagefach. »Habe ich auch mit. Oben im Koffer. Und Kabelbinder. Habe ich im Baumarkt gekauft. Wie im Film.«

Frank atmet einmal tief durch. Lust entsteht im Kopf – und Frank geht gerade so einiges durch den Kopf. Das macht ihn dermaßen verrückt, dass er am liebsten schon hier mit Moni verschwinden würde. Hinten, in die letzte Reihe, die leer ist. Oder auf die Toilette.

»Komm, wir verziehen uns aufs Klo. Ich zuerst, du zwei Minuten später.«

»Du Spinner!«, sagt Moni nur und gibt ihm eine leichte Kopfnuss.

»Halt! Nicht schlagen!« Jetzt müssen beide lachen.

Das Taxi braucht keine halbe Stunde bis zu ihrem Appartement. Es ist Anfang Mai, noch hat der große Ansturm auf die Insel nicht begonnen. Die Blumen unterhalb der Kathedrale blühen in allen Farben, im Sporthafen beobachten sie ein paar Männer, die ihre Boote für den Sommer streichen und reparieren. Ein paar vereinzelte Urlauber spazieren am frühen Abend am Paseo Maritimo entlang und genießen die Sonne, die jetzt schon reichlich Kraft hat, aber noch nicht so aufdringlich heiß ist wie im Juli oder August. Alles wirkt, als sei Mallorca bereit für die Saison, aber auch froh, dass man noch einige Wochen durchatmen kann, bevor zu Hunderttausenden die Urlauber aus dem Norden einfallen.

Moni hatte die Ferienwohnung im Internet gefunden. Sie liegt in Palmas In-Viertel Santa Catalina. »Mitten im Leben«, stand in der Beschreibung, »und doch sehr ruhig.« Die anderen drei Wohnungen im Haus würden nur von den Besitzern genutzt, und eigentlich auch nur am Wochenende, hatte der Vermittler am Telefon gesagt. Sonst stehen sie leer.

»In der Woche haben Sie vermutlich das Haus für sich allein«, meinte er. Das war für Moni ausschlaggebend gewesen. Frank wollte auf keinen Fall in ein Hotel, weil er befürchtete, auch dort von Zimmernachbarn gehört zu werden.

»Und dann grinsen die mich am Frühstücksbüfett an. Ne, da kann ich auch zu Hause bleiben und die Sachen vor dem alten Siebert ausprobieren«, hatte er entgegnet. Als sie ihm dann den

Satz von den leer stehenden Nachbarwohnungen in Palma vorlas, hatte er sofort gesagt: »Buch das Ding.«

Und jetzt sind sie hier. Alles hat bisher geklappt wie am Schnürchen. Der Flug war pünktlich, und die Zahlenkombi stimmt auch, mit der Frank jetzt den kleinen Kasten neben der Haustür öffnet, in dem ihr Schlüssel hängt.

»Alles so reibungslos, das macht mir Angst!«, scherzt Frank und dreht den Schlüssel für die rechte Wohnung in der ersten Etage um.

»Angst werde ich dir gleich schon genug machen«, frotzelt Moni.

Ihr gefällt zusehends das kleine Spiel mit Worten und Andeutungen. Sie schaut zu Frank und versucht, mit den Augen Unschuld zu heucheln. Ihr Lächeln sagt: »Warte nur ab, Freundchen!« Moni weiß in diesem Augenblick noch nicht, wie recht sie haben wird mit der unausgesprochenen Drohung.

Beide sind sofort begeistert von ihrem neuen Zuhause für die nächsten drei Tage und Nächte. Sie stellen ihre Koffer hinter der Tür ab und erkunden die Räume. Offenbar ist die Wohnung vor nicht allzu langer Zeit renoviert worden, die Fenster scheinen ganz neu zu sein, das Bad gefällt ihnen mit seinen dunklen Fliesen und der Regenwalddusche sogar besser als ihres daheim. In der Küche stehen zur Begrüßung eine Flasche Rotwein und ein Schälchen, in dem eine Tüte mit mallorquinischen Mandeln liegt. Auf dem Zettel daneben steht in fünf Sprachen »Herzlich willkommen«.

»Sehr nett«, sagt Frank und nickt anerkennend.

»Guck mal hier!«, ruft Moni aus einem der beiden Schlafzimmer. Sie steht am offenen Fenster und deutet nach draußen, »du kannst die Kathedrale von hier aus sehen.« Durch eine Lücke zwischen den Häusern auf der gegenüberliegenden Seite sieht man einen der beiden Türme von Palmas La Seu, wie die Mallorquiner ihre größte Kirche nennen. Die beiden genießen einen kurzen Moment die unerwartete Aussicht, um dann nach dem zweiten Schlafzimmer zu schauen. Das hat zwar einen spanischen Balkon, aber der ist so klein, dass sie noch nicht mal zu zweit darauf stehen können.

»Ist ja wohl klar, welches wir nehmen«, sagt Frank. Moni nickt, und dann setzen sie sich im ersten Zimmer auf die Bettkante – nur, um noch einmal kurz den Blick auf die Kathedrale zu genießen.

Frank umarmt Moni, küsst sie in den Nacken und sagt: »Weißt du, worauf ich jetzt Lust habe?«

Moni hält den Kopf leicht geneigt und schaut ihn mit fragendem Blick an: »Auf was denn?«

»Auf ein richtig schönes Abendessen! Ich bin so hungrig, ich könnte ein halbes Schwein auf Toast essen.«

»Ach schade«, antwortet Moni nur, aber er hört an ihrem Tonfall, dass sie nicht wirklich enttäuscht ist.

»Ich will aber auch eine Sangria trinken!«, ergänzt sie im Tonfall eines trotzigen Kindes, »da freue ich mich schon drauf, seit wir zu Hause los sind.«

»Ich dachte, du freust dich auf ganze andere Dinge?«, frotzelt Frank, und beide müssen lachen.

Sie packen ihre Koffer aus und suchen nach einem Restaurant. In Santa Catalina wimmelt es von Bars, Cafés und Restaurants. Weil sie sich für keines entscheiden können, gehen sie in das, was nur zwei Straßen von ihrem Appartement entfernt liegt. Patron Lunares heißt der Laden und ist eingerichtet wie ein alter Kapitänsklub. An den Wänden hängen riesige Ölgemälde, Schiffsmodelle stehen auf kleinen Mauervorsprüngen. Und von der Decke hängen Taue und Fischernetze. Moni deutet nach oben zu den dicken Seilen und zwinkert Frank zu.

»Du hast gerade nichts anderes im Kopf als das, oder?« Sein Blick sagt Moni genau, was er eben mit »das« gemeint hat.

»Du etwa nicht?«, fragt sie zurück.

»Doch. Aber jetzt habe ich erst mal einen Mordshunger.«

Sie bestellen Fisch und eine Flasche Weißwein. Moni nimmt ein Thunfisch-Tataki, Frank hat sich für die Hausmannsvariante entschieden: *Fish and Chips*. Das nimmt er immer, wenn er es auf einer Speisekarte findet. Er liebt Fisch in Panade.

Als sie auf das Dessert warten und der Kellner den Kaffee auf den Tisch gestellt hat, rückt Moni mit ihrem Stuhl etwas näher an Frank ran. Sie spricht leise, damit sie niemand am Nachbartisch hören kann. Den ganzen Abend über hat sie immer wieder deutsche Stimmen gehört. Es besteht also die Gefahr, dass man verstehen kann, was sie reden.

»Pass auf«, sagt sie zu Frank, »als Erstes müssen wir ein Codewort vereinbaren.«

»Wie im Film?«

»Wie im Film.«

»Und dann?«, fragt Frank nach.

»Jetzt stell dich nicht blöder an, als du bist. Dann fangen wir an.« Moni sieht fast ein wenig entrüstet aus.

»Na, das weiß ich. Aber womit fangen wir an?«

»Das müssen wir uns überlegen.«

Frank beugt sich zu ihr rüber und flüstert: »Ich dachte, du hast dich informiert, wie das alles geht?«

»Ich? Wann soll ich das denn gemacht haben?«

»Na, du hast doch auch das ganze Zeug da bestellt. War da keine Gebrauchsanweisung dabei oder so was?«

»Doch. Da ist ein Zettel dabei. Mit Bildern drauf, wie es geht. Und wir haben ja den Film gesehen.« Moni lächelt jetzt, und in ihrem Gesicht erscheinen hellrote Flecken. Das passiert immer, wenn sie aufgeregt ist.

»Dann guck ich mir das gleich mal an. Okay?« Er wirft ihr einen erwartungsvollen Blick zu. »Kann ja wohl so schwer nicht sein.«

»Und was ist mit meiner Sangria?«, fragt sie jetzt.

»Du bekommst heute alles, was du möchtest.«

Frank bestellt zwei Sangria und die Rechnung. Die Flecken in Monis Gesicht wechseln die Farbe. Sie verwandeln sich in ein tiefdunkles Rot.

Frank sieht kurz darauf aus wie ein Junge im Spielzeugladen. Er sitzt im Wohnzimmer ihrer Ferienwohnung auf dem Boden, und um ihn herum liegen die Spielzeuge aus dem »BDSM-Anfängerset«. Er hält einen kleinen Zettel hoch, nicht größer als ein DIN-A5-Blatt.

Auf dem Weg in die Wohnung haben sie auf der Straße geknutscht wie ein Teenagerpaar. Dann ist Moni gleich unter der Dusche verschwunden.

Frank liest von dem Zettel so laut vor, dass Moni es hören kann, die sich im Badezimmer abtrocknet: »Dieses himmlische Set bietet einen reizvollen Blick sowie eine robuste Konstruktion für luxuriöse Vergnügen in Knechtschaft. Ideal für Einsteiger: Verwenden Sie das Bondage-Set als Ganzkörperfixierung, die einfach und schnell angelegt kann.«

Er muss grinsen und betrachtet dann die Zeichnungen auf der Rückseite des Zettels. Was er mit dem Mundknebel oder der Augenbinde anfangen soll, das muss ihm niemand erklären.

Auch für die Fesseln braucht er keine Nachhilfe. Aber da ist auch ein Metallring, an dem vier Lederriemen hängen, wie kurze Gürtel. Frank betrachtet die Zeichnung, in der angedeutet wird, dass das ein »Lederkreuz zur Verbindung« ist. Damit schnallt man auf dem Rücken Fuß- und Handfesseln zusammen.

Er bemerkt nicht, dass Moni aus dem Bad gekommen ist und nun hinter ihm steht. Sie lässt das Handtuch fallen, in das sie sich eingewickelt hat, und zieht heimlich die Peitsche zu sich, die hinter Franks Rücken auf dem Teppich liegt.

Als Frank sie bemerkt und den Kopf nach ihr umdreht, geht alles blitzschnell. Moni holt weit aus und zieht mit der Peitsche fest durch sein Gesicht. Das klatschende Geräusch ist so laut, dass selbst Moni zusammenzuckt. Frank reißt den Mund weit auf, zieht sein Gesicht zusammen und greift zu seinem rechten Auge.

Schmerzen spürt man bei einer Verletzung nicht sofort. Der Schmerz braucht vermutlich zwar nur Nanosekunden, bis er das Hirn erreicht. Aber bis wir tatsächlich begreifen, dass uns etwas wehtut, braucht es trotzdem einen Moment. Manchmal kommen Schmerz und Schock erst wirklich in unserem Empfinden an, wenn wir die verletzte Stelle sehen.

Frank kann seine verletzte Stelle nicht sehen. Sie ist direkt unter seinem Auge. Dort klafft ein regelrechter Riss, aus dem Blut läuft. Frank lässt sich nach hinten auf den Boden fallen, sieht dann das Blut auf seiner Hand und schreit.

»Sag mal, hast du sie noch alle?«

Moni steht hinter ihm, die Peitsche in der Hand. Ihr Mund ist offen.

»Ah, tut das weh!« Frank dreht sich auf die Seite, krümmt sich auf dem Boden. »Jetzt mach doch was!«, brüllt er Moni an, die noch immer nackt hinter ihm steht.

Sie läuft ins Bad, hält ein kleines Handtuch unter den Hahn und dreht das kalte Wasser auf. Frank liegt inzwischen auf dem Rücken und drückt immer noch mit der Hand auf den Riss unter seinem Auge. Moni reicht ihm das kalte Tuch. Er reißt es zu sich und hält es auf die schmerzende Stelle.

Frank atmet tief durch. Seine Augen sind geschlossen.

»Ich glaube das nicht! Ich glaube nicht, dass du mich eben blutig gepeitscht hast.«

Moni schaut ihn an und versucht, ein unschuldiges Gesicht zu machen. Die Peitsche liegt neben ihr auf dem Boden. Sie sucht nach Worten.

»Ich habe gar nicht richtig fest geschlagen. Frank?«

Frank schlägt die Augen auf.

»Ich wusste ja nicht, dass das gleich so eine Wucht hat. Ich wollte doch nicht, dass das blutet. Frank! Ehrlich!«

Moni hofft, dass er jetzt nicht ausflippt. Frank kann manchmal so jähzornig werden. Dann überkommt ihn eine Wut, und er hat sich selbst nicht mehr unter Kontrolle. Das kann ganz schnell gehen.

Aber Frank bleibt ganz ruhig. Er steht auf, geht ins Bad und betrachtet die Wunde im Spiegel. Unter dem Auge ist ein scharfer roter Streifen zu sehen. Ein regelrechter Riss. Um den Riss herum ist sein Gesicht rot und leicht angeschwollen. Wenigstens hat es aufgehört zu bluten.

»Haben wir Pflaster?«

»Nein. Ich habe keines eingepackt.«

»Dachte ich mir.«

Mehr sagt Frank nicht. Er drückt sich ein Papiertaschentuch auf den Riss und verschwindet im Schlafzimmer.

Als eine Viertelstunde später Moni ins Bett kommt, dreht sich Frank zur anderen Seite um, von ihr weg.

Am Morgen darauf hat sich Frank etwas beruhigt. Der Riss unter seinem Auge ist deutlich zu sehen. Über Nacht hat sich eine dünne Kruste gebildet. Der Tränensack ist noch immer leicht angeschwollen. Aber es tut nicht mehr weh.

»Was hast du dir nur dabei gedacht?«

Die beiden sitzen im Café La Madeleine de Proust gegenüber ihrem Appartement. Frank hat sich ein Croissant zum Kaffee bestellt, Moni eines der kleinen Obsttörtchen, die in der Vitrine stehen und das Markenzeichen des französischen Cafés sind.

»Ich weiß ja auch nicht so richtig, wie das funktioniert. Ich habe das doch noch nie gemacht.« Moni schaut nicht von ihrer Kaffeetasse auf, während sie redet. Sie hat ein schlechtes Gewissen. »Aber ich hatte eine solche Lust auf dich. Nicht erst als ich aus der Dusche kam. Schon vorher. Im Restaurant. Aber nach der Dusche konnte ich nicht mehr abwarten.«

»Und deshalb haust du mir die Peitsche ins Gesicht?«

»Na ja, das sollte so was wie der Startschuss werden.« Jetzt schaut sie ihm in die Augen – das erste Mal an diesem Morgen.

»Ich habe es einfach nicht mehr ausgehalten, Fränkie.« Sie legt ihren Dackelblick auf und bettelt förmlich darum, dass Frank nicht mehr sauer ist.

Der hält diesem Blick keine Minute lang stand.

»Komm her«, sagt er und deutet mit dem Kopf auf den Stuhl an seiner Seite. Dann küsst er sie, noch bevor sie richtig auf dem Stuhl neben ihm sitzt, und nimmt ihren Kopf in seine Hände.

»Du musst nachdenken, bevor du so was machst. Das hat richtig gepfeffert!«

»Ich weiß es doch. Ich war halt so scharf auf dich.« Sie nickt und spricht nach einer kurzen Pause ganz leise weiter: »Und ich bin es immer noch.«

Den Rest des Vormittags verbringen sie im Bett. Die neuen Spielsachen rühren sie nicht an. Moni hat sie noch in der Nacht im Sideboard neben der Eingangstür untergebracht, damit sie nicht mehr zu sehen sind.

Nach drei wundervollen zärtlichen Stunden sitzen die beiden nebeneinander an einem Tresen in der kleinen Markthalle von Santa Catalina und essen Sushi. Gerade hat Moni Frank gefragt, ob er denn noch immer Lust hat, mit ihr die härteren Sachen auszuprobieren.

»Ich bin mir nicht mehr sicher«, hat er geantwortet.

»Deshalb sind wir doch extra nach Mallorca geflogen!« Moni gibt nicht auf. Sie freut sich seit Wochen darauf, mit Frank diese neue Welt zu entdecken. Schmerzen zu spüren und Schmerzen zu bereiten.

»Vertraust du mir nicht mehr?«, will sie von Frank wissen.

»Natürlich vertraue ich dir! Was soll denn der Mist jetzt?«

»Weil ich das Gefühl habe, du willst das gar nicht mehr. Also das, was wir eigentlich machen wollten.« Sie will die Dinge nicht wirklich beim Namen nennen. Nicht hier. Dafür sind auch in der Markthalle zu viele Landsleute um sie herum, die sie verstehen könnten. Immer wieder hört sie Satzfetzen auf Deutsch.

»Jetzt guck mich nicht an wie eine beleidigte Kuh!« Frank wirkt gereizt.

Er bestellt eine Karaffe Sangria. Die passt zwar überhaupt nicht zu Sushi, aber er weiß, wie sehr Moni auf dieses zuckersüße Zeug steht. Die Sangria-Bestellung ist sein Friedensangebot. Und Moni versteht. Sie lächelt ihn an.

»Und? Was ist jetzt mit unserem Plan?«

»Meinetwegen.« Frank bleibt mit der Stimme oben, als wolle er noch eine Bedingung anknüpfen.

»Meinetwegen, aber was?« Moni kennt ihn genau.

»Aber wir gucken vorher, wie man solche Sachen wirklich macht. Kann ja nicht sein, dass wir uns gegenseitig die Gesichter blutig peitschen.« Auch Frank flüstert jetzt, damit niemand von den umstehenden Gästen mitbekommt, über was sie reden.

»Wir googeln gleich.«

Moni macht den Daumen hoch und ein zufriedenes Gesicht. Jetzt kann der Abend kommen. Und dann werden sie endlich das machen, worauf sie sich schon seit Wochen freut: »Sex mit schönen Schmerzen.« Diese Umschreibung hatte sie sich gemerkt. Sie hatte sie in einer Frauenzeitschrift gelesen. Moni weiß zwar nicht so ganz genau, was sie sich unter »schönen Schmerzen« vorstellen soll. Sie hatte nur die Überschrift in der Frauenzeitschrift gesehen, war dann allerdings nicht mehr dazu gekommen, den ganzen Artikel zu lesen. Aber sie wird ja noch heute Abend herausfinden, was »schöne Schmerzen« sind. Wobei sie noch nicht weiß, ob sie die »schönen Schmerzen« lieber anderen bereitet oder selbst spüren will.

Als sie den Santa-Catalina-Markt eine gute Stunde später verlassen, schwanken sie beide ein wenig. Frank hatte noch eine weitere Karaffe Sangria bestellt.

Moni holt schnell noch das iPad aus dem Appartement. Sie genießen den kurzen Spaziergang durch die warme Luft. Bereits nach wenigen Straßenecken sehen sie eine kleine Bar, in der nur drei Gäste sitzen, und nehmen einen Tisch in der hinteren, rechten Ecke, an dem sie nebeneinander auf einem Sofa sitzen können.

»Kaffee oder noch eine Sangria?«, fragt Klaus.

»Sangria. Wir haben doch Urlaub! Kaffee kann ich noch genug zu Hause trinken.«

Beide spüren, dass etwas Besonderes in der Luft liegt. Die Gedanken an die »schönen Schmerzen« lassen Moni nicht los. Unruhig rutscht sie auf dem Sofa hin und her. In ihrem Gesicht erscheinen wieder die roten Flecken.

»Na, bist du schon aufgeregt?«, fragt Frank in einem Tonfall, als würde er ein kleines Kind fragen, das seinem Geburtstagsgeschenk entgegenfiebert. Sie stoßen mit der Sangria an und stecken dann die Köpfe über dem iPad zusammen.

Google läuft über, wenn man den Begriff »Sadomaso« eingibt. Wichtigste Begriffe, Tipps für Anfänger, Hilfe beim Start, Geschichte, Herkunft, Hilfsmittel. Ob »Fesseln das neue Kuscheln« sei, will man auf einer Website wissen. Ein *Spanking Server* bietet Anleitungsvideos an.

»Mannomann, da soll noch mal einer durchblicken«, stöhnt Frank nach einer guten Stunde Recherche. Seine Zunge ist nach zwei weiteren Gläsern Sangria schwer geworden. Er lallt zwar noch nicht. Aber er spricht deutlich langsamer.

»Also«, sagt Moni, die inzwischen deutlich mehr als nur angeheitert ist, »so schwer ist das doch gar nicht.« Sie schaut Frank mit großen Augen an.

»Wir müssen nur klären, wer sich fesseln lässt. Und wer fesselt.«

»Das kann man doch mal beides machen.«

»Ja, aber nicht gleichzeitig!« Beide prusten los, als Moni das sagt.

Dann, nach einer kurzen Pause, meint Moni: »Ich fang an. Also mit dem Fesseln und Schlagen.«

»Warum du?«

»Weil ich schon Übung im Peitschen habe.«

Frank schaut überrascht.

»Na ja, gestern Abend! Da habe ich doch schon mal ge-peitscht. Also – ich habe Vorsprung, eine Runde peitschen.«

Wieder prusten sie los. Die anderen Leute in der Bar schauen bereits zu ihnen rüber.

»Noch eine Sangria?« Frank hält sein leeres Glas hoch.

»Okay. Die letzte. Aber dann muss ich dich dafür bestrafen, dass du mich hier betrunken gemacht hast.«

Sangria ist ihr Codewort.

Das haben sie eben beschlossen, auf dem Weg zurück ins Appartement. Die Flecken in Monis Gesicht sind inzwischen kirschrot. Sie sieht aus, als würde sie glühen. Sie kann es kaum erwarten, in die Ferienwohnung zu kommen. Sie läuft fast durch Palmas Straßen, die jetzt, am frühen Abend, gut gefüllt sind mit Menschen, die zum Feierabend ihre Büros verlassen oder den lauen Maiabend zu einem Bummel nutzen. Zum Küssen ist keine Zeit. Dafür ist Moni viel zu aufgeregt. Gleich passiert das, wovon sie bereits die ganze Zeit träumt. Endlich! Dass sie beide ordent-lich Alkohol im Blut haben, das macht Moni noch hemmungs-loser, als sie es zuvor schon war.

Ein Codewort ist enorm wichtig. So stand es auf allen In-foseiten, die sie am Nachmittag gelesen haben. Ein Codewort stoppt alles. Wenn das Codewort gesagt wird, muss der Partner sofort mit allem aufhören, was er gerade tut. Schlagen, peitschen, klemmen – damit ist dann auf der Stelle Schluss.

»Denk an Sangria!«, sagt Frank im Appartement. Für Moni gibt es jetzt kein Halten mehr. Sie reißt Frank förmlich die Kla-motten vom Leib, kaum dass die Wohnungstür hinter ihnen ins Schloss gefallen ist. Dann wirft sie ihn aufs Bett und macht ihn mit den beiden Handschellen am Kopfende fest. Das ist aus Holz. Die Kette zwischen den Handschellen passt genau um eine gedrechselte Stange. Anschließend sind seine Füße dran. Dafür nimmt sie die Kabelbinder, die sie zu Hause im Baumarkt besorgt hat. Den Trick mit den Kabelbindern kennt sie aus dem Buch. Frank liegt nackt auf dem Rücken und lässt das alles über sich ergehen. Die Werkzeuge aus dem »BDSM-Anfängerset« liegen jetzt um das Bett herum. Moni hat in ihrer Aufregung einfach die Tüte auf dem Boden ausgekippt.

»Ich wusste gar nicht, dass du so ein Luder bist, Monika!«

Moni gibt ihm eine Ohrfeige. Nicht wirklich fest, fast zärtlich tut sie das.

»Sag nicht Monika zu mir. Du weißt genau, dass ich das hasse.«

»Monika!« Wieder setzt es eine Ohrfeige. Jetzt aber schon deutlich fester. Frank zuckt kurz, Moni entdeckt auf dem Boden den Mundknebel und bindet ihn Frank um.

»Jetzt ist Schluss mit Monika!«

Sie setzt sich auf seinen Bauch und nimmt den Flogger. Ganz vorsichtig schlägt sie mit dem Peitschenbesen Franks Schultern. Die dünnen Streifen aus Wildleder sind weich. Sie schmerzen bei Weitem nicht so sehr wie die Lederpeitsche, die sie ihm gestern durchs Gesicht gezogen hat. Aber der Flogger macht wegen seines Luftwiderstandes ein Knallgeräusch, wenn Moni ausholt. Je heftiger sie ausholt, desto lauter. Sie schlägt jetzt fester zu, steigert sich. Der Flogger wird lauter, aber Frank scheint das nicht viel auszumachen. Er zuckt nur immer kurz, wenn Moni ihm zwischendurch eine Ohrfeige versetzt. Tut ihm das nicht richtig weh? Jetzt zieht ihm Moni an den Haaren, ein ganzes Büschel greift sie sich und zerrt fest daran.

»Aaaah«, macht Frank. Mehr geht nicht mit dem Knebel im Mund.

»So, mein Freund, das war noch mal für das letzte ›Monika‹.«

Und dann fällt ihr ein, wie sie ihn richtig bestrafen kann.

Frank hat eine Heidenangst vor Hitze. Er kann noch nicht mal einen lauwarmen Topf anfassen. Er steht nur mit dicken Handschuhen am Grill. Er dreht sofort das Wasser kälter, wenn er nach ihr unter die Dusche springt. Moni verschwindet kurz in der Küche und kommt darauf mit einer Kerze zurück. Einer brennenden Kerze.

Frank reißt die Augen auf. Er will etwas sagen, aber das geht nicht mit diesem Knebel. Er zieht an den Fesseln. Als er die Beine einziehen will, schneiden sich die Kabelbinder in seine Haut. Er versucht zu schreien, so sehr schmerzt das.

Für Moni scheint jetzt der Spaß erst anzufangen. Wieder setzt sie sich auf seinen Bauch, lässt sich nun aber mit all ihrem Gewicht auf seinen Magen fallen. Er könnte jetzt das Codewort sagen, vor allem wegen der Kerze. Das war nicht abgesprochen. Aber wie lächerlich wäre das denn? Sie haben doch gerade erst angefangen.

Moni scheint ganz in ihrem Element zu sein. Die Sangria heute, die Stimmung, der gefesselte Mann – sie ist erregt wie noch nie zuvor, ihr Kopf leuchtet feuerrot. Sie erhebt sich kurz und lässt sich absichtlich erneut auf Franks Bauch fallen – immer noch mit der brennenden Kerze in ihrer rechten Hand. Ein Tropfen Wachs fällt auf seine Brust. Frank versucht, sich aufzubäumen. Die Fesseln halten ihn zurück.

»Aaaaah«, will er schreien. Aber der Knebel lässt nur ein dumpfes Geräusch nach außen.

Jetzt sieht Moni ihre Chance, ihren Sklaven wirklich zu bestrafen. Sie lächelt ihn mit einer Eiseskälte an, wie er es noch nie bei ihr zuvor gesehen hat. Die Kerze ist genau über Franks Augen. Moni genießt seinen ängstlichen Blick. Langsam neigt sie die Kerze immer weiter nach vorn, Millimeter um Millimeter.

Kurz bevor das heiße Wachs auf Franks Gesicht tropft, reißt der mit aller Kraft seinen Kopf hoch, stößt dabei Moni die brennende Kerze aus der Hand. Die schlägt seitlich an Franks Kopf. Noch immer brennt der Docht. Dieser kurze Moment genügt: Franks Haare fangen Feuer!

Dann geht alles ganz schnell.

Frank wälzt instinktiv seinen Kopf auf dem Kissen, die Flamme geht aus, auch die Haare schwelen nicht weiter. Aber das Kissen schmort jetzt, sofort breitet sich Rauch im ganzen Zimmer aus. Es riecht stechend nach verbranntem Haar. Frank nimmt all seine Kraft, reißt an den Fesseln, bis der hölzerne Rahmen des Bettgestelles bricht.

Im gleichen Moment springt Moni auf. Bis eben hat sie die Szenerie in einer Schockstarre betrachtet – reglos. Jetzt rennt sie durch die verrauchte Luft ans Fenster, reißt es auf und schreit.

»Hilfe! *Help! Help! Fire! Fire!*«

Sofort bleiben unten auf der Straße die ersten Menschen stehen und schauen hinauf. Ein Mann greift nach seinem Handy. Moni hofft, dass er einen Notruf absetzt.

Von drinnen brüllt Frank: »Bist du noch ganz gescheit? Drehst du jetzt völlig durch? Was soll das?« Er schäumt vor Wut.

Moni starrt auf seinen Kopf. Seine Haare auf der rechten Seite sind komplett verbrannt. Um das Ohr kräuseln sich nur noch schwarze Stoppeln. Frank fühlt nun mit der freien Hand und ertastet das ganze Ausmaß.

Moni sieht in Franks Gesicht, wie der Zorn immer weiter anschwillt. Seine Augen schauen sie drohend an. Sie ergreift auf der Stelle die Flucht.

Nur die Kabelbinder an den Füßen halten Frank davon ab, hinter ihr herzusprinten. Moni läuft zum zweiten Schlafzimmer und dreht von innen den Schlüssel. Frank, der sich inzwischen die Kabelbinder von den Füßen gerissen hat und deshalb nun auch noch an der Handfläche blutet, rennt zum zweiten Zimmer, trommelt mit den Fäusten gegen die Tür. »Moni!«

»Geh weg!« Frank überlegt kurz, dann spricht er mit ganz ruhiger Stimme.

»Hey, komm da raus, Moni.«

»Nein, du machst mir Angst.«

»Bitte?«

»Du hast das genau gehört! Du machst mir Angst.«

Frank schüttelt fassungslos den Kopf, aber das kann Moni auf der anderen Seite der Tür nicht sehen. »Ich mache dir Angst?«

Frank wartet ihre Antwort nicht ab.

»Die Hälfte meiner Haare sind verbrannt. Meine Hände bluten. Unter einem geschwollenen Auge habe ich einen Riss. Wer muss hier vor wem Angst haben? Finde den Fehler!«

Für eine Sekunde ist es ganz still. Dann dreht sich der Schlüssel. Moni macht die Tür auf. Sie hat sich ein Laken umgelegt.

»Was für eine Scheiße«, sagt sie und schaut Frank an.

Sie nehmen sich in den Arm. Frank drückt Moni ganz fest an seine Brust und küsst ihr Haar.

Moni überlegt, wie sie sich entschuldigen soll, aber es ist nicht vorbei. Als sie ansetzen will, poltert es an der Tür. Das ist kein Klopfen, hier schlägt jemand mit der Faust fest gegen die Wohnungstür.

»*Hola! Bomberos aqui!*«, ruft es aus dem Flur. Die Feuerwehr.

Mit sechs Mann sind sie da. Frank öffnet, und alle sechs drängen an ihm vorbei in die Wohnung. Moni deutet auf das Schlafzimmer, aus dem es noch immer streng nach verbranntem Haar riecht.

Moni und Frank müssen draußen im Hausflur warten. Im Lauf der nächsten Minuten schlüpfen noch zwei mallorquinische

Sanitäter und zwei Beamte von Palmas Lokalpolizei an ihnen vorbei in die Wohnung.

Die Feuerwehr rückt erst wieder ab, nachdem sich die Männer versichert haben, dass kein Feuer mehr in der Wohnung brennt. Die Sanitäter verarzten Frank im Badezimmer.

Von dort aus sieht Frank, wie der jüngere der beiden Polizisten aus dem Schlafzimmer kommt und in seinen Händen zwei Gegenstände hält. Links hält er die Kerze, rechts die Peitsche. Er hält alles einen Moment hoch, als würde er drauf warten, dass alle loslachen. Aber niemand verzieht eine Miene. Zumindest sieht Frank nichts. Innerlich jedoch, da ist er sicher, grinsen die hier alle genauso wie der Sicherheitsmann bei der Kontrolle am Stuttgarter Flughafen vorgestern.

»*Venga*«, sagt daraufhin der ältere Beamte und deutet auf den Kleiderschrank.

Moni und Frank dürfen sich noch etwas überziehen und müssen dann mit aufs Revier, wo bereits ein Dolmetscher wartet.

***

Wie bei allen Einsätzen der Feuerwehr setzt die Polizei ein Protokoll auf. Frank und Moni müssen auf der Wache in allen Einzelheiten schildern, was geschehen ist. Sie müssen sich eventuell auf ein Verfahren wegen fahrlässiger Brandstiftung und Körperverletzung einstellen, erklärt ihnen der Dolmetscher.

Zu Hause erzählen sie niemandem von ihren Sadomaso-Versuchen auf Mallorca – selbst engsten Freunden nicht. Sie haben die Versuche niemals wiederholt. Das »BDSM-Anfängerset« hat Moni bereits in Palma in einen Müllcontainer geworfen.

Die Polizei in Palma stellt nach wenigen Wochen beide Strafanzeigen ein.

Die Getränke

Kein Getränk hat auf Mallorca einen übleren Ruf als Sangria. Die spanische Bowle aus Rotwein, Früchten und Hochprozentigem wurde zum Synonym für den Ballermann-Tourismus und Eimersaufen an der Playa de Palma. Mallorquiner sieht man daher nur selten mit einer Sangria. Sie bevorzugen im Sommer den Tinto de Verano, der der Sangria ähnlich ist, aber nur aus eiskaltem Rotwein und der Limonade Gaseosa besteht. Die typischsten Mallorca-Getränke sind Hierbas und Palo. Der Kräuterlikör Hierbas wird in vielen Familien noch nach altem Gemeinrezept angesetzt und traditionell nach dem Essen angeboten. Der Palo ist dagegen ein Aperitif und erlebt derzeit eine Renaissance in den Mixgetränken der jungen Mallorquiner. Am liebsten trinken sie ihn mit Gin und einer Zitronenscheibe. In etlichen Bars mixen sie den dunklen Palo auch mit Milch und geraspeltem Eis oder mit Cointreau und einer Prise Zimt.

ROLLENDE RENTNER AUF ÜBERLEBENSTOUR

Cala Millor

»Zieht! Zieht! Zieht!«, ruft Schnuppes zu seinen Freunden am Kofferband zwölf in der Ankunftshalle des Flughafens von Palma. Er verdreht die Augen.

»Wenn das schon so anfängt, dann können wir unseren kompletten Plan in die Tonne kloppen!«, warnt er.

Drei alte Männer mit grauen Haaren und in Lederjacken zerren mit vereinten Kräften an einem Tankrucksack, während dieser gemächlich zwischen den anderen Gepäckstücken auf dem Band weiter im Kreis fährt und sich keinen Millimeter anheben lässt. Wie festgeklebt haftet der kleine Koffer auf dem Band. Der Magnet des Rucksackes ist viel stärker, als sie dachten. Im Normalfall soll er dafür sorgen, dass sich der Rucksack selbst bei Tempo hundertfünfzig nicht vom Tank der Harley löst.

Leider halten die Metallrollen unter dem Gummi des Kofferbandes Mannis Rucksack genauso fest wie der Harley-Tank. Mindestens! Manni, Günter und Friedel verzweifeln fast. Während sie an dem Rucksack ziehen, müssen sie auch noch im Kreis laufen, wenn auch nur im Schritttempo. Aber das erschwert die Befreiungsaktion von Mannis Tankrucksack ungemein.

Als Otto von der Toilette kommt, brandet gerade Applaus an Kofferband zwölf auf. Otto erkennt etliche Passagiere aus seiner

Frankfurter Maschine wieder. Sie stehen rund um das Band, klatschen und lachen. Einige schütteln ungläubig die Köpfe.

»Noch nicht richtig auf Malle angekommen und schon Szenenapplaus. Das fängt ja gut an!«, sagt Schnuppes zu Manni und drückt ihm den Tankrucksack in die Hand. »Super Leistung! Aber das nächste Mal kann ich auf so 'ne Vorstellung verzichten.« Manni schweigt. Sie sind Motorradfahrer. Rocker. Schnuppes ist der Boss der Gang – und dem Boss widerspricht man nicht. Auch nicht mit 71 Jahren. Der Boss ist ja auch nicht viel jünger. 69 ist er. Und auch die anderen drei, die in der bevorstehenden Woche die Straßen der Insel unsicher machen werden, sind alle über 65. Zusammen zählen die fünf Jungs aus der Pfalz genau 340 Jahre. Das hat Friedel gerade im Flieger ausgerechnet.

Wenigstens sind die Maschinen, die sie kurz darauf abholen, in Ordnung. Der Harley-Verleiher hat ihnen vier richtig gute Räder rausgesucht. Gepflegt. Gewartet. Geputzt. Die Chromteile glänzen in der Aprilsonne.

»Genau so, wie die Dinger hier stehen, bringen wir sie dir auch zurück«, sagt Schnuppes zu dem Vermieter – und er legt alle Kraft in seine Stimme, um möglichst cool zu klingen. »Aber jetzt geht's erst mal Richtung Sonne ...«

»Schnuppes, Moment mal«, meldet sich jetzt Friedel. »Wir müssen genau in die andere Richtung. Die Sonne ist jetzt am Nachmittag schon fast im Westen. Cala Millor liegt aber im Osten.«

»Das war nur symbolisch gemeint.«

»Ach so.«

Friedel weiß ganz genau, wie sie nun fahren müssen, denn er hat die komplette Tour für die nächsten Tage ausgearbeitet. Erst müssen sie jetzt auf die Manacor-Straße, später dann Richtung Artà, dann nach Sant Llorenc – und dann müsste Cala Millor schon ausgeschildert sein. Dort ist ihr Basislager für die kommenden Tage – ein großes Ferienappartement direkt in erster Linie am Strand von Cala Millor.

Friedel erklärt Schnuppes noch mal den Weg, und dann starten sie vom Hof des Zweiradvermieters. Ganz vorn fährt Schnuppes. Der Boss. Der Anführer. Dann folgen Friedel, Otto und Manni. Sie drehen alle noch mal ordentlich den Gashahn auf, bevor sie starten. Ganz zum Schluss folgt Günter. Im Berlingo. Die Rocker mussten ihren Frauen zu Hause versprechen, dass immer ein Auto bei der Tour dabei sein wird. »Man weiß ja nie in eurem Alter«, haben die Frauen gesagt. Eine Art Rettungswagen könnte ja nicht schaden. Für die Gang ist Günters Berlingo allerdings das Safety-Car. Klingt doch gleich ganz anders.

Fast anderthalb Stunden brauchen die fünf bis zu ihrem Appartement in Cala Millor. Für gerade mal siebzig Kilometer. Der Boss ist deshalb etwas angesäuert. »Wenn das so weitergeht, können wir ab morgen gleich zu Fuß gehen!«

Aber was hätten sie machen sollen? Günter musste unterwegs zweimal pinkeln, anschließend drückte Ottos Blase dermaßen, dass sie hinter Manacor einen weiteren Stopp machen mussten. Und dann bekam Friedel einen Krampf im rechten Bein. Eine Viertelstunde standen sie vor Sant Llorenc, bis Friedels Bein wieder fahrtüchtig war.

Eine Runde Dosenbier später sieht die Welt schon wieder ganz anders aus. Sie sitzen in einer Reihe auf dem Balkon ihres Appartements und schauen aufs Meer. Die Temperaturen sind an diesem späten Nachmittag im April recht warm, alle tragen sie T-Shirts.

»Also ich freue mich wahnsinnig auf die Tour«, sagt Otto und hält seine Büchse hoch. »Auf unsere Mission!«

Die Mission lautet: einmal durch jedes mallorquinische Dorf fahren. Alles in fünf Tagen. Das ist gar nicht so einfach. 53 Gemeinden zählt Mallorca. Aber es gibt 95 Ortschaften. Und die Entfernungen sind auf der Insel auch nicht zu unterschätzen. Von S'Arraco ganz im Südwesten bis Cala Ratjada sind es hundert Kilometer, da ist man mindestens anderthalb Stunden unterwegs – auch auf der Harley.

»Und ihr glaubt, dass wir das wirklich schaffen können?«, fragt Manni.

»Klar schaffen wir das! Oder wollt ihr, dass sie uns alle auslachen, wenn wir nach Hause kommen?« Der Boss ist entschlossen. Er hat eine Wette laufen. Mit diesem Müller von der Sparkasse. Der wollte sich vorige Woche über sie lustig machen, als sie am Stammtisch in der Dorfkneipe saßen.

»Sämtliche Orte auf Mallorca auf dem Motorrad in einer Woche? Schafft ihr nie! Höchstens mit dem Hubschrauber. Aber nicht auf euren Maschinen. Niemals!«, sagte er. Das war der Start für die Wette. Es geht um eine Kiste Riesling.

»Also Friedel, wo geht's morgen hin?«, fragt Manni.

Friedel holt seine Unterlagen aus dem Zimmer. Sein Leben lang hat er Äcker und Feldwege vermessen und davon Pläne gezeichnet. Er war Beamter. Er hat zu Hause eine exakte Route ausgearbeitet. Hat auf der Mallorca-Karte jeden einzelnen Ort farbig eingekringelt und mit Linien verbunden.

»Wir rollen das Feld von Süden her auf, morgen fahren wir erst mal die Küste entlang. Porto Cristo, Cala d'Or bis runter nach Colonia de Sant Jordi, Sa Rapita. Dann weiter Richtung Palma – und ab Llucmajor geht es dann wieder zurück. Über die Dörfer. Campos, Felanitx und so.« Friedel schaut in die Runde.

»Und wie weit ist das?«, fragt Manni. Er bleibt skeptisch.

»Auf dem direkten Weg wären das gerade mal gut hundert Kilometer, hin und zurück. Aber wir müssen immer wieder rechts und links abfahren. Damit wir in die einzelnen Dörfer kommen.«

»Und wir müssen die Fotos machen!« Auch Otto scheint zu zweifeln, ob die Mission wirklich gelingt.

Die Fotos. Die sind Teil der Wette. Der Müller von der Sparkasse will ein Foto von jedem Ortsschild sehen. Mit mindestens einem der Motorräder drauf. Am Ende müssen es 95 Fotos sein. Erst dann haben sie die Wette gewonnen.

»Männer!« Der Boss setzt zu einem Machtwort an. »Reißt euch zusammen. Das schaffen wir locker. Wir müssen ja nicht quer durch die Käffer fahren. Ran ans Ortsschild, Bild knipsen. Und dann geht's weiter. Fertig.«

Ein grandioser Sonnenaufgang verwöhnt die Gang am ersten Morgen. Sie alle sitzen mit einer Tasse Kaffee auf dem Balkon und schauen wie gebannt zum Horizont, wo ein feuerroter runder Ball aus dem Meer zu wachsen scheint.

»Ich hab jetzt richtig Lust auf unsere Tour!«, sagt Manni, steht auf und drückt seinen Brustkorb so weit nach vorn, wie es geht.

»Denk an dein Kreuz, Manni!«, sagt Otto, und alle lachen.

»So, Leute, lasst uns nicht quatschen. Lasst uns loslegen!« Nach der Ansage von Schnuppes stehen sie auf.

Alle müssen noch mal aufs Klo. Friedel muss sein Bein einreiben. Wegen der Durchblutungsstörungen. Und Manni kommt ohne Hilfe nicht in seine Stiefel. Er hat seinen Schuhanzieher zu Hause vergessen. Otto und Günter müssen ihn festhalten, während Schnuppes kniend Mannis Stiefel zuschnürt.

Eine Stunde brauchen sie. Und Günter fehlt noch. Er hat sich sicherheitshalber noch ein zweites Mal aufs Klo gesetzt. Die vier

Jungs stehen neben ihren Harleys und warten. Als Günter aus dem Haus kommt, setzen sie ihre Helme auf. Günter schließt den Berlingo auf. Die Biker klettern auf ihre Motorräder. Günter lässt den Wagen an. Die Jungs drücken auf die Anlasser. Einer nach dem anderen ziehen sie am Gasgriff, lassen den satten Klang ihrer Harleys so laut wummern, wie es der Auspuff hergibt. Die Mission kann beginnen.

Dann setzt Günter den Berlingo zurück.

»Stopp! Stopp!«, schreit Otto durch das Visier seines Helmes und fuchtelt mit den Armen.

Günter hält an und klettert aus dem Wagen. Die Jungs steigen alle wieder ab und gehen mit Günter um das Auto herum. Er hat gerade mit der kompletten Beifahrerseite ein Stück der Mauer mitgenommen. Mehrere tiefe Kratzer ziehen sich vom Kotflügel bis zum Rücklicht durch den silbergrauen Lack, an einigen Stellen ist sogar das Blech eingedrückt.

»Sag mal, merkst du gar nix?«, fragt Schnuppes. »Das hört man doch!«

»Was?« Günter hält die Hand an sein rechtes Ohr.

»Du hast dein Hörgerät nicht drin, oder?«

»Na ja, die Batterien sind leer. Ich wollte mir unterwegs welche besorgen.« Günter ist das alles jetzt wahnsinnig peinlich. Seinem Blick ist anzusehen, dass sein Kopf auf Hochtouren arbeitet, um möglichst schnell einen Ausweg aus dem Schlamassel zu finden. Die anderen starren ihn nur ungläubig an.

»Passt auf, Leute, wir machen das so: Ich rufe jetzt den Autovermieter an und frage, ob ich in die Werkstatt fahren soll. Und ihr fahrt schon mal los«, schlägt er vor.

Es ist schon fast halb elf – und vor ihnen liegen rund hundertfünfzig Kilometer durch den Osten und Süden Mallorcas. Und 15 Ortschaften, die sie ansteuern müssen.

»Okay. Wir sehen uns heute Abend.« Der Boss gibt das Kommando – und die vier brausen auf ihren Harleys davon. Endlich: Die Mission kann beginnen.

Von Cala Millor aus fahren sie die komplette Ostküste herunter bis nach Porto Petro. Immer wieder biegt Friedel, der jetzt die Spitze übernommen hat, kurz ab in die kleineren Straßen zu den Orten, die direkt am Wasser liegen. Und dann spielt sich immer die gleiche Szene ab: Sie gruppieren sich mit ihren Maschinen um das Ortsschild, Schnuppes macht ein Foto. Und weiter geht's.

In einer kleinen Bar an der Straße nach Santanyí machen sie Mittagsrast. Alle haben Hunger, weil ja bereits das Frühstück ausgefallen ist. Außerdem müssen sie alle aufs Klo.

»Früher bin ich von Ludwigshafen bis nach Koblenz in einem durchgefahren!«, erzählt Otto.

»Da hattest du auch noch 'ne Prostata!«, entgegnet Manni, und alle prusten los. Die Stimmung ist bestens.

Als sie abends wieder am Appartement in Cala Millor ankommen, ziemlich müde und abgekämpft, sitzt Günter auf der Couch und schaut Fernsehen.

»Na, was ist mit dem Berlingo? Was hat der Vermieter gesagt?«, will Friedel wissen.

»Nix ist damit. Ich soll ihn ganz normal nächste Woche am Flughafen zurückbringen. Die gucken dann. Ist ja sowieso Vollkasko.«

»Na klasse«, befindet der Boss. »Dann kannst du ja morgen wieder mitfahren.«

»Nö.«

»Wie nö?«

»Mach ich nicht. Ich fahre hier nicht mehr.«

»Wie? Was soll das denn?«

»Das ist nicht mein Auto. Ich kenn die Karre nicht. Und ich will nicht noch mehr kaputtmachen. Jetzt ist das nur ein Blechschaden. Aber wer weiß, was hier noch passiert auf diesen engen Straßen und zwischen den Steinmauern. Ich will hier nicht fahren. Aus. Ende. Basta. Das macht mein Herz nicht mehr mit. Fertig.« Alle merken, dass Günter sich das offenbar ganz genau überlegt hat. Er hatte ja den ganzen Tag Zeit. Keiner widerspricht.

Nur Otto unternimmt noch einen letzten Rettungsversuch: »Aber dann kriegst du ja gar nichts von der Insel mit. Du kannst doch nicht den ganzen Tag hier in der Bude hocken …«

Aber Günter versichert den anderen, dass er sich problemlos beschäftigen könne. Er habe eine nette Kneipe entdeckt. Am Strand könne er kilometerweit spazieren gehen. Und überhaupt: »Macht euch um mich keine Gedanken. Ich kriege meine Zeit schon rum.«

Tag zwei startet also ohne Safety-Car und ohne Günter. Der hat sich in aller Seelenruhe neuen Kaffee eingeschenkt und noch mal auf den Balkon gesetzt.

Leider scheint Tag zwei auch ohne Otto zu starten. Er ist eben schon vorgegangen, weil er noch nach dem Öl an der Maschine schauen wollte. Als jetzt der Boss mit Manni und Friedel runterkommt, ist Otto verschwunden. Auf der Harley liegen sein Helm und die Handschuhe.

»Otto?«, ruft Manni.

»Otto?«, rufen jetzt auch die beiden anderen in alle Richtungen.

Nichts.

Friedel geht vor zur Straße, schaut nach links, nach rechts, geht auf die gegenüberliegende Seite und sucht auch dort nach ihm.

Nichts.

»Das gibt's doch nicht«, sagt Friedel. »Der kann doch nicht verschwunden sein. Der ist höchstens fünf Minuten vor uns runtergegangen.«

»Kommt Leute, weit kann er nicht sein. Der lässt doch nicht seinen Helm hier einfach so liegen und geht weg«, vermutet Schnuppes und macht ein sehr nachdenkliches Gesicht. Als Boss werden von ihm Lösungen erwartet.

»Ich geh noch mal hoch«, sagt er dann. »Vielleicht ist Otto noch mal aufs Klo.« Als er zwei Minuten später wieder runterkommt, schüttelt er den Kopf. Manni hängt seinen Helm an den Motorradlenker und geht um die Hausecke. Eine Viertelstunde ist inzwischen vergangen. Der Boss und Friedel lehnen sich an ihre Harleys und beobachten von dort die Straße. Sie halten die Hände an die Stirn, um nicht von der tief stehenden Sonne geblendet zu werden. Sie sehen aus wie zwei Cowboys, die neben ihren Pferden stehen und in der weiten Prärie nach Indianern Ausschau halten.

»Hey, Leute«, hören sie plötzlich Manni, der hinter der Hausecke hervorschaut und sie heranwinkt. »Ich hab ihn gefunden. Er sieht scheiße aus.«

Die beiden folgen Manni hinters Haus. Da steht Otto, hält sich mit einer Hand an der Mauer fest und kotzt sich die Seele aus dem Leib. Er ist leichenblass.

Der Boss findet zuerst die Sprache wieder: »Was ist? Sollen wir einen Arzt rufen?«

»Wie willst du denn hier einen Arzt rufen? Auf Pfälzisch, oder was?« Manni ist deutlich gereizt. Ein strenger Blick Schnuppes' genügt, und er macht eine entschuldigende Handbewegung.

Otto sagt gar nichts. Steht nur da, schüttelt mit dem Kopf und muss immer wieder würgen. Er stützt sich an die Mauer.

»Hast du was Falsches gegessen gestern?«, fragt Friedel.

Otto zuckt nur mit den Schultern.

»Du sabberst«, sagt Manni.

Wieder fängt er sich einen strengen Blick vom Boss ein.

»Pass auf«, sagt der Boss, »wir müssen los. Sonst schaffen wir heute unser Pensum nicht. Mit dir macht das ja keinen Sinn. Wir bringen dich jetzt hoch. Da kann sich Günter um dich kümmern.«

Als ihn Schnuppes unter dem Arm fassen will, macht er eine ausladende Bewegung und schleicht selbstständig bis ins Appartement. Die anderen bringen seinen Helm und die Handschuhe mit. Sie wollen Otto auf die Couch legen, aber da rennt er schon los in Richtung Toilette. Günter verspricht, dem armen Kerl gleich einen Tee zu kochen und dafür zu sorgen, dass er seine Magenpillen schluckt. Von denen hat er offenbar noch keine genommen, seit sie auf der Insel sind. Die Packung mit den Tabletten liegt auf seinem Nachttisch. Ungeöffnet.

»Ein Rocker lässt sich von so was nicht lange aufhalten, Otto! Morgen bist du wieder dabei«, ruft der Boss noch durch die geschlossene Klotür. Dann fahren sie los. Die zweite Runde. Heute durch den Norden.

»Ihr werdet staunen!«, hatte Friedel schon am Abend angekündigt. »Das wird richtig schön. Vom Ausblick her und auch von den Straßen.«

Die Strecke ist wirklich ein Traum. Von Cala Millor fahren sie die Küste entlang in Richtung Pollenca, vorbei an Artà und Alcúdia. Dann geht es in die Berge. Eine Kurve reiht sich an die andere, nach jeder Biegung bietet sich den dreien ein neuer, spektakulärer Blick auf das Meer tief unten. Obwohl sie auf ihren Harleys zügig unterwegs sind, können sie von weit oben die weißen Schaumkronen auf dem Meerwasser sehen. Rechts der Straße schlagen tief unten die Wellen gegen schroffe Felsen. Auf der linken Seite ragen die mächtigen Berge der Tramuntana, als wollten ihre Spitzen an den weißen Wölkchen kratzen.

»Das war der Hammer! Hätte ich niemals gedacht, dass das hier oben so aussieht.« Selbst der Boss ist schwer beeindruckt. Im Kloster Lluc stärken sie sich für den Rückweg mit Mandelkuchen und Kaffee. Dann fahren sie wieder nach unten, streifen dabei pittoreske Dörfer wie Selva und Caimari und durchqueren Mallorcas drittgrößte Stadt Inca. Dann geht es ab durch die Inselmitte, wo sich Mallorca fast so ursprünglich präsentiert wie seit Jahrhunderten: Sencelles und Sineu, Santa Margalida, Petra.

Als sie wieder in Cala Millor landen, dämmert es bereits. 268 Kilometer zeigt der Tageskilometerzähler von Mannis Harley. Otto und Günter sitzen im Appartement und gucken die Tagesschau. Otto ist noch immer sehr blass um die Nase.

»Wie sieht's aus mit dir, Otto?«, fragt Schnuppes.

»Schlecht.«

»Bauchschmerzen, oder was?«

»Ne. Aber übel.«

»Und was ist mit morgen?«

»Ach, fahrt da noch mal allein. Ist mir lieber.«

»Schade. Du hast heute schon 'ne Menge verpasst. War ein Träumchen«, berichtet Friedel. »Die Berge da oben, die sind der Kracher. Und morgen fahren wir die restliche Strecke durch die Berge ...« Er schaut Otto erwartungsvoll an.

»Ne, lass mal«, sagt der. »Hat keinen Sinn. Ich hab noch dazu Kreuzschmerzen.«

»Nimm halt eine Schmerztablette«, schlägt Schnuppes vor.

»Ne, geht nicht. Wegen dem Magen.«

Tag drei – und wieder startet die Harley-Gang mit nur drei Mann. Heute fährt Manni vorneweg. Zumindest bis Soller. Das ist gut ausgeschildert. Die Tour durch die Berge übernimmt dann wieder Friedel. Denn hier wird es komplizierter. Sein ausgeklügeltes System mit den bunten Zetteln und den farbig angemalten Strecken auf der großen Landkarte soll dafür sorgen, dass sie keine Ortschaft verpassen.

»Du warst ein Beamtenarsch, und du wirst immer ein Beamtenarsch bleiben«, sagte der Boss zu ihm, als er seine Zettel am Stammtisch präsentierte. Hier auf Mallorca sagt der Boss gar nichts mehr zu seiner Zettelwirtschaft. Beim Anfahren der einzelnen Orte hat sich ebenfalls ein bestimmtes System bewährt. Das hat sich der Boss ausgedacht. Am ersten Ortseingangsschild fotografiert Schnuppes die beiden anderen, am nächsten nimmt Manni sein Handy und macht ein Beweisfoto mit Schnuppes und Friedel. Dann ist Friedel dran, und Schnuppes stellt sich mit Manni neben das Schild. »Damit der Müller nicht hinterher behauptet, wir hätten die Ortschaften untereinander aufgeteilt und wären gar nicht überall gewesen«, hat der Boss schon im Flieger erklärt.

Auch an diesem dritten Tag läuft alles wie am Schnürchen. Von Soller aus geht es wieder durch die Berge – zuerst nach Valldemossa. Kurz vor Deia muss Friedel stoppen. Er hat wieder einen Krampf. Jetzt im linken Bein.

»Besorg dir mal Magnesiumtabletten«, empfiehlt der Boss. Nach einer guten Viertelstunde kann es weitergehen. Über Banyalbufar fahren sie nach Esporles und haben damit das komplette Tramuntana-Gebirge durchkreuzt. Zum ersten Mal machen sie jetzt ein Foto mit dem Ortsschild von Palma. Und dann treten sie bereits wieder den Rückweg an – immer ein wenig im Zickzack, um alle Ortschaften zu erwischen.

»Jetzt bin ich für heute aber auch durch«, sagt Friedel, als sie am Appartement ankommen. Sie waren flott unterwegs an diesem dritten Tag der Mission. Es ist gerade mal Kaffeezeit.

»Will jemand ein Stück Sahnekuchen?«, fragt Manni, der offenbar immer noch nicht müde ist.

Für den Boss keine Frage: »Sind wir hier im Altenheim, oder was? Sahnekuchen kann ich noch essen, wenn alle Zähne weg sind!«

»Wie – du hast noch welche?«, lacht Manni. »Eigene auch noch?«

Der Boss nimmt eine Dose Bier aus dem Kühlschrank und zielt auf Manni.

»Vorsicht, mein Freund!«, scherzt er und fragt dann in die Runde: »Wer will auch eins?«

Alle nicken. Nur Otto winkt ab. Noch immer macht der Magen Probleme.

»Passt auf, Leute, ich gehe noch mal in diesen Obstladen am großen Platz«, kündigt Manni an. »Ich habe Lust auf was Frisches. Vielleicht haben die da Melonen.«

»Aber nicht anfassen, die Melonen! Nur gucken!«, ruft ihm Schnuppes hinterher und grinst.

»Jetzt mache ich mir schon Gedanken«, sagt Otto, der auf der Couch vor dem Fernseher liegt. Manni ist inzwischen mehr als zwei Stunden weg. Die anderen drei sitzen in ihren Lederjacken auf dem Balkon und trinken Bier. Es ist frisch geworden, seit die Sonne untergegangen ist.

Kaum hat Otto das gesagt, klingelt sein Handy.

»Manni! Wo bist du?«, fragt er und gibt das Handy an Schnuppes weiter.

»Na, schöne Scheiße«, sagt der daraufhin zu Manni. »Ja klar ... Wo ist das denn genau? ... Ja, finden wir schon.«

»Na, was ist mit Manni? Herzinfarkt im Puff?«, sagt Günter. Alle klopfen sich auf die Schenkel und lachen. Nur der Boss nicht.

»Erzähle ich euch gleich. Erst mal müssen wir los. Friedel, du kommst mit.« Er schnappt sich den Schlüssel vom Berlingo, und dann sind die beiden auch schon durch die Tür.

Keine halbe Stunde später kommen sie zurück. Manni gibt ein Bild des Jammers ab. Nach vorn gebeugt schleppt er sich durch die Tür, der Boss und Friedel müssen ihn stützen. Die anderen beobachten sie stumm. Manni setzt sich auf die Couch und stöhnt auf.

»Was ist, Manni? Hexenschuss?«, fragt Otto.

»Frag nicht nach Sonnenschein!«, antwortet Manni, ohne den Kopf zu bewegen. »Sobald ich meine Beine bewege oder meinen Rücken, ist das, als würde mir einer ein Messer ins Kreuz rammen.«

»Und das ist dir im Gemüseladen passiert?«

Keine Antwort.

»Sag schon, wie ist das denn passiert?« Jetzt will Günter es ganz genau wissen. Der Boss schreitet ein.

»Passt auf, Leute! Wenn jemand zu Hause fragt, ist das natürlich im Gemüseladen passiert. Ich gehe davon aus, dass wir uns da einig sind.« Der Boss hebt mahnend seinen Zeigefinger nach oben und schaut Günter an. »Mit deinem Witz über den Herzinfarkt im Puff warst du allerdings ziemlich nahe dran. Es ist allerdings kein Herzinfarkt, sondern ein Hexenschuss.«

»Du warst im Puff?« Günter und Otto starren ungläubig zu Manni rüber.

»Wer sagt denn so was?« Schnuppes' Stimme klingt sehr energisch. »Ich habe doch gerade eben gesagt, das ist im Gemüseladen passiert. Was daran habt ihr jetzt nicht verstanden? Und damit ist Schluss mit dem Thema. Endgültig. Basta.« Manni schaut betreten zu Boden. Für ihn ist die Motorradtour auf Mallorca hiermit beendet.

»Wie viele Orte brauchen wir noch für die Wette, Friedel?«, fragt der Boss.

Friedel zählt in seinen bunten Zetteln. »Noch 51. Bisher haben wir 44 fotografiert.«

»Das schaffen wir nie mehr«, meldet sich Otto.

»Quatsch!«, erwidert Friedel. »Wir sind immer noch im Plan. Wir haben kaum noch Orte in den Bergen, das geht ab jetzt alles viel schneller.«

Friedel und Schnuppes sitzen am nächsten Morgen bereits um kurz nach acht auf ihren Maschinen und sind startbereit.

Sie starten an Tag vier in den Südwesten. Paguera, Magaluf und Umgebung, die Küste hoch bis Estellencs und wieder zurück ins Inselinnere – das ist die Route des vorletzten Tages. Die beiden geben mächtig Gas. Am Mittag haben sie bereits zehn Ortseingangsschilder auf ihren Handys festgehalten. Und dann passiert es.

Sie kommen zurück von Sant Elm. Das ist der westlichste Ort Mallorcas – und der am weitesten von Cala Millor entfernt liegende. In einer scharfen Linkskurve kurz vor S'Arraco rutscht Friedel mit dem Hinterreifen weg. Die Harley trudelt noch nicht mal, sie kippt regelrecht zur Seite in eine gefährliche Schieflage. Schnuppes sieht von hinten, wie Friedel versucht, die Harley wieder hochzureißen, aber das nützt nichts. Er wird regelrecht vom Sitz gerissen und schlägt auf dem Asphalt auf. Sein Motorrad rutscht weiter, prallt gegen die Mauer.

Der Boss macht eine Vollbremsung. Mitten auf der Straße liegt Friedel und bewegt sich nicht. Rechts die Maschine, deren Hinterrad noch immer läuft. Öl oder Benzin ist ausgelaufen und dampft. Es dauert einen kleinen Augenblick, aber dann reagiert Schnuppes schnell. Er läuft zu Friedel, der sich nun aufrichtet.

»Bleib so, beweg dich nicht!«, sagt er, rennt zur Harley an der Mauer und schaltet sie aus. Jetzt stoppt auch ein Auto, und zwei Männer steigen aus.

»Ich seh das alles wie in einem Film. Als wäre ich gar nicht dabei gewesen«, erzählt Schnuppes den anderen, mit denen er auf dem Balkon des Appartements sitzt. »Aber die beiden aus dem Auto wussten sofort, was zu tun ist. Die haben die Polizei gerufen und den Krankenwagen und sich auch gleich um Friedel gekümmert.«

»Meinst du, er schafft es?«, will Otto wissen.

Alle schweigen.

»Na klar, schafft der das, ihr Deppen!«, ruft Friedel durch die geschlossene Toilettentür. »Ich hab jedes Wort gehört! Und ich sitze und habe die Buchse längst unten. Trotz Verband.«

Als Friedel eben ankündigte, dass er mal zum Klo müsse, waren sich alle einig, dass er sich mit dem riesigen Verband um sein linkes Bein niemals allein die Hose runterziehen könnte.

»Da muss wohl einer mit und ausziehen helfen«, hat der Boss gewitzelt und dann Manni angeschaut: »Am besten gehst du mit. Du weißt ja aus dem Gemüseladen, wie das geht.« Dann lachten sie alle.

Sie alle sind mächtig erleichtert. Friedel hat nur ein paar Kratzer und blaue Flecke abbekommen. Als er über den Asphalt schlitterte, ist ihm die Hose aufgerissen. Im Krankenhaus haben sie ihm dann jede Menge Rollsplitt aus dem Oberschenkel gezogen und einen riesigen Verband angelegt. Die Harley ist allerdings Schrott.

»Schöne Scheiße«, sagt der Boss, zieht sich eine neue Dose Bier auf und schaut aufs dunkle Meer. Er sieht traurig aus.

»Jetzt komm, sei froh, dass nicht noch mehr passiert ist. Und die Harley? Ist doch versichert.« Auch Manni macht sich noch ein weiteres Bier auf.

»Nein, meine ich gar nicht.«

»Sondern ...«

»Na ja, die Wette. Es ärgert mich, dass der blöde Müller jetzt die Wette gewinnt.«

Ihnen allen ist klar: Die Mission ist nicht mehr zu schaffen. Fünfzig Orte haben sie abgehakt. Es fehlen noch 45. Und sie haben nur noch einen Tag. Die Gang ist außerdem schwer angeschlagen: Herz, Bein, Rücken. Und jetzt schwächelt auch noch der Boss.

»Das schlägt mir alles auf den Magen«, sagt er und legt sich ins Bett.

Die anderen bleiben noch bis weit nach Mitternacht auf dem Balkon. Sie feiern das Leben. Heute in erster Linie das von Friedel. Günter hat am Vormittag eine Flasche Soberano und Cola gekauft. Die leeren sie komplett. Selbst Otto trinkt ein Glas mit. Ihm geht es seit heute etwas besser, die Tabletten scheinen zu wirken.

Am nächsten Morgen ist das Bett von Schnuppes leer. Der Boss ist verschwunden. Seine Harley steht nicht mehr vor dem Haus.

Zuerst machen sie sich noch keine Gedanken.

»Vielleicht ist er nur mal frische Luft schnappen«, vermutet Friedel. »Oder er holt frisches Brot fürs Frühstück.«

Um die Mittagszeit ruft Otto den Boss auf dem Handy an. Zweimal lässt er es klingeln bis zum Besetztzeichen. Nichts.

»Wenn der auf der Maschine sitzt, hört er sein Telefon natürlich nicht«, sagt Manni.

Friedel, Otto und Günter gehen eine Runde spazieren. Sie marschieren durch die Straßen, an Geschäften vorbei und Kneipen, schlendern den Strand entlang und setzen sich in einem Café direkt an der Promenade in die Sonne. Manni ist im Appartement geblieben. Wegen seines Rückens. »Und falls Schnuppes zurückkommt.«

Aber Schnuppes kommt nicht zurück. Inzwischen ist es sechs Uhr, und noch immer gibt es kein Lebenszeichen von ihm. Vor zehn Jahren hat sich Mattes, der Bruder vom Boss, umgebracht. Daran erinnert Manni die anderen.

»Hör auf mit dem Quatsch, warum sollte der Boss so was machen?«, fragt Otto.

»Na ja, wenn du so eine Neigung in der Familie hast ...«

»Pipapo! Der Mattes war verschuldet. Bis über beide Ohren. Der hat keinen Ausweg mehr gesehen. Deshalb hat der das gemacht!«

Jetzt rufen sie im Viertelstundentakt auf dem Handy vom Boss an. Abwechselnd. Immer wieder das Gleiche: Einige Male klingelt es, dann kommt ein Besetztzeichen.

»Das gibt's doch nicht!«, flucht Friedel. »Der Arsch kann doch wenigstens mal kurz zurückrufen und sich melden.«

Als es dunkel wird, ziehen sie sich die Jacken über, um zur Polizei zu gehen. Das Revier ist nur drei Straßenecken vom Appartement entfernt.

»Du bleibst hier und meldest dich sofort, wenn Schnuppes auftaucht!«, sagt Friedel zu Manni.

Als sie zur Tür gehen wollen, hören sie, wie jemand von außen den Schlüssel ins Schloss steckt.

»Jetzt fahrt euch alle mal runter!«

Die Runde verstummt. »Und hockt euch hin. Hier auf die Couch!«

Der Boss ist laut geworden. Sehr laut. Aber das musste er auch, weil die anderen aufgebracht durcheinandergeredet haben. Und das auch sehr laut.

»So«, sagt er jetzt, da alle sitzen.

Schnuppes steht jetzt zwischen Couch und Balkontür. Alle schauen ihn an.

»Ich habe erst gegen Mittag gemerkt, dass mein Handy nicht geht. Ging wohl die ganze Zeit nicht. Seit wir auf Mallorca sind. Deshalb konnte ich euch nicht anrufen.«

Wie zum Beweis holt er sein Handy aus der Hosentasche und hält es hoch.

»Ja, und wo warst du jetzt die ganze Zeit? Wir wollten gerade los zur Polizei!«, blafft ihn Otto an.

»Ganz langsam«, sagt Schnuppes, geht in aller Seelenruhe zum Kühlschrank und holt für jeden eine Dose Bier.

»Wir haben was zu feiern.« Er wartet ab und betrachtet die Gesichter der Männer. Dann nimmt er wieder sein Handy, drückt auf eine Taste und schwenkt es vor den Augen der Gang.

Auf dem Handy sind die Bilder von Ortseingangsschildern zu sehen – mal als Selfie mit dem grinsenden Schnuppes, mal nur mit seinem abgestellten Motorrad.

»95«, sagt der Boss, und alle im Raum wissen wieder, warum Schnuppes der Boss ist.

***

Die Gang feiert die gewonnene Wette mit einem Fest in der Stammkneipe. Müller hat sich mit den Fotos zufriedengegeben, auch wenn auf vielen nur der Boss neben dem Ortsschild zu sehen war.

Alle erzählen immer wieder gern von ihren Heldentaten bei der Fahrt quer durch Mallorca – einer Insel mit brandgefährlichen Kurven und steilen Abhängen. Niemand aus der Gang verrät etwas von vergessenen Tabletten, Blechschäden im Safety-Car oder unschönen Zwischenfällen im Gemüseladen.

 **Jenseits vom Ballermann**

Die Straßen

Wer alle Straßen Mallorcas abfahren will, muss sich viel Zeit nehmen. Das wäre in einer Urlaubswoche selbst mit dem Motorrad nicht zu schaffen. Das Straßennetz der Insel zählt 4.400 Kilometer. Das entspricht der Strecke vom Nordkap bis nach Rom. Wer die Insel einmal mit dem Motorrad umrunden will, muss 410 Kilometer fahren. Das ist wegen der vielen Kurven und Engstellen im gebirgigen Norden nicht an einem Tag zu schaffen. Zumal die mallorquinische Polizei mit allen technischen Möglichkeiten gegen Raser kämpft. In der Hochsaison macht sie sogar per Helikopter Jagd auf Temposünder. Die Strafen sind wesentlich höher als in Deutschland. Dreißig Stundenkilometer über den erlaubten 90 km/h auf den Landstraßen der Insel bescheren einen Strafzettel von dreihundert Euro. Wer am Steuer eines Autos Flip-Flops trägt, muss ebenso achtzig Euro zahlen wie Fahrer mit freiem Oberkörper oder Fahrer, die ihren Ellenbogen aus dem offenen Fenster halten. Selbst Beifahrer werden bei Verstößen zur Kasse gebeten. Liegen ihre Füße während der Fahrt auf dem Armaturenbrett, kann das hundert Euro kosten.

ABENTEUER IN PRADALETTEN

Costitx

Vom Schwein gebissen.

Wenn er das zu Hause erzählt, werden sie ihm nicht glauben. Dass ihn ein Schwein gebissen hat, richtig fest gebissen. Dabei ist es die Wahrheit. Er liegt hier im Zimmer 234 des Hospital Comarcal in Inca. Seinen halben Finger mussten sie vor zwei Tagen wieder annähen. Wegen dieses Schweines. Wegen dieses mallorquinischen Schweines.

Heute darf Karsten wieder nach Hause. Wobei das Zuhause noch bis übermorgen eine Ferienfinca mitten auf der Insel ist. Auf dem platten Land liegt sie. Das Schwein lebt auf dem Grundstück gegenüber. Karsten hat schon am Vormittag seine Sachen in die Louis-Vuitton-Tasche gepackt, die sie immer im Urlaub dabeihaben. Neben seinem Bett stehen seine Prada-Hausschuhe. »Pradaletten« nennt Uli sie. Das Wort hat er erfunden. Er erfindet ständig irgendwelche Worte, und dann lachen sie drüber.

In einer halben Stunde will Doktor Becker noch mal nach ihm schauen, dann kann Uli ihn abholen. Vermutlich fährt er jetzt gerade an der Finca los, falls sein Durchfall das heute zulässt. Glücklicherweise kann er zumindest seit vorgestern wieder seinen verstauchten Zeh am rechten Fuß belasten, sonst wäre Autofahren nach wie vor unmöglich.

Karsten freut sich. Auf Uli. Weil er das Krankenhaus verlassen darf. Und er freut sich sogar auf die Finca – auch wenn sie dort in den zurückliegenden Tagen den reinsten Horror erlebt haben. Nicht nur der dicke Verband um seine rechte Hand zeugt davon.

Von einer Katastrophe sind sie in die nächste geschlittert. Diese Tage auf Mallorca waren im Grunde eine Art Überlebenstraining für ihn und Uli. Aber sie haben überlebt. Gemeinsam. Und sind sich jetzt näher als jemals zuvor. Mallorca hat sie zu einem richtig guten Team zusammengeschweißt. Karsten sitzt auf dem Bett und lässt alles noch mal in jeder Einzelheit Revue passieren.

Wie sie auf dem Flughafen in Palma landeten. Wie sie mit ihrem Mietwagen an der Finca ankamen. Wie sie durch jeden einzelnen Raum der Finca rannten – staunend wie zwei kleine Jungs, die zum ersten Mal ihr eigenes Zimmer sehen. Wie sie noch am ersten Abend in den Pool gestiegen sind, obwohl sie von der Reise hundemüde waren.

Karsten sieht vor seinem Auge auch noch mal, wie er und Uli in der ersten Nacht nach dem Schwimmen auf der Terrasse saßen. Es war kurz nach Mitternacht und noch immer 23 Grad warm. Mitte September. Sie beide hatten ein eiskaltes Glas Rosé in der Hand.

»Schön, schön, einfach schön«, sagte Karsten.

»Ne, einfach nur schön. Wirklich«, sagte dann Uli. Und mehr nicht. Sie beide waren sprachlos.

Die Grillen zirpten, ein Hund in der Nachbarschaft bellte ab und zu, manchmal hörte man ein Auto in der Ferne. Menschenleer war es hier. Um ihre Finca herum nur Äcker. Auf einem standen ein paar Schafe, direkt gegenüber auf dem Feld mit dem kleinen Häuschen Schweine. Aber keine Nachbarn.

»Das ist das Ende Mallorcas«, sagte Uli. Dabei ist es genau die Mitte Mallorcas. Bei Costitx. Das ist ein kleiner Ort, gerade mal tausend Einwohner. Aber alles da. Apotheke, Supermarkt, Spielplatz, Rathaus, eine nette Placa mit zwei Cafés. Und sogar ein Observatorium auf dem Berg, von dem aus sie die Sterne beobachten können. Von dort aus haben Wissenschaftler in den Neunzigerjahren sogar zwei Ministerne entdeckt. Einer von ihnen heißt seitdem »Costitx«. Hatte Uli in einer kleinen Broschüre gelesen, die auf dem Wohnzimmertisch der Finca lag. Er interessiert sich wahnsinnig für solche Dinge. Vor jedem Urlaub wälzt er ganze Stapel von Reiseführern. Er saugt all das Wissen auf, um es dann im Urlaub bei der richtigen Gelegenheit abzuspulen. Nur diesmal hatte er sich nicht vorbereiten können, weil der Mallorca-Urlaub eine Überraschung für ihn war. Von Karsten geplant.

»Die brauchen hier gar keine Sternwarte«, sagte Uli und beide schauten zum Himmel. Es war stockfinster in dieser Nacht. Kein Mond am Himmel, die Lichter an der Finca hatten sie alle ausgeschaltet – und Streulicht von Straßenlaternen oder anderen Häusern gab es hier draußen sowieso nicht.

Abermillionen Sterne konnten sie sehen. Einfach so. Mit bloßem Auge. »Diese Dunkelheit ist der helle Wahnsinn!«, sagte Uli, und beide lachten. Solche verrückten Sachen fallen Uli ständig ein. Weil er so unglaublich kreativ ist. Muss er ja auch. Als Innenarchitekt.

Ne. So schön. So unsagbar schön war das hier. Ein Traum. Die Welt war in Ordnung. Noch. »Der reinste Idyllen-Terror. Toll!«, sagte jetzt auch Karsten, und beide beschlossen, die kommenden beiden Wochen einfach nur zu genießen und sich von nichts diese tolle Stimmung vermiesen zu lassen, von überhaupt nichts.

Bereits am nächsten Morgen wurde der Vorsatz der Jungs auf eine erste Probe gestellt.

»Maus, hast du irgendwo warmes Wasser laufen? Das hier wird jedenfalls nicht warm«, rief Uli aus dem Bad. Er stand unter der Dusche. Wobei das nicht ganz stimmte. Er stand in der Dusche. Aber nicht unter dem Wasserstrahl. Denn der kam eiskalt aus dem Brausekopf.

»Vielleicht musst du einfach noch einen Moment warten, Schatz.« Noch war die Laune der beiden prächtig.

Karsten hatte es sich mit einer Tasse Kaffee am Frühstückstisch gemütlich gemacht und stöberte auf seinem iPad im Netz. Er hatte zwar frei, darf aber niemals den Anschluss an Börsenkurse und Wirtschaftsnachrichten verlieren. Er ist Vermögensberater, da muss er schwer aufpassen, dass er nichts Entscheidendes verpasst, auf das er schnell reagieren müsste. Auch nicht im Urlaub. Eine Stunde durfte er deshalb an jedem Morgen ins Internet. Das hatte er mit Uli so vereinbart.

»Ne, tut sich nix!« Uli ist eigentlich ein eher ungeduldiger Mensch. Einer, der schon mal laut werden kann, wenn irgendwas nicht nach seinen Wünschen läuft. Aber jetzt stellte er einfach das Wasser ab, putzte sich die Zähne und setzte sich mit einer Tasse Kaffee zu Karsten an den Frühstückstisch. »Dann rieche ich heute mal nur nach ›Eau de Uli‹ und nicht nach Boss«, sagte er, und sie mussten beide lachen.

»Im Hotel hätte er garantiert sofort die Rezeption angerufen und richtig Theater gemacht«, dachte Karsten. Wie im vorigen Jahr auf der AIDA, als das Klo noch immer verstopft war, obwohl sie das schon Stunden zuvor reklamiert hatten. »Ich gucke jetzt auf meine Uhr, da ist es 17.45 Uhr. Wenn um achtzehn Uhr diese Toilette nicht wieder frei ist, verlasse ich auf der Stelle diese Kajüte, und dann ist es Ihr Problem, wo Sie mich dann unterbringen«, hatte Uli ins Telefon gebrüllt, und Karsten war das unsagbar peinlich gewesen. Aber: Keine fünf Minuten später hatte der Bordklempner in ihrem Badezimmer gestanden und tatsächlich das Klo repariert. Und Uli hatte ihm noch nicht mal ein Trinkgeld gegeben. »Freundlichkeit ist ein Zeichen von Schwäche«, hatte er nur gesagt, als der Klempner wieder draußen war.

Das waren die Momente, in denen Karsten seinen Mann nicht so toll fand. »Ich rufe mal diesen Typen vom Finca-Service an, diesen Christoph«, sagte er. Er wollte unbedingt Uli zuvorkommen.

»Zu spät.« Uli hielt bereits sein Handy ans Ohr. »Klingelt schon bei ihm.« Und dann erlebte Karsten einen Uli von einer ihm unbekannten Seite. Der neue Uli war unheimlich freundlich zu diesem Christoph, schilderte ihm das Problem mit der kalten Dusche und bedankte sich am Ende des Gespräches sogar bei ihm. »Er vermutet, dass einfach nur die Gasflasche leer ist«, erklärte Uli. »Und er sagt dem Hausbesitzer Bescheid, damit der mal guckt. Er heißt Tomeu.«

Das war alles. Kein Meckern. Keine Unfreundlichkeiten.

Tatsächlich dauerte es keine zwei Stunden, bis ein verbeulter Berlingo vorfuhr. Am Steuer saß ein älterer Mann. Das musste Tomeu sein. Er fuhr bis hinter die Finca und holte hinten aus dem Wagen eine rote Gasflasche, die zwischen Düngersäcken und zwei halb verrosteten Harken stand. Die alte Gasflasche hinterm Haus schüttelte er kurz, dann klemmte er die neue an die Leitung. Erst als er alles wieder eingeladen hatte, kam er vor zur Terrasse, von der aus Uli und Karsten ihn beobachtet hatten.

»*Bon dia.*«

»*Bon dia. Que tal?*«, fragte Uli, der in der Schule drei Jahre lang Spanisch gelernt hatte.

»*Que tiempo*«, sagte Tomeu und schaute zum Himmel, »was für ein Wetter!«

»*Si, estupendo*«, freute sich Uli. »Richtig schön.« 27 Grad sollten es an ihrem ersten Urlaubstag werden, und schon jetzt, am späten Vormittag, stand das Thermometer am Poolhäuschen bei 22 Grad.

»Wow! Small Talk auf Mallorquinisch!«, staunte Uli über sich selbst, als Tomeu wieder verschwunden war. »Gar nicht so übel von mir.« Und als tatsächlich warmes Wasser aus dem Hahn in der Küche kam, stieg die Laune noch mal an.

»Hat doch jetzt super geklappt. Da könnten wir eigentlich mal ein Sektchen drauf trinken«, wollte Karsten gerade rufen. Da sah er, dass Uli bereits mit zwei Sektgläsern aus der Finca kam, und dachte erneut: »Was für ein schöner Urlaub hier!«

Den halben Tag verbrachten sie am Pool, fuhren am Abend ins Dorf und entdeckten dort ein ganz wunderbares Fischrestaurant. Nach dem Abendessen ließen sie ihren »Tag eins« auf Mallorca ganz entspannt ausklingen. Bis kurz nach Mitternacht saßen sie noch auf ihrer Terrasse, tranken Wein, quatschten und tranken wieder. »Du siehst wahnsinnig schwul aus, wenn du hier mit deinen Prada-Sandalen über den Kies wackelst, ist mir heute aufgefallen«, sagte Karsten und haute sich dabei vor Lachen auf die Schenkel. »Erstens bin ich schwul«, erinnerte ihn Uli, »und zweitens sind das keine Prada-Sandalen. Das sind Pradaletten!« Uli und seine Worte. Er hatte es einfach drauf! Die beiden lachten sich schlapp und fielen dann ins Bett – ordentlich angetrunken und müde von einem ganzen Tag an der frischen Luft.

Als sie aufwachten, war das Gewitter bereits an ihnen vorbeigezogen. Ein letzter, extrem lauter Donnerschlag hatte sie gerade aus dem Schlaf gerissen.

»Man nennt das *gota fría* – kalter Tropfen. So sagen sie zu den Gewittern im Herbst hier. Kommen wie aus dem Nichts und verschwinden genauso schnell wieder.« So einer ist Uli auch. Wacht auf, selbst aus dem Tiefschlaf, und kann sofort reden.

»Meinst du, wir sollten mal gucken, ob draußen alles in Ordnung ist?«, fragte Karsten.

»Was soll denn nicht in Ordnung sein? Wir haben die Sachen alle reingeholt, Handys und so. Liegen alle auf der Terrasse.«

»Und die hat ein Dach.«

»Und die hat ein Dach, richtig.«

»Und das Dach ist auch dicht?«

»Okay. Wer geht? Du oder ich?«

»Immer der, der fragt«, sagte Karsten, und das Nächste, das Karsten von Uli hörte, war: »Verdammte Drecksscheiße! Mist! Mist! Mist!«

Das Dach war nicht dicht. Alles war nass. Beide Handys. Das iPad. Zwei Bücher. Ein Desaster! Und das erste Paar Pradaletten war auch hin. Klitschnass. Schuhe für 380 Euro. Futsch! Zum Glück hatten beide noch ein Ersatzpaar mitgebracht. »So ein Drecksdach!«, zeterte Uli. »Da hat der Bauer aber ordentlich Mist gebaut. Alles billig, billig, billig gebaut!« Das war jetzt der Uli, den Karsten kannte. Er versuchte, ihn zu beruhigen. Nahm alle Sachen rein, legte sie in die Küche. Sagte: »Jetzt warten wir erst mal ab. Vielleicht sind sie ja gar nicht kaputt. Wir lassen die erst mal trocknen ...« Die Pradaletten warf er gleich in den Abfall. Die waren nicht mehr zu retten.

Karsten lag danach noch Stunden wach. Und auch Uli wälzte sich neben ihm im Bett unentwegt hin und her. So viel Aufregung war einfach zu viel für sie beide. Für solche Abenteuer waren sie nicht geschaffen. Als sie die Müdigkeit dann doch überfiel, wurde es fast schon wieder hell.

Und wie hell es wurde am nächsten Morgen! Die Sonne schien so grell, als wäre in der Nacht nichts passiert. Der Himmel war strahlend blau. Es war weit und breit keine Wolke zu sehen.

Dafür eine Maus.

Karsten entdeckte sie. Er wollte gerade in den Pool springen, da schlüpfte sie aus dem rechten der beiden Skimmer und begann hektisch, mit all ihren Beinen zu schwimmen, kreuz und quer übers Wasser.

»Eine Maus! Komm schnell!«, brüllte Karsten.

»Auch das noch!« Uli kam aus dem Schlafzimmer nach draußen gerannt und blieb in respektvollem Abstand zum Pool auf dem Rasen stehen: »Wo ist sie?«

»Da! Am hinteren Rand jetzt.«

Ganz vorsichtig schlich sich Uli ans Becken, konnte aber immer noch nichts entdecken.

»Ist sie groß?«

»Riesig! So ein großes Vieh habe ich noch nie gesehen.«

»Oh mein Gott! Das ist bestimmt eine Ratte.«

»Hör auf, Uli! Ratten sind gefährlich. Die beißen. Die springen einen an. Und Krankheiten verbreiten sie auch. Ganz schlimme Sachen. Oh Mann!« Ganz vorsichtig entfernten sich die beiden vom Pool, tappten rückwärts Richtung Haus, ohne die Wasseroberfläche aus den Augen zu lassen. Auf den letzten Metern drehten sie sich um und rannten los. Uli war zuerst in der Finca. Karsten sprintete hinterher und schlug mit einem lauten Schlag die Haustür zu.

Sie beide standen jetzt hinter der Tür und schrien. Laut und hysterisch. Aber für solche Sentimentalitäten war jetzt keine Zeit. Sie mussten sich schützen. Und zwar schnell.

»Los komm, alle Fenster zu. Schnell! Und die Klappläden besser auch.«

Sie rannten von Zimmer zu Zimmer und schlossen alles in Windeseile. Keine zwei Minuten später saßen sie in der verbarrikadierten, dunklen Bude bei elektrischem Licht und atmeten erst einmal durch.

»Okay«, versuchte Karsten zu beruhigen, »lass uns jetzt erst mal überlegen, was wir machen können.«

»Ganz einfach: Wir rufen diesen Christoph an. Ich bleibe hier keine Nacht mehr. Wer weiß, wie viele Ratten hier bereits ihre Nester gebaut haben. Und vielleicht rauskommen, wenn es dunkel wird. Ich will gar nicht daran denken.« Uli lief zur Hochform auf. Er legt allergrößten Wert auf Sauberkeit und Hygiene, ist fast pingelig bei diesem Thema, und er ahnte das Allerschlimmste: »Wer weiß, ob wir nicht schon verseucht sind. Wir beide!« Er ließ sich in den großen Sessel vor den Kamin fallen und legte die Hände vor die Stirn. Er musste nachdenken.

Da war Karsten schon einen Schritt weiter. Einen Schritt in Richtung Küche. Dort lagen die Handys zum Trocknen.

»Bitte, bitte, lass sie funktionieren«, flüsterte Karsten. Das klang fast wie ein Gebet. Aber der liebe Gott erhörte ihn nicht. Zumindest nicht sofort. Zuerst versuchte er, sein Handy einzuschalten, ein altes iPhone 6. Nichts. Er schloss es an den Strom an, womöglich war nur der Akku leer. Auch nichts. Es fühlte sich sogar noch etwas feucht an. Auch Ulis Handy war nicht richtig trocken. Aber es war ein 8er iPhone. Angeblich wasserdicht. Karsten drückte auf den Einschaltknopf und hielt die Luft an ... Als der Bildschirm sich einschaltete und den Sperrcode verlangte, fiel ihm ein Stein vom Herzen.

»Maus«, sagte er und hielt Uli das iPhone hin, »wir sind gerettet.«

»Bitte hör auf, mich Maus zu nennen«, blaffte der ihn nur an. »Du weißt, dass ich das nicht mag. Und ab heute sowieso nicht mehr.«

Als Christoph, der Verwalter, eine halbe Stunde später auf der Finca auftauchte, konnte er die beiden tatsächlich beruhigen. Ratten gäbe es auf dieser Finca nicht. Dafür würden die wilden Katzen schon sorgen, die sich hier immer rumtrieben.

»Und Tomeu legt hier im Winter, wenn keine Gäste da sind, überall Giftköder aus. Das überlebt keine Ratte«, versicherte er ihnen.

Die Maus aus dem Pool hatte ihren Schwimmausflug auch nicht überlebt. Christoph fischte sie aus dem Skimmer. »Irgendwann können die nicht mehr«, erklärte er den beiden und hielt zum Beweis das leblose Tier am Schwanz hoch. Die Maus war noch nicht mal so groß wie ein Hühnerei. »Die ist ertrunken. Tot.«

»Sogar mausetot«, sagte Uli und wunderte sich selbst, dass er schon wieder Späße machen konnte.

Mit Schwung warf Christoph die Tierleiche über die Mauer aufs Nachbargrundstück. »Oder wolltet ihr sie feierlich bestatten?« Er grinste. »Ein netter Typ«, dachte Karsten noch. Dann aber glaubte er zu sehen, wie Christoph den Kopf schüttelte, als er in seinem alten Vitara durchs Tor fuhr.

Keine zwei Tage später erfuhren die beiden, dass die Begegnung mit der Maus noch harmlos war. Es erwarteten sie noch ganz andere Exemplare der mallorquinischen Tierwelt. Sonja und Tamara waren zum Abendessen auf der Finca, zwei gute Freundinnen aus Hamburg. Die beiden machten Urlaub in Pollenca, ganz im Norden Insel. Sie sind echte Naturmenschen, wanderten fast jeden Tag, kletterten sogar in den Bergen der Tramuntana.

»Na hoffentlich habt ihr euch da nicht zum Affen gemacht mit der Maus«, sagte Tamara und klopfte sich auf die Schenkel, weil sie sich über den Spruch freute, der auch von Uli hätte stammen können. Karsten hatte gekocht, Lamm aus dem Backofen, nach einem mallorquinischen Rezept. Uli schenkte Rosé nach, und Tamara und Sonja amüsierten sich köstlich über die Mausgeschichte.

Tamara trug eine dünne Weste von Canada Goose. Das ist vermutlich die teuerste Marke, die man für Funktionskleidung finden kann. Und Sonja hatte eine Hose mit mindestens zehn

Außentaschen an. So viele hatte jedenfalls Karsten gezählt. Vermutlich steckten noch viel mehr wahnsinnig praktische Details in dieser Hose – Ösen und versteckte Schlaufen und all so ein Zeug. Die beiden stehen auf diese Sachen, sie tragen auch in Hamburg ausschließlich Funktionsklamotten. Im Sommer wie im Winter. Deshalb nennt der komplette Freundeskreis die beiden auch die »Outdoor-Lesben«. Das dürfen sie natürlich nie erfahren!

Als sie nun, an diesem lauwarmen Abend auf der Finca, von ihren Outdoor-Erlebnissen auf Mallorca berichteten, wurde es Uli und Karsten ganz anders.

Von der Begegnung mit dem Skorpion beispielsweise. »Tamara ist auf ihn draufgetreten, hat den gar nicht gesehen«, erzählte Sonja.

Und weil sie gerade so richtig in Fahrt waren, hängten sie gleich noch die Story von der Schlange dran. »Wir waren Richtung Cap Formentor unterwegs, wollten gerade eine kleine Rast machen, um Wasser zu trinken, Tamara setzte den Rucksack ab, neben einem Stein, da zischte es … Total laut, richtig deutlich!«

Karsten schaute gespannt. Uli guckte skeptisch.

»Eine Schlange!«

»Wie? Hier gibt's Schlangen?«, fragte Uli.

»Na ja, so kleine nur.« Tamara hielt die Hände etwa dreißig Zentimeter auseinander. »Nicht dicker als mein kleiner Finger. Die sind harmlos. Unsere ist sofort abgehauen. Die hatte vermutlich mehr Angst vor uns als wir vor ihr. Wir haben uns nur erschrocken.«

»Und die machen nix?« Uli konnte das gar nicht glauben.

»Nö, glaub nicht.«

»Na ja, glauben ist nicht wissen«, sagte Uli dann und verschwand im Haus.

Als er nach einer Viertelstunde wieder nach draußen kam, sah er blass aus.

»Was ist?«, wollte Karsten wissen. Dann legte Uli los: »Leute, was ich da gerade gegoogelt habe, das macht mir Angst.« Dass die mallorquinischen Schlangen völlig harmlos sind, das stimmt. Aber dass es inzwischen viel größere Schlangen auf der Insel gibt, das steht auch im Netz. Fremde Schlangen. Zum Teil gefährlich. Manche auch sehr giftig. Würgeschlangen sollen darunter sein. Ganz viele von ihnen haben wohl jahrelang in Terrarien gelebt. Und als sich die Besitzer in Krisenzeiten in Spanien das Futter nicht mehr leisten konnten, haben ganz viele die Schlangen einfach ausgesetzt.

»Die schreiben sogar, dass auf Mallorca inzwischen eine regelrechte Schlangenplage herrscht!«

Das hätte er nicht sagen sollen. Karsten hat eine Heidenangst vor Schlangen. Beim Gedanken an Schlangen begannen seine Hände zu zittern. Solange die Mädels noch bei ihnen saßen, riss er sich zusammen. Aber kaum waren sie mit ihrem Mietwagen durchs Tor, gab es kein Halten mehr.

»Hier bleibe ich keine Nacht mehr!«

»Jetzt komm. Muss doch nicht sein, dass bei uns Schlangen sind. Ausgerechnet hier.« Uli versuchte, seinen Freund zu beruhigen. »Und wo sollen wir jetzt überhaupt hin?«

»Mir egal, aber hier bleibe ich nicht.«

»Du stellst dich an.«

»Ich stelle mich an? Ich? Das sagt der Richtige! Du hast bei einer minikleinen Maus so getan, als würde uns gleich eine ganze Kolonie Ratten zerfleischen!«

»Aber du hast doch noch nicht eine einzige Schlange gesehen. Wo sollen die Schlangen denn sein?«

»Du hast selbst von der Schlangenplage vorgelesen! Und Tamara hat gesagt, die sitzen unter den Steinen, da muss man immer schön nachgucken, bevor man einen hochhebt.«

»Dann heb halt keinen hoch.«

»Du Spaßvogel!«, sagte er noch, doch dann musste er selbst lachen. »Okay«, dachte Karsten, »vielleicht bin ich doch zu empfindlich. Eine Memme. Ein Klischee-Schwuler.« Dann sagte er: »Ich mache das nicht extra. Ich habe eine tierische Angst vor Schlangen, da kann ich auch nicht aus meiner Haut.«

»Du nicht. Aber die Schlange!«

Ach, der Uli und seine Wortspiele. Er versprach Karsten, sich morgen beim Verwalter nach den Schlangen zu erkundigen. Und weil sie ordentlich Rosé mit den Mädels gebechert hatten, schliefen sie kurz danach doch noch ein.

Am nächsten Morgen freundete sich Karsten mit einem Schwein an.

Die Outdoor-Lesben hatten ihn am Abend vorher auf die Idee gebracht, die Reste des Essens den Schweinen zu geben, die auf dem Grundstück direkt gegenüber untergebracht waren. Drei große Schweine hatten Karsten und Uli gezählt – und mindestens zwölf süße Ferkelchen.

Als Karsten die Biotonne aus der Finca nahm und alles über die Mauer zu den Schweinen kippte, fiel ihm eine Sau besonders auf. Sie hatte zwei schwarze Flecken auf dem Rücken und war etwas kleiner als die anderen. Deshalb bekam sie nichts vom Essen ab. Die größeren Säue drängten sie immer wieder ab.

»Für dich lass ich mir was Besonderes einfallen«, sagte er zum Schweinchen, das er ab sofort nur noch »Schweinchen« rief. In Inca, der Nachbarstadt, hatte er einen Hundeladen gesehen. Da würde er Leckerchen kaufen. Nur für Schweinchen.

»Es gibt auch noch nette Tiere hier auf Mallorca«, sagte er zu Uli, als er zurückkam von seiner neuen Freundin.

Dann erlebten sie beide drei Tage Traumurlaub wie aus dem Bilderbuch. Es war herrlich! Die Sonne schien am stahlblauen Himmel, die Nächte waren noch so warm, dass man bis spät draußen sitzen konnte. Sie tranken am Vormittag nun immer gemütlich einen Kaffee auf der Placa von Costitx und beobachteten die Leute um sie herum. Sie entdeckten zwei schöne Restaurants im Nachbardorf. Sie besuchten mit Tamara und Sonja den Markt in Pollenca und verbrachten einen wunderbaren Sonntag mit den beiden. Von dort aus fuhren sie zum Meer, zur Playa de Muro.

»Aber glaubt ja nicht, dass wir da reingehen«, sagten sie zu den beiden Frauen. Die beiden wirkten nicht wirklich überrascht. Im Meer gibt es Quallen. Und andere eklige Tiere. »Nur weil uns die Tiere an Land jetzt in Frieden lassen, muss man sie im Wasser nicht unbedingt herausfordern«, erklärte Karsten den Mädels. Da konnte er noch nicht ahnen, dass es mit dem Frieden schon in der gleichen Nacht vorbei sein würde. *Gota fría* kam zurück, das Herbstunwetter. Kurz nach zweiundzwanzig Uhr ging es los, beide saßen in ihrer kleinen Wohnküche, als es wie aus dem Nichts zu einem Wolkenbruch kam. Sturm peitschte den Regen übers Dach ihrer Finca. Es donnerte und blitzte, wie sie es noch nicht erlebt hatten. Die besonders starken Böen zerrten so laut an den Klappläden, dass ihnen angst und bange wurde. Immer wieder zuckten die Lampen, bis irgendwann der Strom komplett weg war. Die beiden saßen im Dunkeln, aber Karsten hatte in einer Schublade Kerzen entdeckt und zündete eine auf dem kleinen Beistelltisch an.

Mit der zweiten Kerze, die er mit zwei Tropfen Wachs auf einer Untertasse befestigte, schlich er Richtung Haustür. »Oh Mann, da draußen steht das Wasser in riesigen Pfützen!« Karsten hatte die Haustür nur einen kleinen Spalt geöffnet und schaute hindurch. Er konnte immer nur für kurze Augenblicke draußen etwas sehen, immer nur dann, wenn ein Blitz zuckte.

»Och ne!«, rief er plötzlich zu Uli.

»Was?«

»Das Beifahrerfenster ist noch auf. Vom Auto.«

Der Mietwagen stand keine fünf Meter vom Haus entfernt – und es war bei jedem Blitz deutlich zu sehen, wie der Regen quer an die Seite schlug und direkt durchs Fenster ins Innere. Das Auto musste schon vollkommen nass sein, die Scheiben waren dicht beschlagen.

»So ein Mist!«, dachte Karsten und überlegte, wer zuletzt auf der Beifahrerseite gesessen hatte. Uli war's. Der stand jetzt neben ihm, schnappte sich die Autoschlüssel von der kleinen Kommode im Eingang, riss die Tür auf und rannte los. In seinen Pradaletten sprintete er durch den strömenden Regen über den Kies bis zum Auto. Karsten hielt die Luft an. Kein Blitz in diesem Moment, zum Glück.

Als Uli zurücklaufen wollte, wieder durch den dichten Regen, erlebte er den schrecklichsten, den fürchterlichsten, den grauenvollsten Moment dieser Reise – vielleicht sogar seines ganzen Lebens. Gerade hatte er, weil der Wind so drückte, mit voller Wucht die Autotür zugeschlagen und sich Richtung Haus gedreht. Er wollte unbedingt vor dem nächsten Blitz losspurten, da blickte er genau in die Augen eines großen schwarzen Hundes! Und diese Augen, so würde Uli das später immer wieder seinen Freunden schildern, diese Augen leuchteten gelb in der Dunkelheit. Giftgelb! Panisch schreiend stürmte Uli los! Gegen den Wind, gegen den Regen, vorbei an der Bestie.

Doch damit nicht genug. Uli war kurz vor der rettenden Terrasse, da stieß er mit dem rechten Fuß gegen irgendeinen Gegenstand, fiel auf die Knie, sprang wieder auf, lief weiter. Karsten stand schon bereit an der Haustür, riss sie weit auf und knallte sie zu, sobald Uli drinnen war, in Sicherheit.

Der lehnte sich an die Wand und rutschte im Schein der Kerze langsam zu Boden. »Au! Au! Au! Au! Scheiße, Scheiße, Scheiße und noch mal Scheiße! Das tut so weh.«

»Lass mal gucken«, sagte Karsten und leuchtete jetzt mit der Lampe am Handy auf Ulis Fuß: »Wo tut's denn weh?«

»Am Gelenk, rechts!«

»Ich kann nichts sehen.«

»Was sollst du da denn auch sehen? Einen Einschuss, oder was? Das ist bestimmt gebrochen. Oder verstaucht.«

»Quatsch. Muss ja nicht sein.«

»Doch! Muss es!« Manchmal kann Uli so bockig sein wie ein kleines Kind. »Ich bin da gerade einem Monster begegnet! Eine Sekunde später, und dieses schwarze Ungeheuer wäre über mich hergefallen! Da habe ich ja wohl das Recht, dass der Knöchel zumindest verstaucht ist!«

Karsten musste jetzt wirklich tief durchatmen. »Das ist echt der Horror, was wir in dieser Wildnis mitmachen.«

Vielleicht waren die beiden brennenden Kerzen schuld, die trotz der misslichen Lage so etwas wie Wärme ausstrahlten. Oder die Mischung aus Mitleid mit Uli und Angst um ihn. Vielleicht spielte auch das Gewitter da draußen eine Rolle, das neben dem Bedrohlichen auch etwas Romantisches hatte. Vielleicht war alles zusammen schuld. Es war egal. Karsten fasste sich in diesem Augenblick einfach ein Herz und fragte Uli das, was er ihn schon ganz lange fragen wollte.

»Wenn wir das alles hier überstanden haben und wieder zu Hause sind, wollen wir dann nicht heiraten, Maus?«

Uli versuchte, im Halbdunkel das Gesicht seines Freundes zu sehen. »Da hast du dir ja einen super Moment für den Antrag ausgesucht«, antwortete er nur, zog Karsten aber dann zu sich herunter und drückte ihn ganz fest.

»Das ist natürlich ein Ja«, sagte er noch. »Und nenn mich nie wieder Maus!«

Am nächsten Morgen war Karstens Fuß so grün, blau und gelb wie die Bassetti-Tagesdecke, die zu Hause auf ihrem Bett liegt. Der Strom war wieder da, aber der Handyempfang war weg. Kein Netz, kein WLAN. Sie waren von der Zivilisation abgeschnitten. Karsten packte Uli auf die Rückbank des Mietwagens und fuhr zum Krankenhaus nach Inca.

Als wenn sie nicht schon Sorgen genug gehabt hätten, war Uli auch noch speiübel. Er hatte sich bereits zweimal übergeben müssen an diesem Morgen, und selbst auf den acht Kilometern bis zum Krankenhaus musste Karsten am Straßenrand stoppen, damit Uli sich noch einmal durch die geöffnete Tür direkt in den Straßengraben übergeben konnte. »Die Muscheln«, sagte er nur, »das waren garantiert diese Muscheln gestern in der Strandbude. Und ich hab noch gesagt, dass der Laden auf mich keinen sauberen Eindruck macht!«

Ulis Fuß war nicht gebrochen, sagten sie im Krankenhaus in Inca nach dem Röntgen. Alles halb so schlimm. Doktor Becker, ein junger deutscher Arzt um die dreißig, konnte sie beruhigen: »Das ist eine ordentliche Prellung. Aber das würde ich noch nicht mal als Verstauchung bezeichnen. Also – keine Sorge. Da brauchen Sie nur etwas Geduld, dann wird das von ganz allein wieder.« Er verschrieb ihm eine Salbe. Uli bestand auf dem Rückweg nach wie vor darauf, dass seine Verletzung extrem schmerzhaft sei: »Du weißt schon, dass solche Prellungen mehr Schmerzen verursachen als Brüche?«

Drei Tage lang pflegte und hegte Karsten seinen Uli. Machte ihm Frühstück. Kochte ihm Tee. Brachte ihm am Nachmittag einen kühlen Drink an den Pool. Dort verbrachte der feine Herr Patient jetzt fast den ganzen Tag unterm Sonnenschirm und legte seinen kranken Fuß hoch. Karsten kümmerte sich währenddessen um alles. Ums Essen, um den Einkauf. Brachte den Müll weg. Und kippte die Biotonne über die Mauer zu den Schweinen. Karsten, der Kümmerer! Er gefiel sich richtig gut in dieser Rolle.

Und wenn er Schweinchen sah, dann überkamen ihn sogar Muttergefühle. Die beiden hatten schon ein gemeinsames Ritual. Zuerst fütterte Karsten die großen Schweine, kippte ihnen die Essensreste aus der Finca-Küche in den Trog. Wenn die dann mit Fressen abgelenkt waren, kümmerte er sich nur zwei Meter entfernt am Tor um Schweinchen. Und dann wurde Schweinchen so richtig verwöhnt: mit Hundeleckerlis, die er im Laden in Inca gekauft hatte. Schweinchen musste keine Essensreste futtern! Für Schweinchen gab's ein Extramenü. Jeden Tag.

Leider fiel Karsten zu spät auf, dass die Augen der Schweine weit über ihrem Rüssel liegen. Und dass Schweine deshalb nur ganz schwer sehen können, in was sie mit ihren ziemlich kräftigen und spitzen Zähnen beißen. Dieser verdammte Rüssel ist einfach immer im Weg! Außerdem ist es Schweinen ohnehin völlig egal, in was sie beißen. Sie sind Allesfresser.

Deshalb konnte Karsten es Schweinchen auch nicht wirklich übel nehmen, als es seinen Zeigefinger an der rechten Hand zwischen die Kiefer bekam. Der Schmerz war so gewaltig, Karsten kippte fast aus den Schuhen.

»Aaaaah!«, brüllte er nur, zog seine Hand überm Tor zurück und sah, wie das Blut strömte. Das waren keine Blutstropfen! Zuckend schoss es rot aus seinem Finger. Karsten konnte nicht hinschauen, wollte gar nicht sehen, wie schlimm es um seinen Finger stand. Plötzlich tauchte Uli hinter ihm auf. Uli, der sich bis vor einigen Minuten nur humpelnd fortbewegt hatte, war in Windeseile an seiner Seite! Hielt ihn. Stützte ihn bis zum Auto, setzte ihn auf die Rückbank. Und raste mit ihm in Richtung Krankenhaus.

»Sie haben ganz schön Glück gehabt«, sagten sie ihm da. Hätte Uli ihn nicht so schnell in die Klinik gebracht, wäre wohl sein Zeigefinger nicht mehr zu retten gewesen. Schweinchen hatte ganze Arbeit geleistet. Hatte sogar einen Teil des Fingerknochens erwischt.

Wenn sie übermorgen wieder zu Hause in Hamburg sind, muss er sich dort weiterbehandeln lassen. Es kann noch drei bis vier Wochen dauern, bis der Schweinebiss endgültig abgeheilt ist.

Aber jetzt freut sich Karsten, dass er gleich wieder nach Hause kommt. Nach Hause in die Finca. Wenn er jetzt so über alles nachdenkt, fällt ihm auf, dass nicht nur das Leben hier völlig anders ist als zu Hause in Hamburg. Auch er selbst ist völlig anders. Seit über einer Woche ist sein Handy schon kaputt. Er ist nicht erreichbar. Er kann niemanden anrufen. Er hat sogar die Börsenkurse aus dem Blick verloren. Im Hamburg wäre er durchgedreht! Hier hat er vergessen, sich aufzuregen. Und Uli ist so entspannt, wie er ihn noch nie erlebt hat. Dieser neue Uli gefällt ihm ziemlich gut. Karsten will Doktor Becker noch fragen, ob er denn wenigstens einen kleinen Schluck Alkohol heute Abend trinken dürfe. Wegen der Medikamente ist ihm das eigentlich nicht erlaubt. Aber er stellt sich das so vor: Wenn er und Uli heute Abend mit einem kalten Rosé auf ihrer Terrasse sitzen und zu den Abermillionen von Sternen schauen, dann will er mit ihm schon mal die Hochzeitsreise planen. Und er hofft ganz stark, dass Uli dann wieder mit ihm auf die Finca fährt, auf der sie so viel erlebt haben. Karsten möchte das auf jeden Fall. Und er wird dann auf keinen Fall Pradaletten mitnehmen. Die sind einfach völlig ungeeignet für diese wilde Insel.

***

Uli willigt tatsächlich ein: Er und Karsten verbringen ihre Hochzeitsreise erneut auf der Finca in Costitx. Es werden zwei tolle

Flitterwochen Ende Mai. Kein Unwetter, keine Mäuse, keine Ka-
tastrophen.

Schweinchen ist spurlos verschwunden. Karsten vermutet,
dass seine Freundin geschlachtet worden ist. Dafür entdecken sie
auf einem Grundstück im Nachbarweg einen schwarzen Hund,
der sich sofort auf den Rücken wirft, als er die beiden sieht, und
offenbar gekrault werden möchte. Uli ist sicher, dass das die Bestie
ist, die ihm in der Gewitternacht aufgelauert hatte.

 ## Jenseits vom Ballermann

Schlangen und Co

Schlangen sind zu einer regelrechten Plage auf Mallorca geworden. Deshalb lässt die Inselregierung Fallen aufstellen, um
die Schlangen einzufangen, die nicht auf der Insel heimisch
sind. Nur zwei Arten sind allerdings giftig – und deren Gift-
zähne sitzen im Maul so weit hinten, dass für Menschen keine
wirkliche Gefahr besteht. Als wirklich gefährlich gelten auf der
Insel nur drei Tiere. Das Petermännchen ist einer der giftigs-
ten Fische Europas und lauert auch auf Mallorca im seichten
Wasser von Sandstränden. Sein Stich kann zu einem allergi-
schen Schock führen. Im Wasser droht Gefahr durch die Feu-
erqualle und die Portugiesische Galeere. Im Mai 2018 wurden
tagelang Strände gesperrt, weil die Portugiesische Galeere
gesichtet worden war. Die Berührung mit ihr kann tödlich
enden. An Land ist Mallorcas gefährlichstes Tier eine Raupe.
Der Prozessionsspinner ist vor allem im Februar und März in
der Nähe von Pinienbäumen unterwegs. Eine Berührung mit
den feinen Härchen der Passionsraupe kann zu heftigen aller-
gischen Reaktionen führen – bis hin zum Tod.

DER ALTE MANN UND DIE PLASTIKTÜTE

Santa Ponsa

Sie warten schon auf ihn.

Paul sieht sie bereits von Weitem, lange bevor die Barca Samba an diesem Freitagabend im Hafen von Palma anlegt, kurz nach einundzwanzig Uhr. Zuerst fallen ihm nur ihre Sonnenbrillen auf. Sie tragen ihre verspiegelten Brillen mit einer Mischung aus Stolz und Arroganz, das spürt er regelrecht. Vom Boot aus spürt er es. Die Schatten der Hotels am Paseo Marítimo, Palmas Hafenstraße, reichen am Boden fast bis ans Wasser. Aber die zwei Sonnenbrillen glänzen und glitzern weiter in der Abendsonne.

Die beiden Beamten der Guardia Civil stehen nur wenige Schritte von der Kaimauer entfernt. Sie halten die Arme hinter dem Rücken verschränkt. Paul entscheidet sich, von Bord zu gehen. Vorbei an den beiden Polizisten. Ignorieren will er sie. Einfach ignorieren.

»*Buenas noches. Alemán? German, señor?*« Im Tonfall spiegelt sich die Arroganz der Brille, und Paul hat keinen Zweifel mehr: Die Polizisten sind seinetwegen hier. Paul gegen die Guardia Civil. Er, ein deutscher Beamter. Lehrer ist er gewesen. Immer korrekt. Nie hatte er auch nur irgendwas mit der Polizei zu tun gehabt. Zumindest nicht in seinem früheren Leben in Deutschland. Im Leben vor Mallorca.

Und jetzt das hier. Was er in der Plastiktüte bei sich trägt, sollte er den zwei Beamten besser nicht zeigen.

»Ich bin Deutscher, ja.«

Der kleinere der beiden Guardia-Männer nimmt die Tüte, schaut hinein. Dann nehmen sie ihn wortlos in ihre Mitte, haken sich rechts und links bei ihm ein – und bugsieren ihn in diesem Griff bis zum Streifenwagen. Als er auf dem Rücksitz platziert ist, knallen sie die Türen zu und fahren los.

Paul begreift erst jetzt, was gerade mit ihm geschehen ist. Er ist abgeführt worden. Verhaftet. Vor den Augen der anderen Gäste, die zuvor noch auf dem Partyschiff gefeiert haben, direkt neben ihm. So weit ist er gesunken. Das haben zwei Jahre Mallorca aus dem Düsseldorfer Oberstudienrat Paul Sandmann gemacht. Einen Schwerverbrecher. So fühlt er sich. Erwischt. Überführt.

Drei Stunden sitzt Paul in dem kleinen Zimmer auf dem Revier der Polizei. Ein quadratischer Tisch steht darin, vier Stühle, ein Sofa an der Wand, direkt neben dem Waschbecken. Er hat seine Hosentaschen leeren müssen, sie haben ganz genau den Inhalt seines Portemonnaies kontrolliert und ihm seinen Ausweis abgenommen. »Was ist mit meiner Plastiktüte?«, fragt Paul in seinem gebrochenen Spanisch: »*Bolsa, mi bolsa?*« Keine Antwort. Eine Beamtin bringt ihm ein Glas Wasser. Alle halbe Stunde schaut jemand durch die Tür, sieht nach Paul und schließt wieder zu.

Paul ist so müde. Immer wieder fallen ihm die Augen zu, im Sitzen am Tisch. In seinem Kopf herrscht Chaos, die Gedanken fliegen wild hin und her, malen die schlimmsten Szenen aus: Wie er in eine Zelle gesperrt wird, wie sie ihn zum Exekutionsplatz führen, aus ihren Gewehren fliegen Roulettekugeln; dann sieht er Rose, wie sie ihn anlächelt, er trägt seinen Hochzeitsanzug, sie steht in der Küche und schenkt ihm Saft ein; das Rouletterad dreht sich, er setzt alles auf die Zwölf, verliert, gewinnt gleich wieder; dann ihr fahles Gesicht im Bett, sie ist tot; der Croupier zieht die Jetons zu sich; jetzt steht Rose in ihrem Nachthemd an der Haustür und öffnet ihm.

»Hallo, Herr Sandmann ...«

Paul zuckt zusammen.

»Mein Name ist Sabrina Menzel, ich komme vom deutschen Konsulat in Palma. Die Polizei hat uns verständigt. Ich bringe Sie nach Hause, wenn Sie möchten.« Frau Menzel gibt ihm sein Portemonnaie und seinen Ausweis zurück. In der rechten Hand hält sie die Plastiktüte: »Reden wir in meinem Wagen darüber, was es mit dieser Tüte auf sich hat? Sie müssen nicht ...«

»Wo soll ich anfangen?«, fragt Paul im Wagen. »Am besten von vorn.« Sabrina Menzel lächelt. »Wir haben Zeit. Bis zu Ihrem Heim in Santa Ponsa sind wir bestimmt eine gute halbe Stunde unterwegs.«

Er nimmt die Plastiktüte und stellt sie zwischen seine Beine in den Fußraum, damit sie nicht umfallen kann.

Paul fängt tatsächlich ganz von vorn an. In Düsseldorf. Mathe, Physik – das waren seine Fächer. Mallorca – das war seine Leidenschaft. Und die von Rose. Schon in den Siebzigern waren sie jeden Sommer auf der Insel. Markus, der Sohn, war damals noch klein. Sie stiegen immer in verschiedenen Hotels ab, in Cala Ratjada und Cala Millor, in Alcúdia und Arenal, in Colonia Sant Jordi und Sant Elm. Sie wollten die ganze Insel kennenlernen. Und blieben am Ende im Südwesten hängen, in Santa Ponsa. Hier war alles deutsch oder britisch, der Bäcker, die Restaurants. Nur das Wetter war besser als zu Hause.

2008 kauften sie das Appartement in Santa Ponsa. »Das war ein Jahr vor meiner Pensionierung«, erklärt Paul, als Frau Menzel ihren Peugeot aus der engen Tiefgarage der Guardia Civil heraus-bugsiert. »Gerade war die spanische Immobilienblase geplatzt, die Preise waren total im Keller.« Und Paul hatte immer darauf geach-tet, dass Rose kein unnötiges Geld ausgab. Und auch der Junge nicht. »Da bin ich heute noch stolz drauf!« Geizig sei er eigentlich nie gewesen. Aber sparsam. Und das hatte er auch vom Rest der Fa-milie verlangt. Ja, er war immer sehr streng gewesen. In der Schule und auch zu Hause. Er galt immer als Pedant, unnachgiebig.

Die Schüler nannten ihn den »Korinthenkacker«. Und im Grunde gefiel ihm dieser Ruf an der Schule sogar. Die Schüler mochten ihn nicht. Doch das war ihm herzlich egal. Er war nicht Lehrer geworden, damit die Schüler ihn lieben, sondern damit er ihnen etwas beibringt. Dass auch sein eigener Sohn ihn nicht wirklich zu mögen schien,

wurmte ihn dagegen schon. Als das Appartement in Santa Ponsa zum Verkauf stand, konnte er es komplett aus dem Erspar-ten zahlen. »Spätestens da hätte eigentlich auch Markus merken müssen, warum sich Sparsamkeit lohnt«, murmelt Paul.

»Aber ich konnte mit dem nicht wirklich was anfangen. Noch nie. Schon als Baby nicht.«

»Wo ist Ihr Sohn jetzt? In Deutschland?«

»Ich weiß es nicht. Wir sprechen nicht viel miteinander. Er hat ein kleines Haus auf Mallorca, in der Inselmitte. Aber er ar-beitet noch in Düsseldorf. Halbe Stelle. Kann also sein, dass er hier ist. Oder auch nicht.«

Paul schaut unentwegt nach vorn durch die Frontscheibe, als wolle er ganz genau beobachten, wie die Geschäftshäuser und Restaurants der Avenidas an ihnen vorbeiziehen.

»Wir sind 2009 auf die Insel gezogen«, erzählt er weiter. Das Leben, seines und das von Rose, das Leben spielte von da an auf Mallorca. Und dieses neue Leben begann exakt zwei Monate nach den Sommerferien 2009, seinen letzten Sommerferien als Lehrer. Ihre Wohnung in Düsseldorf gaben sie auf, ließen einen Großteil der Möbel nach Mallorca bringen, den Rest lagerten sie in Deutschland ein. »Man weiß ja nie, ob wir nicht doch wieder zurückkommen, wenn wir alt sind«, hatte Paul damals gesagt.

Das neue Leben. Kein Wecker mehr. Aufstehen, wenn die Sonne am Morgen durch die Jalousien leuchtet. Kaffee auf der Terrasse. Oft saßen sie nur in der Küche, tranken ihren geliebten Orangensaft, frisch gepresst, und lebten in den Tag hinein. Ein Spaziergang zum Strand. Mittagsschlaf halten, den sie hier Siesta nennen. Ziellos über die Insel fahren, neue Dörfer kennenlernen. Einfach an einer Bar auf der Plaza eines Dorfes anhalten und einen *café con leche* trinken. Und abends bei einem Glas Wein auf der Terrasse sitzen. So hatte er sich dieses neue Leben vorgestellt. Es war wirklich so ganz anders als das alte Leben zwischen Schulferien und Stundenplan.

Aber schon nach einem Jahr war Paul dieses neue Leben leid gewesen. Ohne Plan und ohne Ziel in den Tag hineinleben – das war nicht seine Sache. Wer mehr als vierzig Jahre Mathematik unterrichtet hat, der kann ohne Regeln nicht mehr leben. »Wissen Sie«, sagt Paul, noch immer, ohne Sabrina Menzel am Steuer anzuschauen, »das ging so nicht! Das war alles so sinnlos. Unnütz war das.«

Also suchte sich Paul eine Beschäftigung. Und die fand er – nur eine Viertelstunde mit dem Auto vom neuen Zuhause entfernt, in Magaluf: Mallorcas Casino! Als ihn Günter, ein alter Studienkollege auf Inselbesuch, in die Spielbank mitnehmen wollte, hatte Paul zuerst abgelehnt. Niemals zuvor war er an einem Roulettetisch gewesen, nicht einen Cent oder Pfennig hatte er jemals für Glücksspiele verprasst. Noch nicht mal Lotto hatte er gespielt – und es auch dem Rest der Familie strikt verboten. »Ich war Mathematiklehrer!«, ruft er. »Mir war klar, dass man beim Roulette oder bei Black Jack niemals eine ernsthafte Chance hat. Statistisch betrachtet.«

Bis das Schicksal ihn vom Gegenteil überzeugte. Fünfmal machte er an seinem ersten Rouletteabend einen Gewinn, fast zweitausend Euro brachte er mit nach Hause – und nur fünfzig hatte er eingesetzt. »Ich hatte mir nur kleine Scheine geben lassen, die habe ich in eine Plastiktüte gepackt – und dann musste Rose in die Tüte greifen und dabei wegschauen. Sie holte ein ganzes Bündel Zehner raus, hielt es in der Hand – und wir tanzten vor Freude wie die kleinen Kinder.« Er konnte sich nicht daran erinnern, wann er das letzte Mal so glücklich gewesen war.

»Das«, sagt Paul – und zum ersten Mal schleicht sich eine gewisse Leere in seinen Blick, »das muss der Moment gewesen sein, in dem ich den Verstand verloren habe.«

»Sie konnten nicht mehr aufhören zu spielen?«

»Nein, so schnell ging das noch nicht. Aber ich war von diesem ersten Moment an absolut überzeugt, zu hundert Prozent, dass ich immer gewinnen kann. Sobald ich das nur will! Das mit der Sucht, das Nicht-mehr-aufhören-Können, das kam erst später. Ich bin erst zwei Monate später das nächste Mal nach Magaluf gefahren.«

Dann aber war Paul nicht mehr zu stoppen gewesen. Jeden Abend machte er sich auf den Weg ins Casino. Rose wartete zu Hause auf ihn – oft bis in die späte Nacht hinein.

Als ihm die Spielbankbesuche am Abend nicht mehr genügten, fuhr er bereits am Nachmittag los.

In den ersten Wochen gewann Paul tatsächlich. Nicht so viel wie an seinem ersten Abend. Aber immer ein paar Hundert Euro. Er spielte Roulette, beobachtete erst für eine gute Stunde den Kessel und die Kugel ganz genau. Notierte sich alle Zahlen. Stellte sie in Reihen, rechnete anhand dieser Zahlenkolonnen die statistische Wahrscheinlichkeit der nächsten Farbe aus – schwarz oder rot. Und lag fast immer richtig. Paul wusste als ehemaliger Mathematiklehrer ganz genau, dass die Wahrscheinlichkeit noch nicht mal bei fünfzig Prozent lag, wenn er einfach auf Rot oder Schwarz setzte. Sie lag exakt bei 48,6 Prozent.

Paul setzte auf Farbe und gewann fast immer. Sollte die Mathematik doch falschliegen – oder hatte er einfach nur Glück?

Dieses Gefühl nach dem Gewinn – ein Kribbeln in seinem Bauch war das. Im gleichen Moment, in dem er in der Nacht das Casino verließ, mit dem Gewinn in der Tasche, in diesem Moment stieg bereits die Vorfreude in ihm auf. Vorfreude auf den nächsten Tag. Wenn er zurückkommen würde. Nach Magaluf, an den Spieltisch, zurück zu seinem Glück. Genau so freuen sich Verliebte auf ihr Wiedersehen, kaum dass sie sich getrennt haben.

»Kennen Sie das, dass Ihnen plötzlich von heute auf morgen der Mensch, mit dem Sie mehr als vierzig Jahre Ihr Leben verbracht haben – dass dieser Mensch Ihnen plötzlich völlig egal ist?« Paul stellt die Frage, als der Wagen gerade aus Palma herausfährt und Frau Menzel ihren Peugeot bei Genova auf die Autobahn in Richtung Südwesten steuert. Paul wartet nicht auf eine Antwort. »Meine Frau hat mich auf einmal nicht mehr interessiert. Ich weiß nicht, warum. Sie war wie immer. Aber sie war mir egal. Absolut egal!« In der kleinen Pause, die nun aufkam, schaut Paul wieder hinab auf die Plastiktüte, die zwischen seinen Beinen im Fußraum liegt. »Genau genommen war sie mir eigentlich sogar mehr als egal. Sie störte mich, sie nervte mich.«

Sein neues Leben auf Mallorca spielte sich jetzt nicht mehr in den kleinen Cafés ab, in irgendwelchen Chiringuitos oder auf den

Plazas irgendwelcher Dörfer der Insel. Pauls Leben auf Mallorca hatte jetzt 36 Zahlen und eine grüne Null. Sein Leben rollte als Kugel durch einen Kessel und blieb nach wenigen Minuten in dem Fach unter einer der Zahlen liegen – oder im Fach unter der grünen Null. *Zero* – dann hatte der ganze Tisch verloren, die Bank kassierte alles. Paul hatte gesehen, wie ein Schwede an einem Abend mehr als zwanzigtausend Euro verloren hatte – wegen der Null. Aber er war überzeugt, dass ihm das nie passieren würde. Ihm nicht! Weil er schlauer war. Und weil das Glück auf seiner Seite war.

Dieses Glück wollte Paul auf keinen Fall mehr loslassen. Er musste es ausnutzen. Er musste Geld aus seinem Glück machen. Da durfte er auch von Rose ein wenig mehr Verständnis erwarten. Schließlich hatte auch sie etwas von einem gut gefüllten Konto.

Zu Hause sprach er kaum noch ein Wort. Sein Kopf war so voll mit Zahlen und Berechnungen, mit Kugeln und Jetons. »Sprich endlich mit mir!«, forderte Rose immer und immer wieder. Aber Paul wollte nicht mehr. Sie verstand ihn einfach nicht.

Er war jetzt ein Mann im Glück. Wie sollte eine Frau wie Rose das verstehen? Eine Frau, die außer Düsseldorf und Mallorca kaum etwas in ihrem Leben gesehen hatte? Die niemals ein solch überlegenes Glücksgefühl wie er erlebt hat? Paul war so dankbar, dass Mallorca ihm dieses Gefühl bescherte. Dass ihn diese Insel zu einem der glücklichsten Menschen der Welt machte – nein, zu dem glücklichsten Menschen der Welt.

Bis Paul zum ersten Mal verlor. Es traf ihn wie einen Schock.

Er konnte setzen, wie er wollte. Auf Farbe oder Reihe. Auf Kolonnen, auf Carrés – immer und immer wieder lag Paul daneben. Fünftausend Euro hatte er sich in Jetons umtauschen lassen. Und alles war weg. An einem einzigen Abend. Das war eigentlich unmöglich! Mathematisch, rechnerisch war das nicht möglich, was da gerade geschah. Paul rechnete und rechnete. Er sah sich die Zahlenreihen immer und immer wieder an. Er musste einen Fehler gemacht haben. Das konnte doch nicht sein!

»Jetzt die Nerven behalten!«

Ständig sagte Paul diesen Satz zu sich selbst, wiederholte ihn. Es war das Mantra des Verlierers, der kurz davorstand, völlig seine Beherrschung zu verlieren. Er beobachtete sich aus der Distanz, wie seine Beine ihn wie ferngesteuert zum Geldautomaten brachten, wie seine Hand die Karte aus der Gesäßtasche holte, wie seine Finger die PIN-Nummer tippten und wie er schließlich zweitausend Euro in seinen Händen hielt. Frisches Geld. Keine fünf Minuten später hatte er sämtliche Scheine in Jetons getauscht. Paul sah einen ganz anderen Paul, einen fremden Paul. Paul sah, wie dieser Fremde zurück zum Spieltisch ging und die Jetons verteilte. Und als säße er vor einer Kinoleinwand, verfolgte Paul, wie der Croupier seine Jetons, Pauls Jetons, einen nach dem anderen zu sich zog. Paul hatte wieder verloren. Alles.

Paul, der Verlierer. Er war außer sich. Wütend. Nicht auf die Roulettekugel, nicht auf das Spiel, nicht auf seine falschen Zahlen. Er war nur wütend, dass er nun kein Geld mehr hatte, um erneut zu setzen. Zweitausend Euro pro Tag – das war das Limit seiner Karten, mehr Geld würde er heute nicht mehr bekommen.

Dabei war zusätzliches Geld zum Spielen so dringend nötig. Denn für Paul war eins so sicher wie das Amen in der Kirche: Beim nächsten Dreh würde er sich sofort wieder alles zurückholen – und noch viel mehr.

»Mallorca – das hat aus mir einen anderen Menschen gemacht.« Paul sagt das im gleichen Moment, in dem Sabrina Menzel auf der Via Cintura, dem Autobahnring von Palma, auf die Schnellstraße in Richtung Andratx biegt. Sie muss sich auf die Straße konzentrieren und kann nicht sein Gesicht sehen. Aber das, was sie hört, klingt wie ein Geständnis. Zum ersten Mal an diesem Abend empfindet die Frau vom Konsulat so etwas wie Mitleid für den alten Mann.

Pauls Pechsträhne im Casino wollte und wollte nicht abreißen. Innerhalb eines halben Jahres hatte er mehr als achtzigtausend Euro verspielt. Sein Konto zu Hause bei der Sparkasse war gnadenlos überzogen. Nur weil er schon sein ganzes Leben lang Kunde dort war – und weil ihm als Beamter im Ruhestand die Pension Monat für Monat sicher war –, duldete die Bank die immense Überziehung des Dispos.

Die Geduld war allerdings zu Ende, nachdem Paul drei Schreiben einfach ignoriert hatte, in denen ihn die Sparkasse um ein Gespräch gebeten hatte, um die Deckung seines Kontos zu klären. Rose kam an einem Mittwochmittag mit leeren Taschen ins Appartement zurück. Die Sparkasse hatte ihre EC-Karte gesperrt.

»Das war mir peinlich, kannst du dir ja sicher vorstellen.« Mehr sagte sie nicht. Sie verschwand mit einem Orangensaft auf dem Balkon.

»Das kann nur ein Missverständnis sein«, wollte Paul ihr noch nachrufen, ließ es aber bleiben. Es war ihm egal. Er wusste ja: Nur noch einige Male musste er zur Spielbank fahren, dann wäre das Konto wieder ausgeglichen. Bis dahin würden sie mit den Kreditkarten die kleine Bargeldlücke überbrücken. Und dann kommt ja auch wieder die Pension. Monat für Monat. Bis ans Lebensende.

Es dauerte keine Woche, da hatte Paul auch das Limit der Kreditkarten überschritten. Fast eine ganze Woche lang saßen sie da, in ihrem kleinen Paradies mitten im Mittelmeer, und hatten nicht einen Cent mehr in der Tasche.

Immer und immer wieder fragte Rose, was denn los sei. Wo das Geld sei. Ob sie sich verkalkuliert hätten. Paul schwieg. Er redete zu Hause kein Wort mehr. Jetzt seit bereits drei Wochen. Rose würde nie verstehen, dass er nur eine Chance brauchte, um sich alles Geld wiederzuholen, das er am Spieltisch verloren hatte. Nur eine Chance! Eine einzige! Aber Rose war zu einfach gestrickt, um über den Tellerrand zu schauen. Sie war immer eine gute Frau, aber ihm niemals ebenbürtig gewesen. Und was sollte er da noch mühsam versuchen, ihr die Sache mit dem Geld zu erklären. Mit der Wahrscheinlichkeit. Mit der Statistik, die auch für den Roulettetisch gilt. Ein Leben lang hat er sich mit den Schülern abgemüht, da musste er jetzt nicht im Ruhestand eine Zugabe für Rose geben. Wenn das Geld wieder da war, würde sie schon mit ihrer dummen Fragerei aufhören.

»Wissen Sie, ich habe sie verloren. Einfach verloren.« Sabrina Menzel schaut zu ihm rüber auf den Beifahrersitz. Ihr Blick verrät, dass sie nun eine Erklärung erwartet. »Heute weiß ich, dass das alles meine Schuld war. Aber damals, da hielt ich sie einfach nur für eine dumme, alte Frau. Es störte mich sogar, dass sie mit mir in einer Wohnung saß.«

Rose hatte sich von ihrem Sohn, von Markus, Geld geliehen. Sie kaufte davon das Nötigste, Brot und Käse und Kaffee. Paul sagte sie nichts davon.

Es dauerte genau eine Woche, da hatte Paul auf der Spielbank seine komplette Pension für den Monat verspielt. Er hatte noch nicht mal Geld für ein Taxi und musste einen Nachbarn bitten, den er zufällig in einem Restaurant neben dem Casino entdeckte, ihn in der Nacht von Magaluf mit nach Hause, mit nach Santa Ponsa zu nehmen.

Wie immer schlief Rose bereits. Er hatte keine Lust auf anklagende Blicke und legte sich zum Schlafen auf das Sofa im Wohnzimmer. Er hätte eigentlich dringend nachdenken müssen. Darüber, wo er sich jetzt Geld beschaffen konnte bis zur nächsten Pensionszahlung. Darüber, wie er dieses Geld in Magaluf einsetzen müsste. Aber Verlieren machte ihn immer extrem müde. Und so schlief er ein, ohne auch nur einen Gedanken an seine Lage zu verschwenden, die im Grunde immer aussichtsloser wurde.

Die ersten Sonnenstrahlen, die sich am nächsten Tag durch die Ritzen der Klappläden drückten, weckten ihn. Noch immer war die Küche dunkel. Rose musste wohl noch schlafen. Sie hätte ihm sonst garantiert einen Kaffee gemacht. Auch wenn sie kein Wort mehr miteinander sprachen: An jedem Morgen stand eine Kanne frisch gebrühter Kaffee in der Küche. Für sie. Und auch für ihn. An diesem Morgen aber roch es nicht nach Kaffee.

Als Paul auf der Uhr am Backofen sah, dass es bereits halb zehn war, schoss ihm unmittelbar ein Gedanke durch den Kopf, der ihm einen Stich versetzte: »Ich wusste in diesem Moment, dass Rose mich verlassen hatte.«

Paul macht eine kleine Pause, der Peugeot biegt in die Ausfahrt bei Santa Ponsa – und im ersten Kreisel kullert die Plastiktüte zwischen Pauls Füßen hin und her. Paul nimmt sie jetzt hoch und hält sie ganz fest. »Ich war überzeugt, dass Rose sich von Markus hat abholen lassen. Ich war ganz sicher! Aber wer denkt denn an so was?«

Als Dr. Achmann aus Paguera in der Wohnung ankam, hatte Paul im Schlafzimmer bereits beide Fenster weit aufgerissen. Irgendwo hatte er mal gelesen, so was müsse man machen, damit die Seele der Toten davonfliegen kann. »Wussten Sie denn nicht, dass Ihre Frau eine Herzinsuffizienz hatte? Ich hatte ihr Betablocker und ACE-Hemmer verschrieben. Aber ich habe ihr auch gesagt, dass es das Wichtigste für sie sei, sich jetzt zu schonen. Keine Aufregung, wenig Anstrengung.« Dr. Achmann versprach, einen deutschen Bestatter aus Palma zu verständigen, damit der sich um alles Weitere kümmern konnte.

Als der Arzt das Haus verlassen hatte, suchte Paul nach den Tabletten. Weder im Spiegelschränkchen im Badezimmer noch in Roses Nachtschrank fand er sie. Er suchte in der Küche sämtliche Schubladen ab. In dem kleinen Bastkorb auf der Küchentheke, wo sie normalerweise ihre täglichen Medikamente aufbewahrten, fand er nur seine Aspirin und zwei Ibuprofen.

Roses schwarze Handtasche lag an der Garderobe gleich neben der Gästetoilette. Hier fand Paul alles, was er wissen musste. Keine Tabletten. Keine Betablocker, keine ACE-Hemmer. Nur das Rezept. Unterschrieben von Dr. Achmann. Ansonsten nichts: kein Apothekenstempel, kein Preis, keine Quittung für die Versicherung. Es war eindeutig: Rose hatte die Medikamente nicht gekauft.

Paul wurde leichenblass. Und weinte.

Sabrina Menzel meint, auch jetzt etwas in Pauls Gesicht schimmern zu sehen. Tränen passen allerdings überhaupt nicht zu dem Mann, der gerade seine Geschichte regungslos erzählt hat, fast kalt. Sie stoppt den Wagen gegenüber dem Haus, in dem das Appartement liegt, und schaltet die Zündung aus. »Dieser Mann«, denkt sie, »hat auf Mallorca Himmel und Hölle erlebt – und das in weniger als zwei Jahren.«

»Waren Sie seit dem Tod Ihrer Frau wieder in der Spielbank?« Paul schüttelt den Kopf und schaut nach unten. »Nein. Ich konnte nicht. Und das ist auch gut so. Die Spielbank ist an allem schuld. An allem! Sie hat alles kaputtgemacht.«

Er nimmt die Plastiktüte auf seinen Schoß. Man sieht, dass er darin etwas Schweres verbirgt. »Und das hier?«, sie deutet nur leicht mit dem Kopf auf die Tüte. »Was hat es damit auf sich? Das wollten Sie mir noch erklären.«

Rose hatte sich eine Seebestattung gewünscht. Immer schon. Sie waren noch keine vierzig gewesen, da hatte sie an einem Sommerabend auf der Hotelterrasse gesagt: »Wenn ich mal nicht mehr bin, möchte ich hier im Meer verstreut werden, versprichst du mir das?« Paul hatte das erst für eine Laune gehalten, hielt überhaupt den Gedanken an den Tod in ihrem Alter für abwegig, für nahezu kindisch. Aber Rose vergaß es nicht. Sie sprach immer mal wieder darüber, zuletzt nur wenige Tage nach ihrem Umzug. Mallorca – das sollte für sie die allerletzte Station sein. Hier wollte sie niemals mehr weg.

»Und dann?«, fragt Sabrina Menzel.

»Dann wollte ich ihr diesen Wunsch erfüllen.«

»Auf der Barca Samba? Während andere Gäste drum herum Sangria trinken und tanzen?«

Paul weiß nicht so recht, was er darauf antworten soll. Offenbar versteht die Frau ihn auch nicht. Eine Seebestattung kostet dreitausend Euro. Mindestens. Woher soll er dieses Geld nehmen? Seine Schulden haben sich inzwischen auf mehr als hunderttausend Euro getürmt. Bis auf einen kleinen Betrag lässt die Sparkasse in Deutschland seine Pension pfänden. Ihm bleiben nur ein paar Hundert Euro im Monat. Also musste Paul eine Lösung finden. Das war er Rose schuldig.

»Und dann gehen Sie mit der Asche auf ein Partyschiff?« Sabrina Menzel kann es nicht fassen.

»Ich hatte mir zuerst ein Tretboot im Hafen gemietet. Vorgestern. Aber die Urne ist nicht untergegangen, und die Strömung trieb sie immer hinter meinem Tretboot her. Ich wollte auf der Barca Samba abwarten, bis wir etwas weiter draußen sind, und dann einen guten Moment ausnutzen. Aber die Leute von der Besatzung haben mich die ganze Zeit beobachtet, die haben mich nicht aus den Augen gelassen.«

»Sie haben sich verdächtig gemacht mit Ihrer Plastiktüte. Und so nervös, wie Sie waren, hätte man schon blind sein müssen, damit Sie nicht auffallen. Deshalb hat der Kapitän ja auch die Guardia Civil angerufen. Sie haben nichts Strafbares getan, in Spanien gibt es keine Bestattungspflicht. Aber es wäre natürlich besser gewesen, Sie hätten sich bei uns im Konsulat gemeldet. Wir hätten Ihnen sicherlich helfen können.«

Wenn man ein Geräusch für Ratlosigkeit suchen würde, der tiefe Seufzer vom Beifahrersitz hätte gute Chancen, das Casting dafür zu gewinnen. Paul weiß jetzt auch nicht mehr, was er antworten soll. Er klammert sich an die Plastiktüte.

»Ich mache Ihnen einen Vorschlag, Herr Sandmann. Ich nehme jetzt die Urne. Und gleich morgen rufe ich Ihren Sohn an, und wir überlegen gemeinsam, wie Ihre Frau würdig bestattet werden kann. Oder soll ich Ihren Sohn gleich jetzt verständigen?«

Das will Paul auf keinen Fall. Er schreibt die Telefonnummer seines Sohnes auf einen Zettel, lässt ihn auf dem leeren Beifahrersitz liegen und verschwindet wortlos durch die Haustür.

Sabrina Menzel sieht den alten Mann nie wieder.

***

Rose Sandmann wurde im Meer vor Port d'Andratx beigesetzt. Paul war bei der Beisetzung dabei, sein Sohn Markus und dessen Frau waren ebenfalls da. Markus zahlte die Bestattung seiner Mutter. Die Urne wurde vom Boot eines Bestattungsunternehmens zu Wasser gelassen.

Paul Sandmann verließ Mallorca am Tag nach Roses Beiset-
zung. Er kam für einige Wochen bei einem Cousin in Düsseldorf
unter, bis er eine eigene Wohnung gefunden hatte.

Das Appartement in Santa Ponsa verkaufte er wenig später
sogar mit Gewinn. Er beglich mit dem Geld seine Schulden, den
Rest überließ er seinem Sohn, weil er fürchtete, auch dieses Geld
wieder zu verspielen.

Paul betrat nie wieder eine Spielbank und fuhr niemals mehr
nach Mallorca.

 ## Jenseits vom Ballermann

Das Wohlfühlklima

Fast eine Viertelmillion deutsche Ruheständler lassen sich jeden Monat ihre Rente direkt an ihren Wohnsitz im Ausland
überweisen. 21.000 davon leben in Spanien; die Mallorca-
Rentner stellen unter ihnen die mit Abstand größte Gruppe.
Das kann am Wohlfühlfaktor auf der Insel liegen, der von der
OECD gemessen wurde. Bei den harten Faktoren wie Bildung
und Beschäftigung steht Mallorca eher schlecht da. Dafür
glänzt die Insel mit weichen Faktoren, die für alte Menschen
besonders wichtig sind. Die Lebenserwartung ist mit 82 Jahren
besonders hoch, die Sterblichkeitsrate besonders niedrig. Von
1.000 Einwohnern sterben nur 7,3 pro Jahr. Statistisch. Und in
puncto Sicherheit erreicht Mallorca in der OECD-Studie einen
Spitzenwert. Das liegt daran, dass nur 0,8 Morde pro hunderttausend Inselbewohner begangen werden.

DAS MÄRCHEN VON DER KATZE AN DER FLEISCHTHEKE

Paguera

»Ich hab's«, sagt Simone, »ich muss nach Mallorca. Unbedingt!«

Simone sitzt an ihrem Küchentisch. Vor ihr liegen mindestens zehn Klatschzeitungen. Die Porträts von Helene Fischer und Herzogin Kate Middleton liegen ausgebreitet vor ihr, Bilder von Patrick Lindner und Roberto Blanco gleich daneben. Es wirkt, als starren sie Simone von den Titelblättern aus an, während sie mit Christina telefoniert, ihrer besten Freundin.

»Du und verreisen? Wie kommst du denn auf die Idee? Ich denke, du bist am liebsten zu Hause?«, wundert sie sich.

Simone steht auf und schreitet durch den Raum. Das macht sie immer, wenn sie sich am Telefon konzentrieren muss. Und sie muss sich jetzt konzentrieren. Denn sie will ihre beste Freundin von der Mallorca-Idee überzeugen. Sie will, dass Christina ihr bestätigt, dass sie genau das Richtige plant. Und sie will, dass sie ihr nicht wieder vorwirft, sie habe eine Meise.

Simone steht nämlich auf Stars. Auf Prominente. Auf Menschen, die man normalerweise nur aus dem Fernsehen kennt oder aus den bunten Zeitschriften, die gerade auf ihrem Küchentisch liegen. Wie sieht die Ferres in echt aus? Ist der Kai Pflaume tatsächlich so nett wie in seiner Quizshow? Das sind die Fragen, die Simone beschäftigen. Andere gucken sich unentwegt amerikanische

Serien auf Netflix an. Oder Fußballspiele. Sie steht nun mal auf Promis und ist unsagbar neugierig darauf, deren wirkliches Leben kennenzulernen. Seit Ralph sie vor drei Jahren verlassen hat, ist aus dem Interesse ein richtiges Hobby geworden, eine Leidenschaft.

»Ich bin sicher, dass ich auf Mallorca einfach richtig interessante Leute sehen kann.« Simone versucht, der Freundin ihren Plan zu erklären.

»Und die laufen da einfach so rum, die interessanten Leute?«, fragt Christina.

»Ganz viele machen da Urlaub. Oder sie haben sogar ein eigenes Haus dort!«

»Und weißt du, was du hast? Du hast 'ne Meise«, sagt Christina, und beide lachen.

»Kann sein, macht aber nix«, sagt Simone. »Und deshalb werde ich morgen auch die Mallorca-Reise buchen. Hab mir schon ein Hotel ausgesucht.«

Nachdem die Überraschung jetzt raus ist, legt sie auf. »Christina wird das nie verstehen«, denkt sie. Simone steht am Fenster und schaut auf den Großen Feldberg in der Ferne. Sie lebt in Idstein. Das ist eine kleine Stadt in Hessen, im Taunus. Es gibt dort ein Gymnasium und einen Hexenturm, ein Schloss und eine Autobahnauffahrt. Idstein liegt eine Dreiviertelstunde mit dem Auto vom Frankfurter Flughafen entfernt. Simone kann vom Küchenfenster aus auf dem Großen Feldberg deutlich die Spitzen des Fernsehsendemastes erkennen.

In Idstein sieht Simone fast jeden Morgen Frau Sandner, die Verkäuferin in der Bäckerei, wo sie auf dem Weg in die Kanzlei immer ihren Milchkaffee holt. Sie sieht Regine, ihre Chefin und einzige Kollegin im Steuerberaterbüro. Sie sieht ihre Nachbarn, wenn sie mit dem Hund unterwegs sind und sie durchs

Küchenfenster grüßen. Sie sieht Herrn Stach von der Aral, wo sie ihren Polo tankt, etwa alle zwei Wochen. Und sie sieht, bestimmt zwei- oder dreimal in der Woche, Christina.

Jürgen Drews sieht sie nie. In Idstein. Selbst als er im vorigen Jahr beim Jubiläum des Sportvereins auftrat, sah Simone ihn nicht wirklich. Nur von Weitem. Von ihrem Platz fast ganz am anderen Ende des Festzeltes aus hat sie zugeschaut, da war Jürgen Drews so weit weg. So klein. Fast unbedeutend normal wirkte er von da.

Auch Helene Fischer sieht sie nicht in Idstein. Oder den Wendler. Oder Simone Thomalla. Oder die ganz Großen: Robbie Williams. Adele. Elton John.

Sandra, ihre Cousine aus Darmstadt, die als Flugbegleiterin bei der Lufthansa arbeitet, trifft diese Stars oft. Die ist schon mit Thomas Gottschalk im gleichen Flieger nach Rom geflogen. Und hat Sarah Connor einen frischen Kaffee gebrüht. Die Sandra. Die hat es richtig gemacht.

Als Sandra ihr vorige Woche am Geburtstag ihrer Oma erzählte, welche berühmten Menschen sie allein in den vergangenen vier Wochen gesehen hat, ist Simone richtig neidisch geworden. Und dann ist sie auf die Idee gekommen: Wenn man Prominente treffen will, muss man dahin gehen, wo die Prominenten sind.

Als ob das Schicksal ihr den entscheidenden Hinweis geben wollte, sah Simone tatsächlich noch am gleichen Abend im Fernsehen, wo die Promi-Dichte unglaublich hoch sein muss: auf Mallorca. Frauke Ludowig hat ihr das gezeigt. Fast zehn Minuten lang hat sie in ihrem Klatschmagazin einen Star nach dem nächsten auf der Insel präsentiert. Simone hat bei *RTL Exclusiv* gesehen, wie Til Schweiger am Flughafen in Palma in ein Taxi steigt, um zu seinem eigenen Haus zu fahren. Peter Maffay sitzt mit ein paar Langhaarigen und Bärtigen auf einem Dorfplatz und trinkt einen Kaffee, während nebenan ganz normale Urlauber Gemüse kaufen. Sonja Kirchberger zeigt ihr eigenes Restaurant, Uwe Ochsenknecht kommt ganz zufällig vorbei, und die beiden prosten sich mit einem Weißwein zu und lachen. Wieder der Flughafen in Palma. Nun ist Verona Feldbusch mit Mann und Kind und ganz vielen Koffern zu sehen. Die Verona!

Diesen einen Satz des RTL-Reporters, den kann Simone einfach nicht vergessen: »Der Flughafen Son San Joan, so heißt der Airport hier auf Mallorca, dieser Flughafen ist das Nadelöhr, durch das alle Prominente hindurch müssen, wenn sie nach Mallorca wollen – Weltstars und Sternchen, Schauspieler, Sänger, Politiker, Künstler. Alle landen hier auf diesem Flughafen.«

Das war der Moment, in dem Simone entschieden hat: »Ich muss nach Mallorca.« Keine Woche später rollt sie selbst ihren Koffer durch das Nadelöhr, das der Fernsehreporter beschrieben hat. Eine Woche Paguera hat sie gebucht. Flug, Hotel, Mietwagen. Alles dabei. Inklusive Promis. Im Nadelöhr. Und überall sonst auf Mallorca. »Ich muss mal raus«, hat Simone im Reisebüro gesagt, »ich war schon so lange nicht mehr richtig weg aus Idstein.« Dass sie keine Sonne auf der Sonneninsel sucht, sondern Promis, das sagt Simone nicht. Niemandem sagt sie das. Nur Christina weiß Bescheid.

Christina ist auch die Einzige, die bisher Simones neuen Instagram-Account kennt. »MallorcaStars« nennt sie ihn. Und sie hofft, dass er am Ende der Woche gefüllt sein wird mit Fotos. Die ganz großen Stars will sie da zeigen. Jürgen Drews natürlich. Mickie Krause. Peter Maffay. Den Ochsenknecht. Sogar Michael Douglas soll ein Haus auf Mallorca haben, ganz im Norden.

»Vor mir ist keiner sicher!«, kündigt sie ihrer Freundin an, die sie zum Flughafen fährt. »Du wirst die Erste sein, die erfährt, wen ich dort treffe. Erst du und dann erfahren es alle auf meinem Instagram-Profil.«

»Einschließlich Ralph, oder? Der soll das doch auch erfahren?« Christina kann so direkt sein.

»Was hat der denn damit zu tun?« Simone tut so, als sei sie überrascht, aber eigentlich hat sie damit gerechnet, dass Christina eine solche Bemerkung machen wird. Weil sie Ralph nie leiden konnte. Und weil Freundinnen immer solche Bemerkungen über Ex-Freunde machen.

»Der ist doch auf jeden abgefahren, mit dem er vor anderen angeben konnte. Ich weiß noch, wie er überall rumerzählt hat, dass er angeblich einen Anruf von Wolfgang Joop bekommen habe. Weil er dessen Geld anlegen sollte. Alles nur erfunden! Muss ich dich doch nicht dran erinnern ...« Christina wirkt jetzt fast ein wenig verärgert. Dabei ist sie wahrscheinlich nur besorgt.

»Das ist aber nun wirklich sehr lange her.«

»Ich fürchte halt, dass du das alles nur machst, damit der Typ das sieht. Und sich vielleicht noch mal bei dir meldet.« Sie schaut zu Simone auf dem Beifahrersitz rüber und zieht ihre Augenbrauen ganz nach oben, um deutlich zu zeigen, dass sie eine ehrliche Antwort erwartet.

»So ein Quatsch!« Das klingt nicht wirklich überzeugend. Simone denkt tatsächlich noch viel zu oft an Ralph. Auch jetzt noch, drei Jahre nachdem er sie verlassen hat. Er hat sie in den vier Jahren, in denen sie zusammen waren, so oft belogen, so oft betrogen. Er ist ein Angeber. Ein Aufschneider. All das weiß Simone nur zu genau – und trotzdem geht ihr Ralph nicht aus dem Kopf. Natürlich hat sie darüber nachgedacht, dass Ralph den Instagram-Account entdecken könnte.

»Ja, okay, ich habe auch an Ralph gedacht«, lenkt sie ein. »Aber trotzdem bin ich froh, dass es jetzt so ist, wie es ist. Und dass er weg ist. Darüber bin ich auch froh.«

»Dann bist du ja auf Mallorca genau richtig, um dir einen Neuen zu suchen«, sagt jetzt Christina und muss grinsen. Sie grinst und schaut weiter stur übers Lenkrad auf die Autobahn, auf der hier – kurz vor dem Flughafen – der Verkehr immer dichter wird.

»Nix da«, lacht jetzt Simone, »ich bin auf dem Weg zu einer Promi-Suchfahrt! Eine neue Beziehung habe ich nicht mitgebucht!«

Am Flughafen drücken sich die beiden Freundinnen ganz fest.

»Ich werde die Stars scharenweise einfangen und dabei nicht an Ralph denken!«, verspricht Simone.

»Und für beides drücke ich dir ganz fest die Daumen«, wünscht Christina, steigt in ihren Wagen und fährt wieder zurück nach Idstein.

Teil eins des Wunsches geht bereits kurz darauf in Erfüllung. Der erste Star läuft Simone über den Weg, da hat sie Deutschland noch gar nicht verlassen. Sie checkt gerade ihren Koffer ein, da sieht sie, erst nur aus den Augenwinkeln, dann aber direkt vor ihr: Mutter Beimer aus der *Lindenstraße*. Sie läuft ganz dicht an ihr vorbei, Simone kann sogar ihr Parfüm riechen. Erst weiß sie gar nicht, wo sie hinschauen soll, fast ein wenig verschämt guckt sie zur Seite. Damit hat sie nicht gerechnet. Sie ist so überrumpelt, dass sie vergisst, ihr Handy für ein Foto zu zücken. Schon hier die ersten Stars! Wahnsinn! Als Simone endlich abdrückt, ist Marie-Luise Marjan, die Schauspielerin, bestimmt schon zehn Meter weiter. Eigentlich nicht mehr auf dem Bild zu erkennen. Und nur von hinten. Simone verliert Mutter Beimer schnell im

Gewusel dieses riesigen Frankfurter Flughafens aus den Augen. Aber sie kann ihren ersten Post hochladen.

Airport Rhein-Main, Frankfurt a.M.
Mutter Beimer fliegt in Urlaub #Promi #Lindenstraße

Simone ist überglücklich. Noch keine Stunde ist sie aus Idstein raus, noch nicht mal abgehoben – und schon mehr Prominente entdeckt als im ganzen Jahr in Idstein. Die Jagd auf die Mallorca-Stars ist eröffnet! So darf es gern weitergehen.

Und genau so geht es auch weiter. Bereits im Flieger. Ganz vorn, in der zweiten Reihe, sitzt dieser Fußballtrainer. Simone will der Name nicht einfallen, aber sie kennt ihn. Sie hat ihn schon tausendmal gesehen. In der Zeitung. Auf Fotos im Netz. *Bildzeitung. Bunte. Gala.* Die Seiten, die sie immer anklickt.

Der Zufall hilft ihr. Der Typ, der sich auf den Platz neben ihr setzt, sagt zu seinem Freund, als die beiden ihre Taschen im Fach verstauen: »Haste eigentlich gesehen, wer da vorn mit uns reingekommen ist? Der Daum.« Christoph Daum also. Richtig. So heißt er. Er hat ein Haus auf Mallorca. Das hatte Simone irgendwo gelesen. Mit dem Foto ist es allerdings recht schwierig. Erst will Simone warten, bis die Maschine abhebt. In der Luft ist es ihr dann aber doch zu peinlich, einfach nach vorn zu gehen und den Fußballtrainer zu fotografieren. Was, wenn er das nicht will? Wenn er sich womöglich beschwert? Laut wird? Dieser Daum, der soll ja sehr impulsiv sein. Hatte Simone auch irgendwo gelesen. Sie beschließt also, einfach bis zur Landung in Palma zu warten. Irgendwann würde auch der Trainer aufstehen und zum Ausgang vorn gehen müssen. Dann würde sie ihn einfangen. Von ihrem Platz aus. Ohne großen Aufwand.

Unglücklicherweise sitzt Simone ganz hinten. 29A. Am Fenster. Und sie hat nicht bedacht, dass zwischen ihr und Christoph Daum rund hundertfünfzig andere Passagiere sitzen. Und dass mindestens die Hälfte davon sofort von ihren Sitzen aufspringt, kaum dass der Kapitän die Anschnallzeichen ausgeschaltet hat. Als Christoph Daum ganz vorn Richtung Ausgang geht, eine Art Doktortasche aus Leder in seiner rechten Hand, da springt Simone auf und drückt einfach ab. Einmal, zweimal, dreimal, viermal.

Das erste Mallorca-Foto ihres Lebens zeigt rund fünfzig Rücken und Schultern von deutschen Mallorca-Urlaubern im Flugzeug, die hektisch Taschen aus den Ablagefächern holen, ihre Jacken auszuziehen versuchen, nach ihren Sonnenbrillen in Handtaschen kramen. Und ganze vorn, ganz klein, sehr unscharf, da kann man einen Kopf erkennen, von der Seite getroffen; einen Kopf, stecknadelkopfgroß, der eventuell der Kopf von Christoph Daum sein könnte. Mit viel Fantasie. Mit ganz viel Fantasie.

Aeropuerto San Son Joan, Palma de Mallorca
Christoph Daum landet auf #Mallorca #Fussball #Promi
#Happy

Simones zweiter Post, Simones zweiter Star. Wenn auch wieder sehr undeutlich, sehr klein.

Der Flughafen in Palma dagegen ist sehr groß. Und eine Riesenenttäuschung für Simone. Das ist kein Nadelöhr, das ist ein Moloch. Riesig ist der mit seinen weiten Wegen, seinen schier endlosen Gängen. Fast hätte Simone den Weg zum Kofferband in diesem Irrgarten verpasst – so sehr ist sie konzentriert auf die vielen Menschen. Hunderte, Tausende laufen in ihre Richtung, vorbei an Wartenden, an Kiosken, Cafés, Geschäften. Simone versucht, in die Gesichter derjenigen zu schauen, die ihr entgegenkommen – sie alle sind auf dem Weg zu ihrem Rückflug, sind unterwegs zu ihrem Abflug-Gate. Auch wer ein Star ist, muss über eine Tür sein Flugzeug betreten. Und muss zuvor auf den gleichen Wegen wie alle anderen Reisenden dorthin laufen.

Simone schaut rechts und links und wieder rechts. Sie dreht sich immer wieder um, wenn sie glaubt, ein bekanntes Gesicht entdeckt zu haben. Sie bleibt auch mal zwischendurch einige Minuten stehen, um alle noch genauer beobachten zu können, die an ihr vorbeilaufen. Aber nichts. Kein Schlagerstar und kein Schauspieler. Noch nicht mal ein Reporter aus den Fernsehnachrichten ist zu sehen. Weit und breit kein Star.

Als Simone in ihrer Pension in Paguera eincheckt, hat sie noch kein einziges Foto auf mallorquinischem Boden gemacht. Null. Nada. Niente. Ihre Gefühlswelt pendelt zwischen leichtem Zorn und nachhaltiger Verzweiflung. Mallorca hat sie seit ihrer Ankunft nur enttäuscht. Oder sogar getäuscht, wenn sie genau darüber nachdenkt. Getäuscht mit vielen leeren Versprechungen. Aus purer Not postet sie ein Selfie.

Paguera – Hotel Amistad
Einchecken im Hotel: Die Jagd kann beginnen #Mallorca
#NoPromi #Hoffnung #Optimistisch #Simoneunterwegs

Gleich am nächsten Morgen, noch vor dem Frühstück, erkundet Simone die Umgebung des Hotels. In dem kleinen Kiosk auf dem Boulevard von Paguera besorgt sie sich die beiden deutschen Wochenzeitungen: *Mallorca Zeitung* und *Mallorca Magazin*. Aus einem Ständer vor der Drogerie schnappt sie sich noch zwei Gratiszeitungen in deutscher Sprache: *Die Inselzeitung* und *El Aviso*. Die Recherche kann beginnen.

»Zum ersten Mal hier?«

Simone schaut von ihrem Zeitungsstapel auf. Sie sitzt im Frühstücksraum des Hotels, vor ihr stehen ein *café con leche* und ein Toast. Und nun dieser Typ. Der steht auch vor ihr.

»Wieso?«

Der Typ hat kurze, dunkle Haare. Er wirkt mit seiner Nickelbrille ein wenig aus der Zeit gefallen. Simone schätzt ihn auf Ende zwanzig, nicht viel älter als sie selbst.

»Na ja, wegen der vielen Zeitungen. Das machen meistens die Leute, die Mallorca noch nicht so gut kennen.«

»Und du kennst Mallorca gut?«

»Na ja, ich komme seit bestimmt fünfzehn Jahren regelmäßig nach Paguera. Mit meinen Eltern schon. Und jedes Jahr. Vielleicht kann ich dir bei irgendwas helfen?«

Will er sie jetzt anmachen? Oder sich über sie lustig machen? Simone wird unsicher und hofft, dass man ihr das nicht anmerkt. Sie will hier niemanden kennenlernen. Und sie will schon gar keinen Urlaubsflirt. Auf der anderen Seite: Vielleicht weiß der Typ, wo sie die Promis findet? Wenn er sich so gut auskennt … Nein! Simone schaut ihn noch nicht mal an, lässt ihren Blick wieder auf die Zeitungen sinken und sagt nur:

»Nein.«

Und schiebt schnell ein »Nein danke« hinterher. Sie will nicht wirklich unhöflich wirken. Merkt aber gerade, dass sie genau so rüberkommt.

»Ich heiße Simone. Vielen Dank für das Angebot, aber alles gut.«

»Okay. Ich heiße Till. Mach dir noch einen schönen Tag.«

Gerettet. Da hat Simone gerade noch mal die Kurve bekommen. Till verschwindet, und Simone fasst einen Entschluss: Sie muss zuerst den Hafen von Andratx ansteuern! »Wo Sie die Promis treffen« steht über einem Artikel aus ihrem Zeitungsstapel – und da ist Port d'Andratx die klare Nummer eins. Helene Fischer soll dort ein Haus haben, Dieter Wedel ebenfalls. Boris Becker soll angeblich erst in der Woche zuvor dort Golf gespielt haben. Simone steigt in ihren Mietwagen und fährt los. Das Ziel ist klar: Andratx, Hafen, Parkplatz am Ortseingang rechts. Hat sie alles bereits im Hotel gecheckt.

Die Fahrt dauert keine Viertelstunde – und Mallorca müht sich redlich, alle Klischees zu erfüllen. Der Himmel ist strahlend blau. Rechts der Landstraße MA-1 stoßen die Bergspitzen in diesen blauen Himmel, die letzten Ausläufer des Tramuntana-Gebirges im Südwesten. Und links glitzert das Mittelmeer. Mehr Postkarte geht nicht. Aber Simone hat dafür kein Auge. Sie schaut weder nach rechts noch links, sie geht während der Fahrt noch mal Schritt für Schritt ihren Plan durch, den sie sich für die Promi-Jagd zurechtgeschneidert hat.

Promi sehen.

Direkt auf ihn zugehen. Nach einem Foto fragen.

Dann erst das Handy rausholen und abdrücken.

Am wichtigsten ist Simone die exakte Reihenfolge. Sie will nicht mit gezücktem Handy auf Dieter Bohlen zulaufen. Sie will Esther Schweins nicht erschrecken. Sie will höflich bleiben. Immer. Und nicht wie ein Paparazzo auftreten. Diese Angeber mit den riesigen Kameras und den langen Objekten sind ihr zuwider. Sie jagt zwar auch Prominente. Aber sie gehört zu den Guten, schließlich will sie mit den Fotos kein Geld verdienen. Sie macht das alles nur für sich. Für sich ganz allein.

»Was darf es denn sein?«, fragt der Kellner in dem kleinen Café direkt an der Mole von Andratx, und Simone denkt: »Strike! Der Typ spricht Deutsch. Besser geht's nicht! Läuft.«

Zwei Milchkaffees und ein Wasser später hat Simone noch immer kein bekanntes Gesicht entdeckt. Die Menschen hier sind alle sehr cool und edel angezogen, sehr gepflegt. Auch sehr reich, wie Simone vermutet. Aber sie kennt keinen von denen. Zum Glück hat sie einen Plan B im Kopf.

»Darf ich Sie mal was fragen?« Ihre Stimme tänzelt betont freundlich, als sie Juan anspricht, der gerade mit seinem Tablett an ihrem Tisch vorbeigeht. So heißt der Kellner, der so gut deutsch spricht. Er trägt ein Namensschild an seinem Hemd.

Juan nickt. Plan B läuft an.

»Hier sollen doch so viele berühmte Leute wohnen. Oder Urlaub machen.«

Simone versucht zu lächeln. Juan macht eher ein fragendes Gesicht.

»Also, wer ist das denn? Wer ist denn hier? Berühmtes. Wen man so kennt halt.«

Jetzt lächelt auch Juan: »Ach so. Haben Sie eben nicht Sabine gesehen? Frau Christiansen? Sie ist eben mit dem Boot raus, direkt an uns vorbei.« Er deutet auf ein Segelschiff, das gerade aus dem Hafen fährt: »Da vorn! Der Mann am Steuer, das ist ihr Mann.«

Mehr muss Simone nicht wissen. Sie steht auf. Ganz langsam, damit niemand merkt, wie aufgeregt sie ist. Sie geht bis nach vorn an die Hafenkante und drückt ab. Dreimal, viermal, fünfmal. Bis das Boot im Kasten ist! Samt aller Menschen an Deck.

Zurück am Tisch sucht sie das beste Bild aus. Ein Boot ist darauf zu sehen, von hinten, relativ weit weg. Ein Mann am Ruder. Auch von hinten. Auch relativ weit weg. Und aus dieser Entfernung selbstverständlich nicht zu erkennen.

In der Küche lacht sich Juan mit seinen Kollegen wahrscheinlich schlapp.

Noch am gleichen Abend wird es aber richtig klappen! Hat sich Simone ganz fest vorgenommen. Sie geht auf Nummer sicher und fährt nach Arenal.

Das ist der Ballermann. Zumindest nennen ihn die deutschen Touristen so – und die deutschen Boulevardzeitungen. Offiziell ist das der Playa de Palma, hat Simone gelesen.

Als sie dort ankommt, staunt sie nicht schlecht. Eine Hotelburg steht neben der anderen, vorn allerdings entdeckt sie den riesigen Sandstrand – acht Kilometer lang, viel größer und schöner als die kleinen Buchten in Paguera. Direkt dahinter: Kneipe an Restaurant an Diskothek an Bar.

Simone hat bereits im Hotel recherchiert, was an diesem Abend los ist, wo sie parken kann, wer in welchem Laden auftritt. Sie hat sich für den Bierkönig entschieden, Mallorcas größten Feiertempel. Sechstausend Menschen pressen sich in der Hochsaison jeden Abend dort rund um die Zapfhähne. Sie trinken, singen, feiern. Und vorn auf der Bühne: jeden Abend ein anderer Star. Heute tritt Oli P. dort auf.

In einer kleinen Seitenstraße parkt Simone ihren Mietwagen, als die ersten grölenden Männer an ihr vorbeilaufen und irgendetwas hinter ihr herbrüllen, das sie nicht versteht. Und auch nicht verstehen will. Ein paar Meter weiter sieht sie einen Typen Anfang zwanzig, der sich an einer Gartenmauer übergibt. Es ist noch nicht mal neunzehn Uhr am Abend.

Der Bierkönig ist zum Bersten voll. Simone holt sich eine Cola und versucht, sich bis zu der kleinen Bühne durchzukämpfen. Das ist nicht einfach. Die meisten hier sind um diese Zeit betrunken, sie springen hin und her, singen mit, brüllen quer durch den Laden irgendwelchen anderen Betrunkenen irgendetwas Unverständliches zu. Keiner beachtet Simone, die sich mit ihrem Handy in der linken und der Cola in der rechten Hand in Richtung Bühne drückt. Sie fühlt sich unsichtbar. So deplatziert. So überflüssig. Und eigentlich auch so hilflos.

»Komm, ich geb dir einen aus!«

Simone hat den Typen gar nicht kommen sehen. Rasierter Schädel, Muskelshirt, Turnhose. Er hat bereits seinen Arm um sie gelegt – und das ist ihr sichtlich unangenehm.

»Wie heißt du?«

»Simone.« Das kann der Schädel niemals verstanden haben. Nicht bei diesem Lärm. Aber es scheint ihn eigentlich auch nicht im Geringsten zu interessieren.

»Ich bin Kolle. Kolle! Verstanden? Kolle!«

Kolle brüllt. Aber anders kann man sich hier auch nicht verständigen.

»Ja klar. Kolle.«

»Beweg dich nicht vom Fleck! Ich hol dir ein Bier, okay? Cola geht gar nicht. Okay?«

Simone nickt.

Und verschwindet rückwärts aus dem Laden, kaum dass Kolle um die Ecke in Richtung Theke verschwunden ist. Es packt sie fast so etwas wie Panik. Als sie aus der Tür ist, geht sie schnell, fast rennt sie. Aber sie reißt sich zusammen. Mechanisch schließt sie ihren Wagen auf, springt rein und fährt los.

Jetzt ist Simone wirklich frustriert. Sie steuert auch nicht direkt den Weg zurück zum Hotel an. Auf Palmas Ringautobahn fährt sie nicht in Richtung Südwesten, sondern biegt auf die MA-13 ab. Die führt in den Nordosten Mallorcas, in Richtung Alcúdia. Simone hat kein Ziel, aber Zeit. Sie fährt einfach drauf los. Beruhigen will sie sich, ablenken – so aufgewühlt, wie sie ist. Und so enttäuscht! Wieder hat sie kein ordentliches Foto von einem Star gemacht.

Direkt an der Autobahn hat ein Zirkus sein Zelt auf einem riesigen Platz aufgeschlagen. Wenig später kommt sie an einem Einkaufszentrum und einem riesigen Baumarkt vorbei.

Die MA-13 steigt jetzt etwas an, Simones kleiner SEAT muss ordentlich rackern. Als er über die Kuppe rollt, blickt Simone auf die weiten Felder in Mallorcas Inselmitte vor sich. Sie kann von dort aus fast bis zum Meer im Nordosten schauen. Links thronen die höchsten Berge des Tramuntana-Gebirges – und als die Ausfahrt »Consell« kommt, biegt sie einfach ab, fährt im Kreisel geradeaus an einer Gärtnerei mit Palmen und Olivenbäumen vorbei und cruist nun über die Landstraße nach Alaró.

Simone wird immer langsamer. Wie ferngesteuert biegt der SEAT in den nächsten Feldweg rechts ein und stoppt. Simone dreht den Schlüssel um. Die Sonne ist jetzt hinter den Bergkuppen verschwunden, auf dem Feld stehen zwei Esel, und weiter vorn auf einem Acker blöken Schafe. Simone steigt aus, holt ganz tief Luft. Es riecht nach trockenem Pinienharz.

Zum ersten Mal bemerkt Simone die Schönheit dieser Insel. Sie weiß nicht mehr, wer es gesagt hat, aber irgendein Promi hatte in einem Zeitungsinterview vom »Mallorca-Moment« gesprochen. Von dem Moment, in dem dich diese Insel packt. In dem sie ihre ganze Schönheit nur für dich zeigt. Das muss dieser Moment nun sein. Und Simone genießt ihn. Zum ersten

Mal seit ihrer Abreise entspannt sie sich. Und denkt tatsächlich nicht an ihren Instagram-Account. Oder an irgendwelche Stars.

Auf dem Weg ins Hotel fährt Simone direkt in den Sonnenuntergang. Zweimal hält sie rechts an, macht Fotos – und ist so geflasht, dass sie sogar eines postet. Ohne Promi. Ohne Star. Mit Sonne.

Portals Nous, Mallorca, Islas Baleares
Sundown in the island. #Wunderschoen #Romantik #Natur #Glueck #Urlaub #Holidays #Vacation #Happy #Mittelmeer #Simonestrahlt

Wobei das ein wenig gelogen ist. Sie strahlt nicht. Der Sonnenuntergang hat ihr gefallen, er war ganz okay. Mehr aber nicht. Viel lieber wäre es Simone gewesen, sie hätte statt der Sonne Oli P. posten können. Oder Tim Toupet oder einen anderen der Ballermann-Stars.

Als die Sonne untergegangen ist und Simone am Hotel ankommt, ist das kurze Glücksgefühl schon wieder vorbei. Till, der Typ mit der Nickelbrille, sitzt auf der Terrasse direkt neben dem Eingang. Er hat ein Glas Wein neben sich auf dem kleinen Tisch stehen und schaut sie an.

»Na, wie war's heute?«

»Na ja. Der Sonnenuntergang war ganz schön.«

»Möchtest du auch ein Glas?«

»Nein, das will Simone auf keinen Fall«, denkt sie.

»Okay. Ich bringe nur schnell meine Sachen aufs Zimmer«, sagt sie.

Zwei Stunden sitzt sie anschließend mit Till im Garten. Er ist eigentlich doch ganz nett, findet Simone. Aus einem Glas werden zwei – und als sie erzählt, dass sie eigentlich nicht wegen Sonne oder Sangria oder Strand auf Mallorca ist, sondern wegen der Stars, da muss Till fast ein wenig lachen. Aber er reißt sich zusammen. Er weiß: Wer flirten will, muss freundlich sein. Ein falscher Lacher an der falschen Stelle kann dich um Stunden zurückwerfen.

Und dann fällt ihm auch noch die Geschichte mit dem Eroski-Supermarkt in Santa Ponca ein. Ein richtig großer Markt ist das – Lebensmittel, Drogerie, Apotheke, Schuhmacher, Gärtnerei, Riesensortiment an Grills und Gartenmöbeln. »Da kauft die Katze immer ein«, verrät er und schaut ganz wichtig zu Simone rüber. »Daniela Katzenberger.«

Das war überflüssig, Simone weiß natürlich, wer die Katze ist.

»Und das soll ich dir glauben?«

»Kannst du. Die wohnt da. Und der Jürgen Drews hat sogar ein Restaurant dort. Ehrlich!«

»Und warum sollte sie ausgerechnet im Eroski einkaufen?«

»Weil's der größte Markt ist in Santa Ponca. Außerdem habe ich sie da schon selbst gesehen. An der Fleischtheke!«

Jetzt ist Simone baff. So baff, dass sie sich auf der Stelle für den Wein bedankt und auf ihrem Zimmer verschwindet, um einen Plan für den nächsten Tag zu schmieden. Um neun Uhr öffnet der Eroski, findet sie per Google heraus. Zu der Zeit will sie dann schon auf dem Parkplatz stehen und auf die Katze warten. Sie kann kaum schlafen, so sicher ist sie sich ihrer Sache, so aufgeregt.

Neun bis zweiundzwanzig Uhr. Das sind 13 Stunden. Und 13 Stunden können sehr lang werden, wenn man in einem kleinen

SEAT bei 29 Grad auf einem Supermarktparkplatz wartet. Simones einzige Ausbeute besteht aus einem halbwegs lustigen Foto, das sie von einer dicken Frau gemacht hat, die hinter ihrem vollen Einkaufswagen herrennt, der sich an einer kleinen Schräge selbstständig gemacht hat und droht gegen ein Auto zu krachen.

Santa Ponca, Palma de Mallorca
Wettlauf mit der Einkaufskarre bei 29 Grad. #Parkplatz #Eroski #Supermarkt #Hitze #Mallorca #NoPromi #Schadenfreude #Simonelacht

In Wahrheit ist Simone jedoch nicht nach Lachen zumute. Wieder hat sie kein Promi-Foto gemacht, wieder hat das, wozu sie überhaupt nach Mallorca geflogen ist, nicht geklappt.

»Wenn dieser Till wieder auf der Terrasse sitzt, wird er ihr sicher auch heute wieder einen Wein ausgeben wollen«, denkt sie auf der Fahrt zurück. Sie nimmt sich vor, sich nicht so zu zieren wie gestern. Heute darf er ihr gern etwas ausgeben. Schließlich ist der Typ nicht ganz unschuldig daran, dass sie den ganzen Tag bei dieser Hitze auf einem Parkplatz im Auto verbracht und stundenlang auf den Eingang eines Supermarktes gestarrt hat. Er hatte ihr den Tipp mit der Katze gegeben! Sie hat sich jetzt den Wein auf seine Kosten regelrecht verdient.

Simone erwischt sich, wie sie hinterm Steuer lächelt. Kurz darauf im Hotel ist allerdings ganz schnell auch schon wieder Schluss mit Lächeln. Die Hotelterrasse ist vollkommen leer. Kein Mensch sitzt da. Und schon gar nicht dieser Till. Simone weiß nicht, ob sie enttäuscht oder erleichtert sein soll ...

Leider verläuft auch Tag zwei auf dem Supermarktparkplatz nicht viel anders als Tag eins. Wieder wartet Simone im Wagen.

Wieder beobachtet sie Hunderte Menschen. Wieder ist niemand dabei, den man kennen kann. Wenigstens ist es nicht mehr ganz so heiß. Über Nacht sind ein paar Wolken aufgezogen und nicht mehr verschwunden. 24 Grad kurz nach Mittag – das ist erträglich.

Auf dem Rückweg fährt Simone am König von Mallorca in Santa Ponca vorbei. Das ist das Restaurant von Jürgen Drews. Einmal in der Woche tritt er dort selbst auf, hat sie gelesen. Wenn er auf Mallorca ist. Sie bestellt sich einen Teller Nudeln und eine Cola und fragt den Kellner, wann in dieser Woche denn der Jürgen erwartet würde.

»In dieser Woche leider gar nicht«, sagt der Kellner und sieht ihre Enttäuschung. »Er ist in Deutschland. Aber nächste Woche Donnerstag kommt er definitiv.« Simone hat schon nichts anderes mehr erwartet. Wenigstens darf sie ein Foto vom Kellner machen – im Restaurant von Jürgen Drews vor einem Foto von Jürgen Drews.

König von Mallorca, Santa Ponca
Knapp vorbei. #JuergenDrews kommt in dieser Woche nicht. #Schade #Promijagd #Mallorca #NoStar #Ersatzkellner #Simoneschmollt

Wieder ist Till nicht im Hotel – und auch am nächsten Morgen ist er nicht beim Frühstück zu sehen. Nicht dass Simone ihn vermisst hätte. Aber in ihr steigt der leise Verdacht auf, dass er sie mit seinem Tipp von der Katze an der Fleischtheke des Eroski nur veräppelt hat. Und sich anschließend aus dem Staub gemacht hat und sich zu Hause in Koblenz jetzt schlapplacht über sie. »Ich bin doch nicht wohl schon wieder auf so einen Angeber reingefallen?«, murmelt sie vor sich hin.

Tag drei vor dem Supermarkt. Wieder hat sich Simone auf dem Parkplatz postiert. Unablässig starrt sie auf den Eingang des Eroski, während draußen in der Sonne die Urlauber in kurzen Hosen an ihrem SEAT vorbeischlendern. Sie kommen mit Melonen oder einem Eis aus dem Supermarkt, haben sich kalte Getränke für ihre Kühltaschen besorgt und fahren weiter zum Strand.

Simone schwitzt. Heute kommt ihr die Hitze besonders schlimm vor. Die halbe Nacht hat sie nicht richtig geschlafen. Hat nachgedacht. Über die Idee mit den Promi-Fotos. Über Ralph. Und plötzlich fällt ihr eines auf: Sie hat in all den Tagen davor auf der Insel nicht ein einziges Mal an ihn denken müssen. Sie hat ihn keine Sekunde vermisst.

Sie hat ihn vergessen!

»Und das ist gut so. Richtig gut.« Es ist niemand da, der Simone hören könnte. Und trotzdem sagt sie laut diese beiden Sätze und fühlt sich anschließend so wohl und zufrieden wie schon lange nicht mehr.

Simone schaut durchs Seitenfenster auf die Urlauber und kurbelt die Scheibe herunter. Kurz weht ein frischer Wind durchs Fenster – und als hätte der Luftzug auch ihren Verstand einmal kurz aufgefrischt, dreht Simone ohne Nachdenken den Zündschlüssel um, startet und fährt los, immer in Richtung Strand. Sie hat keine Badesachen dabei, setzt sich deshalb in ein Café direkt an der Strandpromenade, bestellt erst eine Flasche Wasser, dann einen Aperol Spritz, dann einen Campari-Orange, und dann genießt sie nur noch. Die Sonne. Den Blick aufs Meer. Die Luft. Die glücklichen Menschen um sie herum. Und diese Insel.

Costa de la Calma, Santa Ponca, Calvia
Glück kann man erleben. #Mallorca #Mittelmeer #Strandleben #Campari #SimonehatDurst

Drei Fotos postet Simone. Eines vom Meer. Eines von der kleinen Strandbude, an der sie saß. Und ein Selfie: Simone prostet sich mit dem Glas Campari-O selbst zu.

Sie ist fast ein wenig beschwipst, als sie zurück ins Hotel kommt. Und fast ein wenig gut gelaunt. Und das, ohne ein Promi-Foto geschossen zu haben – am letzten Abend einer Reise, die im Grunde eine Katastrophe war. Bei der alles schiefgelaufen ist.

Und dann sitzt jetzt auch noch dieser Till auf der Terrasse. Der hat ihr gerade noch gefehlt!

»Na, Angeber!« Simone glaubt selbst nicht, was sie da gerade gesagt hat. Offenbar ist der Campari doch zu viel gewesen. »Von wegen, da kauft die Katzenberger ein! Nix da, gar nix!«

Till schaut zur Seite. Grinst der? Simone wird immer wütender.

»Was ist so lustig?«

»Na ja, du hast eine knallrote Birne, und weil du so aufstampfst, weiß ich nicht, ob die rote Birne von deiner Wut kommt oder von der Sonne! Sorry ...« Jetzt sieht sie deutlich, dass er versucht, sich das Lachen zu verkneifen.

»Verarschen kann ich mich auch allein!«

»Kannst du nicht.«

Jetzt muss auch Simone grinsen. »Doch vielleicht ganz okay, der Typ«, denkt sie. Zumindest lustig. Und deshalb setzt sie sich tatsächlich zu ihm, als er sie auf einen Weißwein einlädt.

»Das mit der Katzenberger, das hast du doch erfunden, um mich zu verarschen. Sag ehrlich!«

Till druckst. »Na ja. So halb.«

»Halb ...«

»Ja halb. Ich hab Lucas Cordalis da gesehen. An der Fleischtheke. Und ich habe sogar mit ihm gesprochen. Und das ist der Mann von der Katze. Immerhin!«

»Und worüber hast du mit ihm gesprochen?«

»Hmm. Ich hab gesagt: Schön, dass wir uns mal kennenlernen, Herr Cordalis. Ganz schön bescheuert, oder?«

Jetzt muss auch Simone lachen. Und will dann alles wissen. Über Lucas. Über die Begegnung. Über andere Stars, die Till schon auf Mallorca gesehen hat. Einfach alles!

Es wird ein langer Abend. Als Till sie am nächsten Morgen zum Flughafen begleitet, gibt sie ihm einen ganz vorsichtigen Kuss auf die Wange.

»Glaubst du eigentlich an so was wie Liebe auf den ersten Blick?«, fragt er sie und stottert dabei.

»Warum?«

»Nur so.«

Sie holt einen Zettel aus ihrer Handtasche. Bereits im Hotel hat sie ihre Telefonnummer darauf geschrieben.

»Falls du mal wieder die Katze an einer Fleischtheke triffst, ruf mich sofort an!«

Dann verschwindet sie hinter der Sicherheitsschleuse.

***

Eine Woche später ruft Till direkt nach seiner Rückkehr Simone in Idstein an. Zwei Wochen später besucht er sie in Idstein.

Als Simone am Wochenende darauf Richtung Koblenz fährt, sitzt im Zug neben ihr ein Mann, der haargenau aussieht wie Thomas Anders.

Simone unterhält sich lange mit ihm. Als er dann direkt hinter Simone aus dem Zug steigt, machen gleich mehrere Leute auf dem Bahnsteig ein Foto, zwei Mädchen fragen nach einem Autogramm.

Simone lässt ihr Handy in der Tasche. Promis sind ihr völlig egal. Seit Mallorca.

Kein halbes Jahr nach dem Mallorca-Urlaub zieht Simone zu Till nach Koblenz.

 Jenseits vom Ballermann

Prominente Ausländer

Bekanntester Ausländer mit Immobilienbesitz auf Mallorca ist der amerikanische Filmstar Michael Douglas. Ihm gehört das Landgut S'Estaca in den Bergen bei Valldemossa. Unter den deutschen Prominenten ist Peter Maffay der dienstälteste Mallorca-Resident. Ihm gehört bei Pollenca seit den Siebzigerjahren ein ganzer Berg. Dort lebt er einen Großteil des Jahres und betreibt nebenan eine Öko-Finca. Die Schauspielerin Sonja Kirchberger lebt in Palma und betreibt ein Restaurant im Stadtteil El Molinar. Ihr Kollege Uwe Ochsenknecht ist Teilhaber einer Bar in Santanyí, wo er auch ein Ferienhaus besitzt. Esther Schweins zieht ihre beiden Kinder auf der Insel groß. Til Schweiger kaufte 2013 von Ursula Karven ein Anwesen in Establiments bei Palma mit Villa und eigener Tropfsteinhöhle auf einem Zwanzigtausend-Quadratmeter-Grundstück. Frank Elstner besitzt ein Haus in Pollenca, Rainhard Fendrich eines in einem Pinienwald bei Artá. Herbert Grönemeyer sieht man immer mal wieder in Soller, wo seinem Bruder Professor Dr. Dietrich Grönemeyer ein Haus gehört. Die Liste lässt sich fortsetzen.

DIE FEINEN DAMEN,
DER ROTWEIN UND DIE RATTE

Santanyi

Mike schwenkt mit der Kamera über die komplette Wohnzimmerwand. Nur so kann er später zeigen, wie groß der Rotweinfleck ist. Das dunkle Rot stammt von einem Merlot, so viel ist sicher. Die Flasche liegt in Scherben direkt unter dem Fleck.

»Die haben den Wein offenbar mit voller Wucht gegen die Wand geworfen«, vermutet Mike. »Anders kann ich mir das nicht erklären.«

»Genau wie hier!« Sabrina zeigt auf einen weiteren dunkelroten Fleck neben dem Kamin. »Hast du es drauf?« Mike nimmt die Kamera runter und nickt.

Die komplette Finca sieht aus, als hätte eine Bombe eingeschlagen. In der Küche stehen überall geöffnete Joghurtbecher, die nur zur Hälfte leer gegessen sind. Essensreste liegen auf der Anrichte, angeschnittene Wurst und ausgetrockneter Käse mit braunem Rand gammeln auf dem Tisch vor sich hin. Auf einem der Küchenstühle findet Sabrina eine alte, klebrige Einsaïmada.

»Hat den Damen wohl nicht so gut geschmeckt«, sagt sie und wirft das mallorquinische Schmalzteilchen in einen Müllsack.

Der Boden ist übersät mit Klamotten. Schuhe liegen herum, Blusen, Hosen, Socken. Mike reißt einen Badeanzug von der Stehlampe. Er vermutet, dass er über die Lampe gehangen wurde, damit er schneller trocknet. Bei jedem Schritt quietscht es unter den Schuhen, so sehr kleben die Fliesen. Zwischen Haustür und Küche stehen reihenweise halb volle Einkaufstüten, teilweise mit Käse und Schinken gefüllt, der schon anfängt zu stinken.

»Ich filme jetzt noch draußen, Rosa und Maribel können schon mal oben alles klarmachen«, kündigt Mike an. Der Terrassentisch steht voller Geschirr, Gläser und Flaschen. Benutztes Besteck liegt samt Essensresten auf dem Boden herum. Auf dem Barbecue-Grill am Pool findet er halb gare Würstchen und Fleisch, das offenbar von Mäusen oder Ratten angefressen worden ist. Neben dem Grill liegt ein Föhn aus einem der Badezimmer. Die Spitze ist verschmort. Am Boden des Pools liegen mehrere Handtücher und etwas, das aussieht wie die Schutzhülle eines Golfschlägers.

Mike schüttelt den Kopf.

Sabrina erklärt im Hausflur gerade Rosa und Maribel, wie sie oben in den Zimmern vorgehen sollen: »Nehmt die Klamotten, steckt sie alle in die Koffer – und dann stellt ihr die Koffer vor die Tür. In den Bädern genau das Gleiche. Alles einpacken und raus. Dann könnt ihr oben wischen.«

Sie können sich Zeit lassen. Die Mieterinnen der Finca sind vor einer Stunde auf den Golfplatz gefahren. Vor dem späten Nachmittag werden sie nicht zurück sein. Und wenn sie zurückkommen, werden sie sich sowieso ein Hotel suchen müssen.

Sabrina und Mike räumen draußen auf der Terrasse eine halb volle Pizzaschachtel und ein offenes Glas Marmelade von zwei Korbstühlen, setzen sich und zünden sich beide eine Fortuna an. Erst nach zwei tiefen Zügen findet Mike seine Sprache wieder.

»Ich kapiere nicht, wie man in noch nicht mal zwei ganzen Tagen so eine Sauerei veranstalten kann.«

»Was soll ich dazu sagen?«, fragt Sabrina, »ich bin genauso geschockt wie du. Die haben so ordentlich ausgesehen. So seriös.«

»Reich haben sie ausgesehen. Einfach nur schwerreich. Mehr aber auch nicht.« Mike schüttelt erneut den Kopf.

Mit großem Tamtam waren die Mieterinnen vor zwei Tagen an der Finca vorgefahren. Sechs Frauen um die fünfzig aus Frankfurt und Umgebung. Sechs Golf-Bags, sechs Kabinentrolleys und acht große Koffer hatten sie dabei. Ein regelrechter Konvoi rollte am frühen Nachmittag durch das Tor: zwei Mietwagen und zwei Taxen, in denen das Gepäck transportiert wurde.

»Mädels, das ist ja traumhaft hier!«, rief Ulrike. Sie war aus dem vordersten der beiden gemieteten BMW-Cabrios ausgestiegen und stand bewundernd vor der Finca aus Natursteinen.

»Genau so habe ich mir das vorgestellt«, ergänzte Sandra, die hinter ihr im BMW gesessen hatte.

Das Haus sei eines der teuersten in ganz Santanyi, hatten ihnen Freunde aus dem Golfklub erzählt. Ein riesiges Landhaus mit sechs Schlafzimmern und sechs Bädern. »Das Objekt besticht durch eine einzigartige Architektur im mallorquinischen Stil und eine hochwertige Ausstattung, die allen Ansprüchen gerecht wird«, hatte im Prospekt gestanden. Mehrere Terrassen und eine schicke Barbecue-Ecke wurden beworben – und natürlich ein Pool von erwähnenswerten Ausmaßen mit einem Jacuzzi daneben. Für einen Preis von 1.240 Euro pro Nacht durfte man auch etwas Luxus erwarten.

Mike stand in der Tür mit einem Tablett, auf dem acht Gläser standen, in denen der eiskalte Champagner perlte. Sabrina begrüßte die Damen per Handschlag. Nach einem kurzen Rundgang durch die Zimmer und einer kleinen Einweisung, wo frische

Handtücher lagen und wie man die Poolbeleuchtung einschaltet, verabschiedeten sich die beiden.

»Ich weiß nicht, was das ist«, sagte Tamara, als die beiden durch das Tor gefahren waren, und hielt demonstrativ das halb volle Glas gegen das Licht. »Jedenfalls ist es kein Taittinger.«

Dann goss sie den Rest des Champagners ins Blumenbeet vor dem Küchenfenster, und das Drama nahm seinen Lauf.

»Und wir haben echt kein Personal mitgebucht?«, fragte Ulrike. »Das soll mir ja was werden.«

»Ich habe darüber mit Frau Jaschke gesprochen, aber angeblich bieten die das in dieser Villa nicht an«, erklärte Christa. Frau Jaschke ist die Büroleiterin ihres Mannes. Sie hatte die komplette Reise gebucht, die Flüge, die Mietwagen und auch dieses Haus.

»Und sonst gab es nichts? Also mit Personal?« Ulrike konnte das gar nicht glauben.

»Ich mache jedenfalls keinen Handschlag! Wir sind hier doch im Urlaub«, kündigte schließlich Jennifer an. Sie ist mit ihren 46 Jahren die Jüngste in der Runde. Ihr Vater ist ein schwerreicher Bauunternehmer aus Bad Homburg, ihr Mann Rainer ist Architekt und inzwischen so etwas wie der Juniorchef im Betrieb. Zu Hause hat sie selbstverständlich eine Haushaltshilfe – zumal mit zwei Kindern im Teenie-Alter jede Menge Dreck und Arbeit anfallen. Und das jeden Tag!

»Also, Mädels, davon lassen wir uns jetzt nicht den Urlaub verderben! Wir sind hier, um Spaß zu haben!« Man sah Ulrike an, wie ernst es ihr mit dem Spaß war, sie strahlte übers ganze Gesicht. Sie freute sich wirklich.

»Mein Vorschlag: Jeder packt jetzt nur das Nötigste aus, und dann springen wir erst mal in den Pool«, ergänzte sie, woraufhin tatsächlich alle in ihrem Zimmer verschwanden und keine fünf Minuten später in Bikini oder Badeanzug wieder am Pool erschienen.

»Auf drei!«, rief Tamara. »Eins! Zwei! Drei!« Und dann sprangen sie alle gleichzeitig hinein und platschten so heftig, dass das Wasser bis zu den Fensterscheiben der Finca spritzte.

Auf den Zimmern lag zu dem Zeitpunkt bereits alles kreuz und quer verteilt – auf dem Bett, auf dem Stuhl und teilweise auch auf dem Boden. Jede hatte die Erste am Becken sein wollen und nur schnell nach den Badesachen gewühlt. Zum Auspacken war einfach keine Zeit gewesen.

Beim Aufräumen weicht Sabrina entsetzt ein Stück zurück. »Was ist das denn? Igitt!« Sie schreit fast.

Eigentlich ist sie nicht empfindlich. Sie hat über Jahre hinweg ihr Geld mit Putzen verdient und viele unschöne Dinge gesehen. Früher hat sie in einem Altenheim gearbeitet, die alten Leute gewaschen und sie frisch eingekleidet, wenn die sich eingenässt hatten. Auch heute noch macht sie ohne Murren zusammen mit Mike in der Finca den größten Dreck weg, putzt zusammen mit Rosa und Maribel die Finca, wenn noch am gleichen Tag Anreise ist und neue Gäste kommen. Dafür ist sie sich nicht zu schade, auch wenn sie die Frau vom Chef ist.

Jetzt aber muss Sabrina einen Würgereiz unterdrücken. Sie steht vor dem großen Barbecue-Grill, presst die Hand vor den Mund und dreht den Kopf zur Seite.

Mike kommt nach dem kurzen, spitzen Schrei seiner Frau um die Ecke gelaufen. Auch die beiden Spanierinnen eilen nach unten auf die Terrasse.

Sabrina steht vor dem Grill und deutet mit der linken Hand zum Rost.

Alle schauen.

Auf dem Gitter liegen Würste, zur Hälfte braun, zur Hälfte noch weiß. Aber die halb rohen und angefressenen Stücke Fleisch hat Mike gerade eben schon gesehen und sogar gefilmt.

»Was denn?«, fragt er. Er kann nichts Ekliges entdecken.

»Unter dem Rost! Da musst du gucken«, erklärt Sabrina.

Vorsichtig hebt er das Gitter an, und zwischen der kalten Grillkohle kommt eine Ratte zum Vorschein. Sie ist tot. Ihr Schädel ist regelrecht zertrümmert, die leblosen Augen starren Mike an. Der Körper des Tieres ist vollkommen deformiert, an einer Seite eingeschlagen.

»Was haben die denn mit der gemacht? Überfahren und dann ins Feuer gelegt?«

Er nimmt eine Schippe und packt die Ratte samt Kohle in einen Müllsack. Dann kippt er Würste und Fleischstücke hinterher. Erneut kann er nur verständnislos den Kopf schütteln.

»Das hätte ich eigentlich auch filmen müssen«, sagt er dann, »sonst glaubt uns das keiner.«

Bereits an ihrem ersten Abend meinte Anke, hinter dem Grill würde irgendetwas blitzen.

»Ich glaube, da war ein Tier«, sagte sie. »Könnte eine Ratte gewesen sein.«

Die anderen lachten.

»Du hast schon Halluzinationen, meine Liebe«, rief Ulrike. Zu dem Zeitpunkt waren alle sechs schon leicht angetrunken.

Gleich nach ihrem Bad im Pool waren sie ins Dorf gefahren und hatten den erstbesten Supermarkt halb leer gekauft. Weißbrot und Käse in Massen hatten sie in die Einkaufswagen gestopft, bestimmt vier oder fünf verschiedene Sorten Serrano-Schinken, Chipstüten und ein gutes Dutzend verschiedene Dips und Soßen. Außerdem etliche Packungen der mallorquinischen Quely-Kekse.

Dazu Würstchen, Grillfleisch und Fisch. Oliven, Boquerones in Essig – was man halt so isst in Spanien. Und natürlich Getränke. Die beiden Kisten Rotwein und der Champagner machten im zweiten Einkaufswagen noch den geringsten Teil aus. In erster Linie standen darin Tonic-Flaschen und Gin. Sandra bestand auf Hendricks. Also hatten sie gleich vier große Flaschen eingepackt.

»Wir wollen ja im Urlaub nicht verdursten«, hatte Ulrike gescherzt.

»Hauptsache, wir sind morgen Vormittag wieder nüchtern, wenn wir zum Golfplatz fahren«, erwiderte Jennifer. Sie schaute streng, musste aber gleich darauf selbst grinsen.

»Warum das denn?«, fragte Christa und packte eine weitere Flasche Hendricks in den Wagen. »Golf macht bekanntlich erst ab anderthalb Promille Spaß.« Alle hatten daraufhin so laut gelacht, dass sich die anderen Kunden bereits nach ihnen umdrehten.

Als sie zurück zur Finca gekommen waren, hatte Anke gleich eine erste Runde Gin Tonic gemixt. Die sechs Frauen hatten sich zugeprostet und dann gemeinsam ihre Einkäufe auspacken wollen. Es gibt in der Finca keinen Flur, alles ist sehr offen gehalten. Die Supermarkttüten standen also zwischen Haustür und Küche in Reih und Glied und warteten darauf, dass man sie auf Kühlschrank, Regale und Vorratsschränke verteilte. Das sah nach richtig viel Arbeit aus.

»Mensch, wir haben doch Urlaub«, meinte Christa, »lasst uns erst noch mal was trinken.«

Also legten sie erst mal nur die Tüten mit den Eiswürfeln in die Kühltruhe und das Tonic in den Kühlschrank. Und tranken dann eine zweite Runde Gin Tonic.

Erschöpft hatten sie sich alle mit dem Drink in der Hand in die Korbstühle auf der Terrasse fallen lassen, als Anke das Blinken hinter dem Grill sah. Sie schüttelte sich.

»Schatz, ich beschütze dich schon«, versicherte Tamara, warf ihr einen Handkuss zu und ging zum Barbecue rüber. Sie beugte sich über den Grill, um dahintersehen zu können. Allerdings konnte sie nicht bis zum Boden schauen, da bis auf Kniehöhe eine Hecke war.

»Alles gut, hier ist nichts«, rief sie und schüttete Kohlen in die Mulde des Grills. Noch mit dem Kohlensack in der Hand blieb sie einen Augenblick bewegungslos stehen und zog die Stirn in Falten.

»Wisst ihr, was wir vergessen haben?«, fragte sie in die Runde.

»Das komplette Personal?«, lautete die Gegenfrage von Ulrike, die über ihren eigenen Scherz laut lachte.

»Nein. Grillanzünder haben wir vergessen. Mist!«

Jennifer stellte ihr Glas ab, erhob sich und verschwand im Haus. Keine Minute später erschien sie wieder in der Terrassentür. »Guckt mal, was ich hier habe«, sagte sie und hielt triumphierend einen Föhn hoch.

»Lass mich raten ...«, erwiderte Ulrike. »Einen Föhn?«

»Volltreffer! Und damit machen wir jetzt die Kohle an.« Jennifer nahm sich die alte FAZ von drinnen und ein Feuerzeug und marschierte damit samt Föhn zum Grill. Sie knüllte einige Seiten der Zeitung zu einer Kugel, steckte sie zwischen die Kohlen und zündete sie an. Die anderen beobachteten sie dabei.

»Das habe ich bei unserem Partyservice gesehen. Wenn wir zu unserem Sommerfest einladen, machen die Jungs immer das Feuer auf diese Art an«, erklärte Jennifer.

»Und jetzt passt auf!«

Sie nahm den Föhn, klemmte ihn an die Steckdose rechts vom Grill und schaltete auf höchste Stufe. Im Luftzug glühten die Kohlen rot auf. Wie in einer Schmiedeesse gaben sie alles an Hitze ab, was in ihnen steckte. Jennifer stand neben dem Grill, hielt weiter den Föhn auf die Glut wie einen Flammenwerfer, und gerade als die anderen Frauen zum Applaus ansetzen wollten, stieg pechschwarzer Rauch aus der Öffnung des Föhnes. Der Geruch von verbranntem Plastik stieg ihnen in die Nase. Jennifer sprang einen Schritt zurück und legte den Föhn auf den Boden.

»Mist! Zu lange drangehalten!«, fluchte sie.

»Aber der Grill brennt. Ist doch die Hauptsache!«, rief Ulrike, verschwand in der Finca, kam mit den Würsten und dem Fleisch wieder nach draußen und warf alles auf den Grill.

Keine fünf Minuten später war das Feuer wieder aus.

»Na super!« Tamara ging jetzt an den Grill, nahm den Föhn und hielt ihn an die Kohlen, die nur noch ganz schwach glimmten. Nichts tat sich.

»Das Billigteil ist kaputt«, sagte sie und ließ den Föhn neben den Grill fallen. »Und jetzt?«

»Jetzt bestellen wir Pizza«, sagte Ulrike. Sie fand den Prospekt des Pizzalieferdienstes, den sie am Nachmittag auf dem Küchentisch gesehen hatte, unter ein paar offenen Aioli-Töpfchen, die neben den Chipstüten standen.

»Boah, die Pizza schimmelt schon!«

Mike rümpft die Nase. Er steckt den Pizzakarton in den Müllsack.

»Sollen wir die Essensreste getrennt sammeln für die Hühner von Martina?«, will Sabrina wissen und hebt die Deckel der einzelnen Schachteln hoch.

Mike schüttelt den Kopf. »Besser nicht. Die wimmelt schon von Ameisen«, sagt er und hält Sabrina die offene Schachtel hin. »Und die halb aufgegessene Pizza auf der Terrasse ist angebissen worden von irgendwas mit kleinen, spitzen Zähnen. Wer weiß, was sich Martinas Hühner da alles holen.«

Sie beschließen, alle Lebensmittel samt Schachteln, Gläsern, Tüten einfach zu nehmen, auf den Anhänger hinter Mikes Vitara zu werfen und dann zum Punto verde zu fahren, wie die Mülldeponie in den mallorquinischen Orten heißt.

»Alles andere macht keinen Sinn, sonst sind wir morgen noch nicht fertig hier.« Sabrina schaut auffordernd zu Mike rüber, und die beiden legen los.

»Du alles in der Küche und in der Essecke, ich draußen. Danach gucken wir, wo noch überall Lebensmittel rumliegen«, erklärt Mike seinen Plan. »Die müssen zuerst weg.«

Sie finden fast überall im Erdgeschoss der Finca Lebensmittelreste. Unter den Sofakissen klemmen Kartoffelchips. Hinter der Soundanlage liegen Erdnüsse und Oliven. Sabrina kniet unter dem Esstisch und kratzt mit einem Messer die Marmelade vom Boden ab, die dort fingerdick an den Fasern des Teppichs klebt.

»Kommt, lasst uns endlich fahren«, drängelte Ulrike an ihrem ersten Morgen auf Mallorca. Sie hatte mächtig Hunger. Das Marmeladenbrot, das sie sich gerade geschmiert hatte, war ihr runtergefallen, auf den Teppich. Natürlich mit der Marmeladenseite nach unten! Murphys Gesetz.

Sie musste an Frau Czerwinski denken. Die wäre jetzt sofort unter den Tisch gekrochen und hätte die Marmelade vom Teppich gekratzt. Seit fast zwölf Jahren ist sie die gute Seele in ihrem Bungalow in Kronberg – putzt, wäscht, kocht und geht einkaufen.

»Wir könnten eine Frau Czerwinski hier wirklich gut gebrauchen!«, rief sie nach oben, aber keiner hörte sie. Alle waren damit beschäftigt, sich für den Golfplatz zu stylen. Die Sonne schien bereits um kurz nach neun mit voller Kraft, die Vögel zwitscherten, ein paar Hundert Meter entfernt bimmelten Schafe mit ihren Glocken. Vor dem Haus standen die beiden BWM-Cabrios im

Schatten des alten, knorrigen Olivenbaums, der aus einem erhöhten Rondell in der Mitte der Einfahrt wuchs. Der Wind wehte nur leicht und war am Haus kaum zu spüren, weil die Oleanderbüsche sehr dicht aneinander entlang des Zaunes gepflanzt sind und auf diese Weise das komplette Grundstück schützen.

Ulrike freute sich auf das Frühstück gleich – in irgendeinem Café auf dem Weg zum Golfplatz in Cala d'Or. Am Abend hatte sie fast nichts von ihrer Pizza gegessen. War nicht ihr Geschmack. Und dann eben die ärgerliche Sache mit dem Marmeladenbrot.

Heute früh war Ulrike noch dazu über einen Pizzakarton gestolpert, der vor der Treppe lag. Das muss Jennifers Karton gewesen sein. Sie hatte noch bis spät in die Nacht mit Sandra auf der untersten Stufe gesessen. Stundenlang hatten die beiden dort gequatscht und Rotwein getrunken. Den letzten hatten sie wohl nicht mehr geschafft, denn vor der Treppe standen neben Jennifers Pizzakarton die beiden Gläser, in denen noch reichlich Rotweinreste waren. Ulrike hatte noch kurz überlegt, ob sie alles in die Küche stellen sollte. Aber dann sah sie, dass auf dem Rotwein tote Fliegen schwammen, und fand es doch zu eklig, die Gläser anzupacken.

Einen Augenblick lang war sie sogar fast versucht, wie Frau Czerwinski zum Marmeladenbrot unter den Tisch zu krabbeln. Aber dann winkte sie doch ab. Sie ist doch nicht zum Aufräumen nach Mallorca gefahren! »Können die Putzfrauen gleich alles sauber machen«, sagte Ulrike zu Christa, die nun abfahrbereit neben ihr stand und sie wohl beobachtet hatte.

»Na ja. Ich gehe mal davon aus, dass die Putzfrauen kommen«, erwiderte Christa. »Aber ich bin mir nicht sicher. Frau Jaschke wird sich aber drum kümmern. Ich hab sie eben angerufen.«

Als Frau Jaschke anderthalb Stunden später zurückrief, waren sie bereits auf der Driving Range, um sich mit ein paar Abschlägen aufzuwärmen.

»Wie, das kann doch nicht Ihr Ernst sein?« Christas Ton wurde scharf.

»Sind Sie sicher?«, fragte sie weiter.

Jetzt schauten auch die anderen zu ihr rüber.

»Das ist doch wohl ein Witz! Ein Riesenwitz!« Christa wurde richtig wütend und drohte Frau Jaschke sogar, bevor sie auflegte: »Darüber wird zu reden sein, wenn ich wieder zurück bin!«

Christa blickte in fünf fragende Gesichter. Sie holte tief Luft, um sich zu beruhigen, und sagte dann: »Dass die Villa ohne Personal gebucht wurde, wissen wir ja inzwischen. Aber die Putzfrauen kommen auch erst übermorgen. Alle drei Tage kommen die nur.«

»Ja und? Dann ändern wir das und bestellen die für heute.« Dieser Vorschlag kam von Anke.

»Hat Frau Jaschke versucht. Geht angeblich nicht. Die Damen vom Putzkommando haben nur alle drei Tage Zeit, heute und morgen putzen sie angeblich bereits woanders.«

Noch immer schauten die Freundinnen auf Christa, als erwarteten sie jetzt eine Lösung.

»Wir fahren doch sowieso heute Abend nach Palma zum Essen«, erinnerte Christa. »Alles also halb so tragisch.«

Dann starteten sie zu ihrer Runde Golf.

Mike kehrt die Scherben zusammen.

Im Wohnzimmer liegen die beiden kaputten Rotweinflaschen. In der Küche und auch auf der Terrasse findet er zwei Weingläser, die zu Bruch gegangen sind. Wenn er gleich fertig ist mit dem Kehren, können Rosa und Maribel unten wischen. Oben in den Schlafzimmern und Bädern sind sie jetzt durch.

Sabrina steht mit einem feuchten Lappen am Kamin und versucht, die Rotweinflecken vom weißen Putz zu schrubben.

»Ich glaube, das wird nichts«, sagt sie, ohne zu Mike rüber-
zuschauen. Sie wischt weiter an der Wand, aber der rote Fleck
will nicht verschwinden. »Der wird immer größer, je häufiger ich
hier drübergehe.«

Mike kommt näher, um das Ergebnis aus der Nähe zu betrachten.

»Na super! Genau, was ich befürchtet habe.« Er streicht erst
vorsichtig mit der flachen Hand über den Fleck, dann kratzt er
ganz leicht mit dem Fingernagel am Rand entlang.

»Das werden wir alles streichen müssen.« Mike dreht sich
um die eigene Achse und schaut sich im kompletten Wohnzimmer um – so, als wolle er mit seinen Augen vermessen, wie viel
Farbe er hier wohl brauchen wird.

»Ich fasse es nicht.« Kopfschütteln.

Sabrina umarmt ihn, gibt ihm einen Kuss und zieht ihn sanft
an die frische Luft. Sie zündet zwei Fortuna an. Beide nehmen
einen tiefen Zug.

Es ist jetzt kurz vor vier am Nachmittag. Jetzt kann es nicht
mehr lange dauern, bis die feinen Damen vom Golfplatz zurück
sind.

Am Tag zuvor kamen die Damen tatsächlich gegen vier an der
Finca an. Bereits als sie die Haustür öffneten, kam ihnen ein leicht
säuerlicher Geruch entgegen. Sandra fiel es zuerst auf.

»Kommt das aus der Küche?«

»Hat irgendwer gekocht? Es riecht so komisch. Das kann
ja wohl nicht sein!«, meinte Ulrike und erntete mahnende Blicke von den anderen. Dabei hatte sie nur einen Scherz machen
wollen.

Alle sechs blieben sie an der Haustür stehen und betrachte-
ten von dort aus das Szenario. Die herumliegenden Klamotten,

die Pizzaverpackungen, die offenen Chipstüten, die halb vollen Rotweingläser …

»Das sieht wirklich schlimm aus hier.« Tamara rümpfte leicht angewidert die Nase.

»Das ist unmöglich. Völlig unmöglich, dass die hier nicht putzen!« Jennifer verschränkte die Arme und ließ erneut ihren Blick kreisen.

Sandra schaute Anke an. »Wollen wir zwei nicht eben schnell mal grob was wegräumen?« Anke setzte zu einem Nicken an, da fuhr Tamara barsch dazwischen.

»Kommt gar nicht infrage! Wir sind hier, um Urlaub zu machen. Mädels-Urlaub. Oder glaubt ihr, dass die Männer auch nur einen Handstreich machen, wenn sie zum Segeln unterwegs sind?« Sie schaute mit fragendem Blick jede Einzelne an. »Na also.« Damit war die Diskussion beendet, und auch Sandra und Anke gingen nach oben, um zu duschen.

Christa stakste über den klebrigen Boden zur Küche. Sie schenkte sich ein großes Glas Rotwein ein und versuchte noch mal, Frau Jaschke zu erreichen. Im Büro ging niemand mehr ran, und bei Frau Jaschkes Handy sprang sofort der Anrufbeantworter an.

An der Pinnwand neben dem Kühlschrank hing der Zettel mit den Notrufnummern.

»Policia Local«, »Deutsche Ambulanz« und »Guardia Civil« stand da neben »Notruf allgemein«. Darunter die Nummer eines »Dr. Weber – Santanyi«, offenbar ein deutscher Arzt im Ort.

Ganz unten fand Christa die Nummer, die sie brauchte: »Mike Wennemann«. Der Hausbesitzer. Sie nahm einen großen Schluck Rotwein und wählte.

Zuerst versuchte Christa, im Guten mit diesem Herrn Wennemann zu reden. »Sagen Sie, wäre es nicht doch möglich, dass gleich morgen früh jemand kommt, um hier ein wenig aufzuräumen?«

Ihr Ton war außerordentlich freundlich. Noch. Als die Höflichkeit nichts nutzte, schlug ihre Stimme um. Christa wurde laut am Handy.

»Jetzt hören Sie mir mal zu!« Sie machte eine Pause, um den Befehlston beim Gegenüber sacken zu lassen. »Morgen früh um zehn ist hier jemand und macht den Dreck weg. Mein Mann betreibt eine der bekanntesten Anwaltskanzleien Frankfurts. Und ich bin sicher, dass Sie die nicht näher kennenlernen wollen.«

Die anderen Frauen waren inzwischen aus ihren Zimmern und den Bädern gekommen und verfolgten Christas Wutausbruch vom oberen Treppenabsatz aus.

Nach einer kurzen Pause, in der offenbar Herr Wennemann sprach, wurde Christa zwar etwas ruhiger, blieb aber dennoch sehr bestimmt im Ton: »Ich bin sicher, dass Sie das hinbekommen. Ganz sicher sogar. In dieser Bude können wir jedenfalls keinen Tag länger unseren Urlaub verbringen. Ich gehe davon aus, dass das geregelt ist, wenn wir morgen vom Golf zurück sind.«

Dann legte sie auf.

»Wow!«, rief Tamara von oben, und die anderen standen kurz davor, Christa für diese Vorstellung eben zu applaudieren.

»Mädels, das muss heute Abend in Palma richtig gefeiert werden«, rief sie nach oben und trank ihr Rotweinglas in einem Zug leer.

Erst weit nach Mitternacht kamen sie wieder nach Hause.

Auf der Fahrt von Palma hatten sie in den Autos Schlager gehört und laut mitgesungen. Anke und Ulrike saßen am Steuer, sie hatten sich freiwillig gemeldet. Nur die beiden waren noch nüchtern. Bereits zum Abendessen in einem Laden in Palmas Altstadtviertel La Lonja hatten die anderen vier ganze fünf Flaschen Rotwein getrunken. Anschließend waren sie noch im Abaco gelandet.

Das ist ein früherer Stadtpalast in der Altstadt, der heute die mondänste Cocktailbar Palmas beherbergt. Zwischen überbordenden Blumengestecken und barocker Dekoration servieren sie dort Mixgetränke. Tamara und Christa hatten es noch einmal richtig krachen lassen und einen Cocktail nach dem nächsten bestellt. Wenn Anke und Ulrike, die beiden Fahrerinnen, nicht so gedrängelt hätten, wären sie vermutlich bis zum Sonnenaufgang dortgeblieben.

»Das heißt aber nicht, dass ich jetzt keinen Durst mehr habe«, grölte Christa und nahm den direkten Weg zur Küche, wo die Rotweinvorräte in aufgerissenen Kartons auf dem Boden standen. Sie lallte, so betrunken war sie. Tamara ließ sich in den Sessel vor dem Kamin fallen und schnappte sich das nächstbeste Glas, das auf dem kleinen Tisch stand. Es war benutzt, am Boden war der Rest des Weines angetrocknet, am Rand prangte der Abdruck eines Lippenstiftes. Sie hielt das Glas gegen das Licht und entschied:

»Heute egal!«

Christa hatte inzwischen eine Flasche geöffnet und klemmte sie jetzt mit gebeugtem Arm zwischen Kinn und Schulter. Dann beugte sie sich nach hinten und holte mit ihrem Oberkörper aus, als wollte sie einen neuen Rekord im Kugelstoßen aufstellen.

»Fang das Ding!«, rief sie zu Tamara. Im gleichen Moment flog die Flasche auch schon knapp an Tamaras Kopf vorbei. Mit lautem Klirren knallte sie neben dem Kamin an die Wand und hinterließ einen hässlichen roten Fleck.

»Mist«, sagte sie nur, »aber morgen wird hier ja endlich geputzt.«

Anke, Sandra und Ulrike legten sich daraufhin ins Bett. Jennifer blieb noch unten, um weiter mit Tamara und Christa zu feiern. Keiner konnte sich am nächsten Morgen daran erinnern, wie der zweite Rotweinfleck an die Wand im Wohnzimmer gekommen war.

Genauso dünn war am Morgen danach die Erinnerung an die Sache mit der Ratte. Offenbar hatte sich das Tier über die Würste und das Fleisch hergemacht, die noch vom Vorabend auf dem Grill gelegen hatten.

Vermutlich hatte Tamara die Ratte mit ihrem 7er Eisen erlegt, so viel konnten sie sich am nächsten Morgen zusammenreimen. Ihr Schläger lag mit blutverschmiertem Kopf neben dem Grill und die völlig deformierte Ratte gut sieben oder acht Meter entfernt neben dem Pool. Die linke Seite des Tieres war komplett eingedrückt, das Fell dort aufgeplatzt. Das rohe Fleisch kam zum Vorschein. Das musste ein gewaltiger Schlag gewesen sein!

Sandra nahm den Spaten, den sie am Poolhäuschen gefunden hatte, und legte damit den Kadaver in die Kohlen. Vorsichtig schob sie einige Kohlestücke über die tote Ratte, bis sie fast komplett verdeckt war.

»Ich will nicht, dass die mich anguckt mit ihren toten Augen. Ist ja eklig!«, sagte sie.

Anschließend machten sich die Damen auf den Weg zum Golfplatz, als sei nichts gewesen. »Die frische Luft wird uns jetzt bestimmt guttun«, sagte Jennifer, verteilte Alka-Seltzer und reichte die Wasserflasche herum.

»Da kommen sie.«

Sabrina und Mike stehen vor der Finca, als die zwei BMWs durch das Tor rollen und im Schatten des Olivenbaums stoppen. Mike verschränkt die Arme vor der Brust wie der Türsteher eines Nachtklubs. Neben den beiden stehen sechs Trolleys und acht gepackte Koffer.

Tamara kommt ihnen als Erste entgegen, gefolgt von weiteren fünf Damen aus Frankfurt und Umgebung.

»Was soll das?«, fragt sie und zeigt auf die Koffer.

»Nach was sieht es wohl aus?« Mike hat sich in den vergangenen Stunden beim Putzen genau überlegt, was er sagen wird. »Ich würde sagen, das sieht nach Auszug aus.«

Jetzt kommt Christa nach vorn. »Mein Name ist Christa von Mauschwitz. Ich habe einen Vertrag mit Ihnen abgeschlossen über eine Woche Ferienmiete in dieser Villa. Also machen Sie sich nicht lächerlich. Ich hoffe, es ist geputzt.«

Sie will ins Haus gehen, aber Mike stellt sich ihr in den Weg.

»Mein Name ist Michael Graf von Wennemann, wenn Sie es genau wissen wollen, und ich habe hier Hausrecht. Ich darf Ihnen herzliche Grüße von Herrn von Mauschwitz ausrichten. Wir haben heute mehrfach miteinander telefoniert. Ein sehr verständnisvoller Herr. Er war ganz angetan von dem kleinen Video, das ich ihm von der Bescherung hier geschickt habe. Und er hat bereits fünftausend Euro angewiesen. Die genaue Abrechnung erfolgt, wenn wir hier alles gestrichen, ausgebessert und die Schäden behoben haben.«

Keine der Damen sagt etwas.

»Sie möchten sich bitte bei einer Frau Jaschke melden. Die hat Hotelzimmer für Sie gebucht. Und jetzt bitte die beiden Hausschlüssel zu mir.«

Mike und Sabrina nehmen die Schlüssel, drehen sich wortlos um und verschwinden in der Finca.

***

Die Damen verbringen die restlichen Nächte ihrer Mallorca-Woche im Fünfsternehotel Castillo Son Vida oberhalb von Palma. Sie genießen den Luxus dort und bespielen in den nächsten Tagen alle drei Golfplätze, die in unmittelbarer Nähe liegen.

Als am zweiten Abend nach einigen Drinks Jennifer den Finca-Besitzer an der Hotelbar nachäfft, machen sie sich alle über dessen angebliche Überreaktion kurz lustig. Danach spricht niemand mehr über den Vorfall.

Noch auf Mallorca vereinbaren sie den nächsten gemeinsamen Urlaub auf der Insel. Sie reservieren für das kommende Jahr eine Finca bei Pollenca. Die ist noch deutlich größer als das Haus in Santanyi. Die Damen brauchen drei weitere Zimmer, weil Tamara, Anke und Jennifer ihre Haushälterinnen mitbringen werden. Ohne sie geht es einfach nicht.

 ## Jenseits vom Ballermann

Der Mallorca-Tourist

Wer Mallorca besucht, ist im Schnitt zwischen 25 und 44 Jahre alt und weiblich. Das hat das Ministerium für Tourismus in Palma ausrechnen lassen. Hauptsächlich besuchen Fremde die Insel, um ihren Urlaub dort zu verbringen (95,4 Prozent). Der Durchschnittstourist wohnt im Hotel (72,7 Prozent) und bevorzugt eindeutig Häuser mit vier Sternen (46,6 Prozent), die er im Rahmen einer Pauschalreise bucht (62,7 Prozent). Er verlässt die Insel nach 8,4 Tagen wieder. Nur zwölf Prozent der deutschen Touristen gaben in Umfragen an, wegen des Nachtlebens rund um den Ballermann nach Mallorca zu reisen. Am liebsten machen die Deutschen dennoch Urlaub an der Playa de Palma. Erst danach folgen Cala Ratjada, Paguera und Andratx. Als Ballermann der Briten gilt Magaluf im Südwesten der Insel.

DER VERFLIXTE FREITAG
DER MONTAGSMALERIN

Son Servera

Es gibt Tage, da ahnt Sigi schon am Morgen, dass es heute nicht rundlaufen wird.

Dieser Freitag droht so einer zu werden. Aus der Dusche kam nur kaltes Wasser. Dann war auch noch die Zahnpastatube leer. Und jetzt meckert Klaus.

»Ach, Sigi, der Cortado ist nicht richtig heiß!«

Er verdreht dabei die Augen und zieht eine Grimasse. Dann lächelt er und sagt: »Das kannst du aber besser!«

Klaus macht fast alles im Haus, seit sie auf Mallorca leben. Er kocht an nahezu jedem Abend; er grillt, wenn Gäste kommen; er wäscht die Autos; manchmal putzt er sogar die Fenster ihres Hauses in Son Servera, ganz im Osten der Insel.

Doch der erste Kaffee am Morgen ist Sigis Aufgabe. Denn Klaus ist ein leidenschaftlicher Morgenmuffel.

Sigi steht wortlos vom Küchentisch auf, nimmt seine Tasse, leert sie ins Spülbecken und zapft aus der Maschine einen neuen Espresso. Anschließend hält sie den Handrücken an das Milchkännchen und versichert sich, dass die aufgeschäumte Milch noch heiß genug ist, bevor sie diese über den Kaffee gießt.

»Señor, Ihr Cortado«, sagt sie, und Klaus freut sich, dass ihm zum Espresso mit Milch – nichts anderes ist ein Cortado – auch noch ein Kuss serviert wird.

»Du bist einfach der Beste, natürlich musst du keinen kalten Cortado trinken.«

»Ich weiß«, antwortet er und grinst bubenhaft. Mehr kommt von ihm nicht. Er redet am Morgen nicht so gern. Im Gegensatz zu seiner Frau. Sie hat ihr Leben lang geredet. Auch am frühen Morgen schon. Reden war ihr Beruf. Sie war Moderatorin. Eine der bekanntesten in Deutschland. Im Radio. Und später im Fernsehen. *Die Goldene Eins* hat sie moderiert und andere Fernsehshows. Als sie *Die Montagsmaler* von Frank Elstner übernahm, wurde sie eine richtige Berühmtheit. Sigi Harreis: Deutschlands erste weibliche Showmasterin! Mit dieser Frau ist Klaus nun mehr als dreißig Jahre verheiratet.

»Mit diesem Grinsen hast du gerade meinen Tag gerettet«, sagt Sigi und lacht ihren Klaus verliebt an. Sie kann nicht wissen, dass ihr an diesem Freitag noch eine Begegnung bevorsteht, die sie für den Rest ihres Lebens nicht vergessen wird. Es wird sie ein Zorn überkommen, der völlig untypisch ist für sie, die sonst immer freundlich und ausgeglichen ist.

Doch erst einmal genießt Sigi diesen Vormittag in ihrem Haus in Son Servera. Seit mehr als 15 Jahren ist das ihre zweite Heimat neben ihrem Haus in München. Sie will im Garten arbeiten und am Nachmittag in Artà bei Jaume ein paar Steaks kaufen.

Keine zwanzig Kilometer entfernt sitzt Dieter beim Frühstück und schwitzt. Dabei ist es noch nicht mal halb zehn am Vormittag. Und schon jetzt machen ihm diese Temperaturen zu schaffen.

Er sitzt mit Gilla und den beiden Mädchen auf dem Balkon ihres Ferienappartements in Cala Ratjada und gießt sich Kaffee nach.

»Mein Gott, ist das jetzt schon warm hier«, sagt er. Seine Stimme klingt fast weinerlich. Er wäre jetzt viel lieber zu Hause in Bochum. Da ist heute auch schönes Wetter. Am liebsten wäre er nämlich gar nicht weggefahren. Wegen der Fußball-WM. Aber er hat sich nicht getraut, deshalb den Urlaub zu streichen.

Mallorca war Gillas Idee gewesen. Leonie und Sarah waren natürlich sofort Feuer und Flamme. Er selbst geht nicht gern ins Meer. Und mag eigentlich auch keine Sonne. Er würde sowieso lieber in die Berge fahren. Wenn überhaupt! Am allerliebsten macht er es sich zu Hause gemütlich.

Dieter schaut auf das kleine Thermometer an der Seite des Balkons. 26 Grad um halb zehn am Morgen! Und dann ist heute noch der 30. Juni. Viertelfinale. Deutschland gegen Argentinien. Der Gedanke an das Spiel heute Abend macht Dieter bereits jetzt so nervös wie einen Fahrschüler vor der praktischen Prüfung. Auch deshalb läuft ihm der Schweiß in dünnen Bahnen an den Schläfen herunter.

»Wie machen wir das denn heute Abend?«, fragt er Gilla.

»Was? Wie machen wir was?«

»Na ja, mit dem Fußball. Viertelfinale. Ich könnte ja in eine Kneipe unten am Hafen gehen und dort gucken. Dann habt ihr eure Ruhe hier.«

Gillas Mundwinkel sinken nach unten, gleichzeitig zieht sie die Augenbrauen hoch in Richtung Haaransatz. Das heißt so viel wie: Muss das sein? Gilla muss das nicht extra sagen. Dieter liest es in ihrem Gesicht. Er ist mit ihr seit mehr als 14 Jahren verheiratet.

»Ist schon gut. Ich gucke hier«, antwortet er, »war ja nur so 'ne Idee.« Für seine Verhältnisse war der Versuch schon mutig.

Normalerweise widerspricht er nie. Er diskutiert nicht gern. Er hat einfach lieber seine Ruhe. Auch jetzt wehrt er sich nicht. Hauptsache Frieden.

Wenn er heute Abend mit anderen Deutschen das Spiel in einer Bar schauen würde, hätte er wenigstens etwas Atmosphäre um sich herum. Diese Idee war ihm heute Nacht gekommen, als er wegen der Hitze nicht einschlafen konnte. Die Kumpels zu Hause in Bochum treffen sich heute bei Michael. Fernseher auf der Terrasse, Fässchen Bier. Und Mettbrötchen. Wenn er und seine Freunde Fußball gucken, gibt es immer Mettbrötchen. Irgendwer hat einmal damit angefangen – und seitdem gehören zum Fußball einfach Mettbrötchen dazu.

»Eine Bedingung!«, sagt Dieter plötzlich zu Gilla und den Mädchen und macht ein Gesicht, als sei ihm dies gerade erst eingefallen. »Es gibt heute Abend Mettbrötchen zum Fußball!« Ganz weit reißt er die Augen auf, wünscht sich, dass Gilla einwilligt.

»Meinetwegen.« Gilla verzieht schon wieder den Mund. Auch das ist ihr offenbar nicht recht. »Ich frage mich nur, wo du hier Mett herbekommen willst.«

»Es gibt Geschäfte, die nennt man Metzgerei. Auch hier gibt's die.« Dieter wäre gern noch patziger geworden. »Die gönnt mir auch rein gar nichts«, denkt er. Aber er schweigt. Wie immer.

»Heute wird es richtig heiß«, ruft Sigi zu Maria rüber, ihrer Nachbarin im Garten nebenan.

Sie ruft auf Mallorquinisch zurück: »Ja, was für eine Hitze! Viel zu früh. Wir haben erst Ende Juni!«

Sigi legt die Schere aus der Hand, mit der sie die Rosen geschnitten hat, streift die Gummihandschuhe ab und geht auf Maria zu.

»Was macht Toni? Ist es besser mit dem Bein?« Die beiden Frauen plaudern durch den Drahtzaun hindurch, der auf einer breiten Mauer aus Natursteinen steht. Man sieht ihnen an, wie vertraut sie sind.

Auf das gute Verhältnis zu den Mallorquinern im Dorf ist Sigi sehr stolz. Sie ist hier die »Alemana«. Sie ist nicht wie fast überall in Deutschland Frau Harreis, die Frau von den Montagsmalern. Sie ist die Sigi. Vor ihrer Radiokarriere hatte sie einige Zeit in Madrid als Fremdsprachenkorrespondentin gearbeitet und ihr Spanisch ist noch immer sehr gut. Nach und nach hat sie auch Mallorquinisch gelernt, den Inseldialekt. Das war gar nicht so einfach für sie, denn Mallorquinisch ist kein Dialekt des Spanischen, es stammt vom Katalanischen ab, einer ganz eigenen Sprache. Seitdem sie sich mit den Mallorquinern in deren Sprache unterhalten kann, wird sie eingeladen. Zum Schlachtfest im Winter. Zum Paella-Essen. Und an den Tisch der Einheimischen bei der Dorffiesta im August. Fast immer sind Klaus und Sigi die einzigen Ausländer bei diesen Feiern.

Sigi erfährt von ihrer Nachbarin Maria, dass Tonis Bein noch immer schmerzt. Dass er in der nächsten Woche zur Untersuchung nach Palma soll, in die Clinica Juaneda. Und sie fragt, ob sie ihr morgen eine Coca rüberbringen soll. »Si, claro«, sagt Sigi und strahlt. Coca, das ist der typische Blechkuchen der Insel, wie eine große Pizza mit Paprika, Tomaten, Zwiebeln und anderem Gemüse belegt. Eine Coca wird in der Regel auf einem viel größeren Blech als nötig gebacken. Man will schließlich genug übrighaben, um guten Freunden etwas abgeben zu können.

Sigi und Maria verabreden sich für den frühen Samstagabend auf einen Wein am Pool.

»Das ist das Vernünftigste, was man bei der Hitze machen kann«, sagt Sigi.

»Richtig. Wenn es heiß ist, soll man viel trinken«, lacht Maria, deutet im Umdrehen mit der rechten Hand ein leichtes Winken an und geht zurück zum Haus.

Als Sigi zurück zu ihrem Haus gehen möchte, bekommt sie wie aus dem Nichts einen Schlag direkt vors Schienbein. Sie zuckt zusammen. Es schmerzt so sehr, dass sie sich auf den Boden setzen muss. Klaus sieht das vom Haus aus und kommt ihr zu Hilfe gelaufen.

»Was ist los?«

»Ich bin auf die Harke getreten, und dann ist der Stiel direkt vor mein Bein gestoßen. Das tut vielleicht weh!« Sigi verzieht das Gesicht, beißt die Zähne zusammen.

»Kein Blut«, stellt Klaus fest, der sich die Stelle am Schienbein genauer anschaut. »Aber das gibt garantiert einen ordentlichen blauen Fleck.«

»Und welcher Blödi hat die Harke hier liegen lassen?« Sigis Ton wird deutlich rauer.

»Na, wer wohl?« Klaus bleibt ganz gelassen, zumal er die Antwort auf die Frage kennt.

»Ich bin sicher, das war diese Sigi!«, sagt Sigi.

Beide nicken sich zu. Dann stützt Klaus seine Frau, damit sie auf die Beine kommt, und die zwei verschwinden im Haus.

»Irgendwie hat mich dieser Tag nicht lieb. Erst der kalte Cortado und jetzt die Harke«, meckert Sigi, die jetzt auf der Couch im großen Wohnzimmer mehr liegt als sitzt. »Heute ist aber nicht Freitag, der Dreizehnte?«

»Ne«, sagt Klaus, als er ihr einen Cortado bringt, »aber fast. Heute ist Freitag, der Dreißigste!«

Auch Dieter weiß ganz genau, welcher Tag heute ist. Der Tag der Entscheidung für die Fußballnation Deutschland. Ein Länderspiel gegen Argentinien: Das ist ein Klassiker. Das kann ein ganz großes Spiel werden. Und entscheidend ist es sowieso. Viertelfinale. Da ist jedes Spiel entscheidend. Wer in den Endrunden verliert, ist raus aus dem Turnier. Es geht heute Abend um alles oder nichts für die deutsche Fußballnationalmannschaft.

Und er sitzt in dieser Hitze auf einem Balkon auf Mallorca, starrt aus der Ferne aufs Meer und überlegt, wie er um den Strandbesuch herumkommt. Dieter würde einiges darum geben, das Spiel zu Hause in Bochum mit den anderen Jungs gucken zu können. Im Garten von Michael.

Vor einer Viertelstunde hat er den beiden Mädchen Geld in die Hand gedrückt und sie runter zum Kiosk geschickt.

»Eine *Bild* und eine *Fortuna*.«

»Wissen wir, Papa«, sagte Sarah genervt. Sie ist 13. Und dreizehnjährige Mädchen sind grundsätzlich genervt.

»Wie jeden Morgen, Papa. Für den Rest gibt's Süßes.« Leonie ist elf, aber eigentlich die Clevere. Die, die für alles eine Belohnung aushandelt. »Sie kommt ganz nach ihrer Mutter«, denkt Dieter oft. Würde sich aber niemals trauen, das zu sagen. Dann wäre sofort wieder Theater in der Bude. Und das kann er nicht gebrauchen. Zu Hause nicht, und hier im Urlaub erst recht nicht.

Jetzt, wo die Mädchen weg sind, will er Gilla möglichst schonend beibringen, dass er heute überhaupt keine Lust auf Strand hat. Wenn sie dann wieder ausflippt, streiten sie sich wenigstens nicht vor den Kindern.

»Was ist denn mit deiner Badehose? Willst du dich nicht langsam mal umziehen?« Gilla kommt aus dem Schlafzimmer auf den Balkon und trägt bereits ihren Bikini unter dem Strandkleid. Sie stopft die Badetücher in die Korbtasche, die im Rahmen der Balkontür steht. Direkt daneben steht die Kühltasche mit

Getränken und Obst. Und dahinter liegen vier zusammengerollte Matten aus Stroh. Auch der Sonnenschirm liegt daneben – alles bereit zur Abfahrt an den Strand. Der Schirm ist nur für Dieter. Der weibliche Teil der Familie hat bereits vorgestern beschlossen, dass sich nach vier Tagen die Haut an die Sonne gewöhnt haben muss. Gilla und die Mädels liegen seitdem auf ihren Matten in der prallen Sonne und brutzeln.

»Den Schirm kannst du hierlassen«, sagt Dieter in einem Tonfall, als würde er nur an eine Selbstverständlichkeit erinnern.

»Wieso? Willst du jetzt auch braun werden, oder was? Vergiss es!«

»Nein, ich komme nicht mit zum Strand.«

»Bitte?«

»Ich muss noch einkaufen für heute Abend.«

»Jetzt spinn nicht rum. Was willst du denn einkaufen?« Gillas Ton wird schnippisch.

»Mett!«

»Vergiss es.«

»Bitte, Gilla. Wir haben vorhin noch darüber gesprochen.« Dieter steht von seinem Balkonstuhl auf. Er steht jetzt neben ihr, nimmt sie in den Arm, drückt sie, streicht ihr durchs Haar. Sie dreht sich weg und geht zurück ins Appartement.

»Aber der Herr hat hoffentlich noch genug Zeit, dass er uns zum Strand fahren kann? Oder sollen wir laufen mit all dem Zeug hier?«, ruft sie von drinnen.

»Na klar, mein Schatz«, sagt Dieter halblaut und ballt die Faust.

Als kurz darauf die Mädchen vom Kiosk zurückkommen, steht er schon mit Autoschlüssel, Korb und einer Strohmatte an der Tür. Gilla hält die Kühltasche.

»So, ihr beide holt noch eure Matten – und dann geht's los.«

Im Wagen vermeidet es Dieter, zu Gilla zu schauen. Er weiß ganz genau, wie ihr schlecht gelauntes Gesicht jetzt aussieht. Er muss es dazu nicht sehen.

Ende der Siesta in Son Servera. Sigi hat eine gute Stunde auf der Couch gelegen und ihr Bein geschont. Die Harke hat einen beeindruckenden blauen Fleck hinterlassen, etwa eine Handbreit unter dem Knie.

Klaus hatte sich nach dem Mittagessen zum Golfen verabschiedet. Jeden Freitag spielt er eine Runde in Alcanada, auf Mallorcas schönstem Golfplatz. Sigi kommt nur selten mit. Sie liebt den herrlichen Ausblick vom Platz auf die Bucht von Alcúdia. Bei jedem Abschlag hat man freie Sicht aufs Meer. Das Golf-Fieber selbst hat sie niemals wirklich gepackt. »Gut, dass Klaus auch ohne mich spielt«, denkt sie und drückt auf den Knopf des Kaffeeautomaten. Ihr Blick fällt auf die Wetterstation an der Küchenwand. Angenehme 23 Grad sind es im Haus, die Klimaanlage surrt fast lautlos vor sich hin. Draußen hat die Junisonne die Luft inzwischen auf 34 Grad erhitzt. Im Schatten.

»*It's Cortado time*«, sagt Sigi jetzt laut, obwohl niemand sie hören kann in der leeren Küche. Das soll ihrer Laune wieder auf die Sprünge helfen an diesem Freitag. Im ersten Moment funktioniert das auch. Dann allerdings meldet sich der Schmerz zurück. Es ist kein besonders schlimmer Schmerz, aber er nervt. Jedes Mal, wenn sie auftritt, erinnert ihr Bein sie an den Fehltritt auf die Harke.

Es nützt ja nichts. Sie muss noch zu Jaume. Trotz Schmerzen. Trotz Hitze. Jaume hat die besten Steaks hier im Osten der Insel. Und für Gert und Renate sind die besten Steaks gerade gut genug. Mit Gert hat Sigi früher beim SWR zusammengearbeitet, er war in zahllosen Radiosendungen ihr Redakteur. Seit Jahrzehnten sind sie enge Freunde. Und seit Gert Rentner ist, kommen die beiden in ihrem Mallorca-Urlaub an mindestens einem Abend zum Essen nach Son Servera.

In Sigis Berlingo ist es unmenschlich heiß. Noch vor der Siesta hat Klaus ihn unter dem schattigen Algarrobo-Baum abgestellt. Aber die Sonne ist in den vergangenen drei Stunden gnadenlos weitergewandert, das Auto steht jetzt in der prallen Sonne.

»Na super«, sagt Sigi und reißt für ein paar Minuten alle Türen auf, damit der erste Schwung heißer Luft entweichen kann. Aber auch der Fahrersitz ist glühend heiß. Sie legt das Handtuch unter sich, das zu genau diesem Zweck im Sommer immer auf der Rückbank liegt. Sigi fährt los, lässt erst den Fahrtwind durch die offenen Fenster wehen. Sobald sie aus Son Servera raus ist, schließt sie per Knopfdruck alle Fenster und stellt das Gebläse der Klimaanlage auf die höchste Stufe. Jetzt wird es deutlich kühler im Wagen. Sigi kann sich etwas entspannter zurücklehnen, während sie auf der Landstraße Richtung Artà fährt. Es ist leer auf den Straßen. Die meisten Touristen liegen um diese Zeit am Strand oder auf irgendeinem Liegestuhl am Pool.

»Mallorca ist schön. Noch schöner wäre es, wenn es im Sommer nicht so heiß wäre«, murmelt sie vor sich hin. Je älter sie wird, desto mehr setzt ihr die Hitze zu. Sie ist eine flotte Fahrerin – auch mit ihren 69 Jahren. Keine Viertelstunde braucht sie, bis sie die ersten Häuser von Artà erreicht.

Schon im ersten Kreisel muss Sigi ordentlich auf die Bremse treten. Nackte Urlauber von rechts!

»Ach ne, bitte nicht ...« Sigi spricht wieder zu sich selbst. Drei Männer stehen am Zebrastreifen. Sandalen, kurze Hose, freier Oberkörper. Es sind Urlauber. Eindeutig zu erkennen an der blassen Haut und ihrem Benehmen. Niemals würde ein Spanier ohne

Hemd oder Shirt durchs Dorf laufen. Sigi beobachtet hinterm Lenkrad, wie das halb nackte Trio in aller Seelenruhe die Straße überquert. Verständnislos schüttelt sie mit dem Kopf.

»Lauft ihr zu Hause in Berlin oder in Frankfurt auch ohne Hemd durch die Fußgängerzone?« Wieder spricht sie nur zu sich selbst. Sie könnte jetzt das Fenster runterkurbeln und die drei Männer das laut fragen. Aber was würde das ändern? So etwas sagt sie nicht. Das bringt sie nicht übers Herz. Sie ist einfach die nette Frau Harreis. Sie war es im Fernsehen, und sie ist es auch im wahren Leben. Sie war nie eine Promi-Zicke. Aber über die Respektlosigkeit ihrer halb nackten Landsleute ärgert sie sich trotzdem maßlos.

Dreimal muss Dieter um den Block fahren, bis er endlich einen Parkplatz findet. In den engen Gassen von Artà quetscht sich ein parkendes Auto an das nächste. Er muss höllisch aufpassen, dass er beim Rangieren nicht mit seinem Außenspiegel an einem anderen Wagen hängen bleibt. Und das alles bei dieser Hitze heute! Dieter spürt, wie ihm der Schweiß den Rücken runterläuft, sogar die Rückenlehne des Sitzes ist nass. Er beugt sich kurz nach vorn, damit das Gebläse seine Rückseite erreicht. Der kühle Luftzug tut gut. Richtig gut!

Er hat Gilla und die Mädchen an der Cala Mesquida abgesetzt. Sie lieben diese Bucht zwischen Capdepera und Artà und den feinen Sand dort. Sie schmoren jetzt bereits gut zweieinhalb Stunden in der Sonne. Er selbst hat es sich zuerst im Dorf gemütlich gemacht. Er hat doch tatsächlich an der Placa in Capdepera ein kleines Café entdeckt, in dessen Fenster auf einem handbemalten Schild aus Pappe »Filterkaffee« ausgeschrieben ist. Auf Deutsch. Deutscher Filterkaffee. Fast zwei Stunden hat er dort an einem netten Tisch im Schatten verbracht, seine *Bild* gelesen und die Leute beobachtet, die über den Platz liefen. »Kann ja doch ganz nett sein hier auf Mallorca, wenn niemand nervt«, dachte er kurz. Aber dann rückte ihm die Sonne immer mehr auf die Pelle, und er hielt es nicht mehr aus. Der Nacken, die Arme, die Nase – alles wurde unerträglich heiß. Also setzte sich Dieter in seinen Mietwagen, drehte die Klimaanlage hoch und fuhr ein wenig durch die Gegend. Bis er wieder hier in Artà gelandet ist. Hier gibt es diese Fleischtheke in dem kleinen Supermarkt. Und wenn er Mett will, das weiß er, braucht er einen richtigen Metzger. Mett gibt es Spanien nicht abgepackt in der Kühltheke.

Als Dieter die Fahrertür des gekühlten Wagens öffnet, schlägt ihm mit voller Wucht die Nachmittagshitze ins Gesicht.

Auch Sigi fährt eine gute Viertelstunde in Artà im Kreis, bis sie einen Parkplatz findet, der zumindest teilweise im Schatten liegt. Sie läuft quer über die Placa del Conqueridor, direkt neben der kleinen Markthalle. Sie humpelt leicht mit ihrem rechten Bein.

»*Hola Alemana*, was ist passiert?«, ruft Tolo ihr zu, der vor dem Café Central sitzt. Auf dem Tisch steht ein eiskaltes Glas Bier. Sigi kann die Kälte regelrecht sehen, das Glas ist von außen beschlagen. Tolo ist der Elektriker aus Son Servera. Sigi geht zu ihm rüber und gibt ihm ein Küsschen links und rechts.

»Nichts Schlimmes, ich bin im Garten auf die Harke getreten.«

»Das kommt davon, wenn man zu viel arbeitet«, lacht Tolo.

»Ich habe jetzt bestimmt eine Viertelstunde einen Parkplatz gesucht.« Sigi überlegt kurz, ob sie sich auf ein Getränk zu Tolo setzen soll.

»Das sind die vielen Mietwagen. Zu viele sind das. Und es werden in jedem Jahr mehr.« Tolo rückt einen Stuhl vom Tisch weg. »Setz dich doch zu mir.«

»Danke dir. Nein. Ich muss zu Jaume, da wird es um diese Zeit rappelvoll sein. Wir haben heute Abend Gäste.«

Zwei Pärchen am Nachbartisch werden aufmerksam und schauen zu Sigi und Tolo rüber. Sie tuscheln. »Garantiert fragen die sich jetzt, ob das die Frau von den Montagsmalern ist«, überlegt Sigi. Wenn die Leute sie freundlich fragen, nickt sie immer, lächelt, grüßt ebenso freundlich zurück und wünscht noch einen schönen Urlaub. Und freut sich anschließend, dass sich jemand an sie erinnert. Nach all den Jahren! Was sie nicht mag: wenn die Leute sie nur anglotzen. Genau das machen diese beiden Pärchen gerade. Starren zu ihr rüber. Und reden leise miteinander, ohne den Blick von ihr zu lassen. Das nervt! »Dieser Freitag gibt wirklich alles, um mich zu ärgern«, denkt sie – ohne zu wissen, dass der Höhepunkt des Ärgers erst noch bevorsteht.

Sigi verabschiedet sich von Tolo, wieder mit Küsschen links und Küsschen rechts.

»Grüß Jaume!«, ruft er noch. »Aber gib ihm besser nicht die Hand!«

»Haha«, sagt Sigi, »du bist ein frecher Kerl!«

Wirklich gut kennt sich Dieter in Artà nicht aus. Er ist erst das zweite Mal hier. Deshalb irrt er ein paar Minuten kreuz und quer durch die Gassen. Dann steht er plötzlich vor dem Eingang des kleinen Supermarktes neben der Polizeistation. Die Fleischtheke ist am hinteren Ende des Geschäftes. Gilla hat hier am ersten Tag Salami und Schinken gekauft, während er mit den Mädchen draußen gewartet hat. Da war der kleine Supermarkt menschenleer. Jetzt wimmelt es hier von Menschen. Sie durchstöbern die Regale und tragen schwer beladene Körbe. Dieter kämpft sich durch den Laden und sieht, dass auch vor der Fleischtheke schon mindestens sechs oder sieben Leute warten. Er stellt sich hinten an der Schlange an. Das kann dauern!

Aber das ist ihm egal. Er hat es nicht eilig. Solange Gilla am Strand liegt, geht sie ihm nicht auf die Nerven. Und bis zum Anpfiff des Spieles wird er ja wohl sein Mett haben. Außerdem ist es angenehm kühl hier. Hinter der Theke steht ein Mann mit Glatze in einem weißen Kittel. In aller Seelenruhe bedient er einen Kunden nach dem anderen und hält auch noch ein kleines Schwätzchen mit jedem. Kundenpflege auf Spanisch ist das wohl. Es scheint ihm auch völlig egal zu sein, dass noch jede Menge andere Leute in der Schlange warten.

»So sind sie halt hier im Süden«, denkt Dieter. »Das wär bei uns nicht möglich. Da wäre der Typ da vorn schon längst rausgeflogen.«

Und die Lautstärke, die hier herrscht! Auch ganz anders als zu Hause in Bochum. Alle plappern wild durcheinander, lachen miteinander, rufen sich was zu, begrüßen sich quer durch den Laden. Dieter versteht kein Wort. Die Schlange hinter ihm wird immer länger. Aber der Mann an der Fleischtheke lässt sich davon nicht aus der Ruhe bringen.

»*Hola Sigi!*« Die Frau mit den kurzen roten Haaren an der Kasse hat eine furchtbare Stimme. Laut, schrill, viel zu hoch. Coloma heißt sie. Sigi kennt sie seit Jahren. Sie ist so etwas wie eine gute Bekannte. Keine richtig enge Freundin. Aber sie freuen sich immer, wenn sie sich sehen. Auf zahllosen Fiestas haben sie miteinander gelacht. Coloma kennt die schmutzigsten Witze der Welt und hat eine ansteckende Fröhlichkeit. Jaume, der Metzger hinter der Theke, ist ihr Mann. Den beiden gehört der Laden seit mehr als zwanzig Jahren.

Auch Jaume freut sich, Sigi zu sehen. Er hebt den rechten Arm und winkt mit dem Fleischerhaken zu ihr rüber, als sie sich ganz hinten an der Schlange anstellt. Die reicht inzwischen bis zum Regal mit den Konserven.

Dieter traut seinen Augen nicht. Hat der Metzger da einen Fleischerhaken hochgehalten? Einen Haken, den er allerdings nicht in der Hand hält, sondern der am Arm befestigt ist? Statt einer Hand? Dieter macht einen langen Hals, um besser nach vorn sehen zu können. Tatsächlich! Dem Metzger fehlt die rechte Hand. Aber statt einer künstlichen Hand, wie man sie hin und wieder sieht, ist dort ein Haken. Ein richtiger Fleischerhaken. Dieter beobachtet, wie der Metzger größere Fleischstücke und auch Schinken mit diesem Haken aus der Theke fischt und zu sich zieht. Mit dem Messer in der linken Hand schneidet er Stücke vom Fleisch. Kurz überlegt Dieter, ob er das heimlich fotografieren soll. Er traut sich aber nicht. »Wenn ich das den Jungs zu Hause erzähle, das glaubt mit keiner«, denkt er und freut sich schon auf den Moment, in dem er die Story von dem verrückten Metzger mit dem Fleischerhaken zum Besten geben wird. Er kann es kaum erwarten. Die anderen werden sich kaputtlachen.

»*Hola?*«

Der Metzger spricht jetzt Dieter an, der vorn an der Fleischtheke angekommen ist.

»*Buenas tardes, señor*«, sagt Jaume jetzt noch einmal. Die ersten Kunden hinter ihm recken die Köpfe nach oben.

Dieter ist ganz in seine Gedanken versunken.

»*Hello, Sir?*« Jetzt ist Jaume deutlich lauter geworden. Das führt dazu, dass sofort sämtliche Gespräche hinter Dieter verstummen.

Auch Sigi schaut neugierig zu dem verschwitzten Mann direkt vor der Theke. Von der Kleidung her könnte es ein Deutscher sein, vermutet sie. Was sie dann hört, aus dem Mund dieses Mannes da vorn, setzt ihrem verflixten Freitag endgültig die Krone auf.

Nur einen Satz sagt dieser Mann. Auf Deutsch und in einem überheblichen Tonfall, wie Sigi das nur selten erlebt hat:

»Mach mal ein Pfund Mett!«

Sigi kann im ersten Moment nicht glauben, was sie gerade gehört hat. Da kommt kein »*Hola*« von diesem Typen, der gerade verpennt hat, dass er an der Reihe ist. Auch kein »*Hello*« oder auch »Hallo« und erst recht kein »*Sorry*«. Er redet so, als sei es eine Selbstverständlichkeit, dass jeder hier auf Mallorca seine Muttersprache versteht. Als könne er das erwarten, wenn er hier mit seinem schönen Geld Urlaub macht. Und dann hat er noch einen Befehlston drauf, der an Überheblichkeit nicht mehr zu überbieten ist. Genau so ist das gerade bei Sigi angekommen – und jetzt gibt es kein Halten mehr.

Sigi brüllt von ganz hinten.

»Haben Sie mal eine Sekunde überlegt, wo Sie hier sind? Auf Mallorca sind Sie! Das ist in Spanien. Und Mett – das ist Deutschland. Das kennt sonst keiner! Hackfleisch vielleicht. Aber Mett – das kennt hier keine Sau!«

Fast muss sie jetzt lächeln über ihren letzten Satz. Aber dazu ist sie zu aufgebracht. Sie fuchtelt nun sogar noch mit den Armen. »Haben Sie keinen Funken Respekt im Leib?«

Inzwischen ist Sigi zu Dieter nach vorn gekommen. Den letzten Satz hat sie noch im Gehen gebrüllt. Jetzt steht sie direkt vor ihm. Wie in einem schlechten Actionfilm stehen die beiden jetzt fast Stirn an Stirn, ihre Nasen sind nur Zentimeter voneinander entfernt. Sigi schaut ihn böse an. Alle Umstehenden starren zu ihnen, als würden sie jetzt auf den großen Showdown warten.

Aber Sigi geht doch wieder einen Schritt zurück. Ihr Ton ist jetzt wieder ganz ruhig, ihre Stimme so tief, fast sonor, wie man sie aus dem Radio kennt: »Denken Sie vielleicht mal eine Sekunde darüber nach, was das da eben für ein Auftritt war, nur eine Sekunde!« Sie dreht sich um und verlässt den Laden.

Dieter weiß nicht, wie ihm gerade geschehen ist. Er steht wie ein begossener Pudel vor der Fleischtheke. Sein Kopf ist so feuerrot angelaufen, dass man sein Leuchten vermutlich bis in die Cala Mesquida sehen kann, wo seine Familie gerade im Sand liegt. Noch immer schauen alle zu ihm rüber. Erst langsam wenden sich die anderen Kunden ab und tuscheln miteinander. Leise. Als wollten sie ein Geheimnis austauschen. Als wollten sie nicht, dass der Deutsche da vorn hört, was sie über ihn sagen.

Der Metzger hat offenbar ein Stück Fleisch durch den Wolf gedreht. Dieter hat es nicht bemerkt. Er sieht das Hackfleisch im durchsichtigen Plastikbeutel erst, als der Metzger es mit seiner Fleischerhaken-Ersatzhand auf die Waage hebt. Ein halbes Kilo. Er reicht es Dieter rüber. Der murmelt ein »*Gracias*«, dreht sich um und geht zur Kasse. Er spürt die Blicke der anderen Kunden in seinem Nacken, würde am liebsten loslaufen. Aber er reißt sich zusammen, zahlt und geht. Er zittert am ganzen Leib.

Als er kurz darauf Gilla und die Kinder vom Strand abholt, hat er sich wieder halbwegs beruhigt.

»Hier ist mein Mett für heute Abend!« Triumphierend hält er im Auto den Beutel hoch. »Muss nur noch gewürzt werden. Der Metzger hat übrigens sofort verstanden, was ich haben wollte. Die haben hier inzwischen auch gelernt, was Mett ist.«

Jetzt schaut er zu Gilla und den Mädchen, als wollte er noch eine große Überraschung präsentieren.

»Wisst ihr, wen ich gerade gesehen habe?«

»Wen?«

»Sigi Harreis, die Frau aus dem Fernsehen. Die von den *Montagsmalern*. Die kennst du doch auch noch, Gilla.«

»Ach ja, richtig. Und?«

»Das ist vielleicht eine arrogante Kuh! Richtig frech ist die zu mir geworden – nur weil ich nicht schnell genug an der Fleischtheke bestellt habe. Aber nicht mit mir! Der hab ich aber mal ordentlich die Meinung gegeigt, der blöden Alten!«

***

Später erzählt Sigi Harreis in einem Interview die Geschichte vom Pfund Mett auf die Frage, was ihr peinlichster Moment auf Mallorca mit ihren deutschen Landsleuten war.

Auch Dieter erzählt noch Jahre später von dieser ganz besonderen Begegnung an der Fleischtheke. Von dem Metzger mit dem Fleischerhaken und von der Harreis, dieser »blöden Fernseh-Tussi«, die einen Nervenzusammenbruch mitten im Supermarkt hatte und ihn anmachte.

Er macht noch zweimal Urlaub mit der Familie auf Mallorca. Allerdings bucht er immer ein Ferienhaus am anderen Ende der Insel.

Deutschland gewinnt am Abend dieses verflixten Freitags das Viertelfinale der Fußball-WM gegen Argentinien mit 4:2 nach Verlängerung.

Prominente Insulaner

Der berühmteste Mallorquiner der Gegenwart ist mit Sicherheit Rafael Nadal, der als bester Sandplatzspieler der Geschichte gilt. Er ist in Manacor geboren, wo er ein Leistungszentrum für Tennisspieler hat bauen lassen. Er ist seit 2014 Ehrenbürger Mallorcas. In den USA ist ein weiterer Mallorquiner fast genauso bekannt wie Nadal: Das ist Juniper Serra, ein Franziskanerpater, der als Sohn von Bauern im Örtchen Petra geboren wurde. Er gilt als Gründer Kaliforniens. Zehn Missionsstationen hat er im 18. Jahrhundert ins Leben gerufen – darunter San Francisco, Santa Barbara und San Diego. Nach Juniper Serra sind in den USA zahllose Schulen, Straßen und Plätze benannt. Nach wie vor streiten sich die Historiker, ob nicht sogar Christoph Kolumbus ein Mallorquiner war. Nach Lesart einiger mallorquinischer Heimatkundler soll der Entdecker Amerikas in Felanitx auf die Welt gekommen sein. Bereits vor vielen Jahrhunderten wurde der Hafen des Ortes nach Kolumbus' katalanischem Namen »Porto Colom« benannt.

DIE WELPENSCHMUGGLER AUS DER KÖLNER SÜDSTADT

Soller

Ich bin Leo und ein waschechter Mallorquiner. Ich habe noch nicht viel von der Welt gesehen – außer den Straßen von Soller, meiner Heimatstadt.

Heute werde ich verreisen – zum ersten Mal in meinem Leben. Das Ziel ist eine Stadt in Deutschland. Anna, Stefan und deren Tochter Kati nehmen mich mit nach Köln. Und sie sind sehr nervös. Meinetwegen. Und wegen dieser Reise.

»Ich drehe noch durch!«, hat Anna eben gesagt, und Kati weint fast vor Aufregung. Ich sitze auf dem Balkon, genieße die leichte Brise vom Meer und spüre selbst hier draußen, wie angespannt alle drei drinnen im Hotelzimmer sind. Ist das Reisefieber?

»Jetzt stellt euch nicht so an!«, ruft Stefan aus dem Badezimmer. »Was soll denn schon passieren? Im schlimmsten Fall nehmen sie ihn uns ab, und er bleibt halt hier.«

»Genau das wäre ja die Katastrophe!«, kreischt Anna. »Du weißt doch, was das für ihn bedeutet, oder? Ich sage nur: Son Reus!«

Sie zischt das nur halblaut – so, als sollten Kati oder ich das nicht hören. Für meinen Teil kann ich nur sagen: Vergesst das mit dem Flüstern. Ich höre alles!

Vorgestern haben sie mir in Palma ein Halsband, eine Leine und eine kleine Box mit Tür gekauft. Darin soll ich wohl verreisen. Sie ist nur wenig größer als ich selbst. Aber sie ist sehr weich und bequem – und wenn ich will, kann ich sogar aufstehen und mich um mich selbst drehen. Ein paar Mal schon haben sie die Tür verschlossen. Dann wird meine Box zum kleinsten Gefängnis der Welt. Anfangs wollte ich sie deshalb partout nicht betreten. Wer begibt sich schon freiwillig in den Knast? Aber dann haben sie eine Scheibe Schinken hineingelegt – und dieser Versuchung konnte ich einfach nicht widerstehen. Es hat nicht lange gedauert, bis ich ihnen beigebracht hatte, wie der Deal zukünftig laufen wird: Knast gegen Schinken! Sie lernen sehr schnell.

Jetzt packen sie ihre Koffer. Sie haben hier zwei Wochen in einem Appartement am Rande Sollers verbracht, das zu einem Hotel gehört. Wir haben Hochsommer, Mitte August. Es ist heiß, die Sonne brennt bereits jetzt am Vormittag gnadenlos vom Himmel. Ich kann ihren Schweiß schnuppern.

»Ich vermisse die Sonne jetzt schon. In Köln soll es sogar regnen, wenn wir zurückkommen.« Anna schaut über den Balkon hinweg zu den mächtigen Bergen der Tramuntana, die von einem strahlend blauen Himmel gekrönt werden. Sie beugt sich zu mir runter und streichelt mir durch das Fell. Das mag ich. Und sie scheint es auch zu mögen.

»Tolles Wetter, nettes Hotel, alles prima – und dann taucht dieser Bursche hier auf, und mit der Ruhe ist es vorbei.« Stefan kommt ebenfalls raus auf den Balkon und zwinkert mir zu. Ich wedele mit dem Schwanz, denn ich habe gelernt: Darauf stehen die Menschen. Sie lächeln, wenn ich so reagiere.

Ich höre ihnen so gern zu, wenn sie reden oder telefonieren. Und dabei habe ich schon so viel über sie erfahren. Die beiden sind 37, und zu Hause müssen sie jeden Tag zur Arbeit gehen. Sie können nicht wie hier auf Mallorca einfach ans Meer fahren oder tagsüber durch die Gassen flanieren und sich stundenlang in ein Café setzen, um das Treiben auf der Placa vor Sollers großer Kirche zu beobachten. Stefan ist Teamleiter in einem Softwarehaus, Anna Lehrerin für Spanisch und Geschichte. Anfangs hat sie mich noch auf Spanisch angesprochen, aber inzwischen reden alle deutsch mit mir. Uns Hunden ist die Sprache ohnehin egal, auf den Tonfall kommt es an. Kati ist neun. Sie geht zur Schule, nach den Ferien wird sie aufs Gymnasium wechseln.

Anna und Stefan klappen ihre Koffer zu und schauen sich an. Sie haben vor irgendetwas Angst. Ich kann das riechen. Dabei müssen sie gar keine Angst haben. Was soll uns noch passieren – bei all dem, was wir hier auf Mallorca schon alles gemeinsam durchgemacht haben?

Ich bin erst vier Monate alt. Aber zum Zeitpunkt, als ich die Deutschen traf, war ich bereits drei Wochen lang ganz allein unterwegs gewesen. Bei der mallorquinischen Familie, bei der ich zuerst gewohnt habe, musste ich auf dem Hof schlafen. Sie schauten kaum nach mir, egal wie laut ich gebellt und gewinselt habe. Eines Morgens hat mich Tolo, der Vater, in sein Auto gepackt und hier wieder rausgelassen, mindestens drei oder vier Dörfer von der Familie entfernt. Zu weit jedenfalls, als dass ich mir den Weg hätte merken können. Schöne Bescherung: Zuhause weg, Familie weg, Futter weg.

Die Deutschen liefen mir über den Weg, als ich gerade vom Fressen kam. Der Punt Verd, eine Art Müllplatz am Rande Sollers, war da schon seit einigen Tagen mein Esszimmer. Hier findet man als Hund immer etwas – Knochen, Fleischreste, vertrocknetes Brot. Nicht weit vom Punt Verd entfernt führt ein Wanderweg hoch zum Viaduct Cinc Ponts.

»Mama, guck mal, ein Hündchen!«

Kati entdeckte mich zuerst. Ich hatte sie alle schon von Weitem kommen gehört und saß am Rand des Weges. Sie redeten und lachten miteinander auf ihrer Spazierrunde kurz vor Sonnenuntergang. Die Grillen zirpten, nur ein laues Lüftchen rauschte leise aus Richtung Meer durch die Pinien. Ihre Nadeln auf dem weichen Boden dufteten nach Harz.

Als die drei mich sahen, verstummten sie.

»Ach, der ist ja süß.« Anna lächelte mich an.

»Kommt, lasst uns weitergehen.« Stefan wirkte im ersten Moment etwas sperrig. Er ging ein paar Schritte weiter, aber Kati und Anna standen noch immer vor mir und starrten zu mir herunter.

»Hopp!«, rief Stefan und versuchte, seine Begleiterinnen mit einem sehr billigen Trick zu locken.

»Wer zuerst am Hotel ist, bekommt ein Eis ...«

Stefan tat sogar, als würde er loslaufen. Die beiden Mädels rührten sich nicht. Das gefiel mir gleich sehr gut. Noch immer lächelten sie mich an – und jetzt kam Anna sogar einen Schritt auf mich zu.

»Na, mein Kleiner!«

Sie beugte sich zu mir herunter. Ich konnte noch nicht einschätzen, ob ich ihr wirklich trauen konnte. Deshalb lief ich sicherheitshalber einen halben Meter nach hinten, entfernte mich aber nur ein paar Tippelschritte, um mich dann gleich wieder zu ihnen umzudrehen.

»Du musst keine Angst haben«, rief Anna mit samtweicher Stimme. Kati ging in die Hocke und hielt mir ihre rechte Hand entgegen.

»Hallo, kleiner Hundi!«

Katis Haut roch nach einer süßen Creme. Kokos mochte das gewesen sein, vielleicht auch eine andere Frucht, die ich nicht kannte. Ich konnte der Versuchung nicht widerstehen und wagte mich ein paar Schritte nach vorn, um an ihrer Hand zu lecken.

»Bitte fasst den Hund nicht an! Wer weiß, ob der nicht Flöhe hat. Oder Zecken. Oder Tollwut.«

Dieser Stefan war ein wirklich harter Brocken. Als Kati ihre linke Hand hob, um mich trotz der Warnung ihres Vaters zu streicheln, sprang ich augenblicklich zur Seite, nur um zu Stefan zu laufen und zwischen seinen Beinen Schutz zu suchen. Ich schaute zu Stefan hinauf, und es dauerte nur Nanosekunden, bis der Beschützerinstinkt bei ihm einsetzte.

»Der Hund weiß ganz genau, was gut für ihn ist.«

Stefan lächelte zufrieden und auch ein wenig stolz, als er sich ganz zu mir herunterkrümmte und mir den Rücken streichelte. Ich begann sofort, mit dem Schwanz zu wedeln.

»Papa, darf ich den mitnehmen?«, fragte Kati und versuchte, meinen Hundeblick nachzumachen.

»Kati, bitte, ich finde den auch süß«, antwortete Stefan. »Aber das geht nicht. Wirklich nicht.«

Er nahm seine beiden Frauen an die Hand, und sie spazierten weiter. Ich folgte ihnen vorsichtig. Kati und Anna drehten sich noch ein paarmal nach mir um. Aber dann verschwanden sie hinter der Tür eines Hotels.

Sie waren bepackt wie die Esel, als sie am nächsten Morgen wieder aus dieser Tür kamen und zu einem Auto gingen. Einen Korb hatten sie dabei, einen Sonnenschirm und Matten aus Stroh. Sie verstauten alles im Kofferraum.

Ich hatte mich hinter der nächsten Hausecke versteckt. So recht traute ich mich nicht, zu ihnen zu laufen. Aber als Kati in meine Richtung schaute, hielt ich es nicht mehr aus. Ich sprintete quer über die Straße und bekam überhaupt nicht mit, dass sich von rechts ein Auto näherte. Bis ich hörte, wie die Bremsen quietschten!

Vor Schreck machte ich einen Sprung zurück zu meiner Straßenseite. Das Auto stand kurz still, der Fahrer schüttelte mit dem Kopf, fuhr dann aber weiter.

Die drei hatten sich wohl genauso erschreckt wie ich. Sie schauten zu mir rüber, Anna hielt vor Schreck die Hand vor den Mund. Da gab es natürlich kein Halten mehr: Ich lief zu ihnen, so schnell ich konnte, bis ich Stefans Beine erreicht hatte.

»Kleiner Mann, was machst du denn für Sachen?« Stefan war der Erste, der etwas sagte. Alle drei hatten sich zu mir runtergebeugt. Sechs Hände streichelten mich eine gefühlte Ewigkeit lang. Bis Stefan plötzlich drängelte.

»So, jetzt wollen wir aber endlich zum Strand!«

Daraufhin ließen sie mich los, richteten sich auf und schauten zu mir runter.

»Du, Papi ...« Kati sah ihren Vater mit großen Augen an. Aber der schüttelte Kopf und Zeigefinger.

»Kati, wir haben doch drüber gesprochen, dass das nicht geht.«

Und dann stiegen sie ins Auto und fuhren einfach weg. Kati ließ mich durch die Rückscheibe nicht aus den Augen, bis der Wagen um die Kurve gefahren war.

Zwei Tage lang hatte ich sie danach aus den Augen verloren. Und dann kam dieser alte Mallorquiner mit seinem Stock. Sein Haus lag nur wenige Meter vom Hotel der Familie entfernt. Er hatte mehrere Plastiksäcke mit Abfall vor sein Tor gestellt. Mich hatte es einige Mühe gekostet, bis ich mich durch das Plastik gearbeitet hatte. Aber dann fand ich dort etliche Knochen und auch Reste von altem Schinken.

Sein Schlag traf mich völlig unerwartet am Rücken. Der Alte hatte den Stock mit voller Wucht geschwungen. Ich sprang zur Seite, bellte so laut und böse, wie ich konnte, aber er holte schon wieder aus.

»Hey! Ist ja gut. Ist ja gut, bitte. Stopp. *Gracias*.«

Diese Stimme kannte ich. Stefan!

Ich hatte ihn gar nicht kommen gehört. Er war außer Atem, offenbar war er gerannt.

Der alte Mallorquiner machte eine abfällige Handbewegung und verschwand dann wieder hinter seiner Mauer. Ich schmiegte mich sofort an Stefans Beine.

In dem Moment, als er mich hochnahm, wusste ich, dass ich mich auf diesen Beschützer verlassen konnte.

»Du machst aber auch Sachen ...«

Stefan wühlte mir durchs Fell und schüttelte den Kopf.

Jetzt kamen auch Anna und Kati von der anderen Straßenseite angerannt. Alle drückten und knuddelten sie mich. Ich leckte ihre Hände, ich wedelte, ich bellte und sprang vor Freude hin und her.

»Und jetzt?«, fragte Anna aus heiterem Himmel, und ich spürte, dass ein entscheidender Moment gekommen war.

Die drei schauten sich an. Stefan zuckte mit den Schultern.

»Dieser Hund hat sich uns als Familie ausgesucht. Das kann doch kein Zufall sein, dass er uns schon wieder über den Weg läuft.«

Anna schaute mir die ganze Zeit in die Augen, während sie das sagte.

»Papa ...«

Ich hielt es in diesem Moment für eine ziemlich gute Idee, noch mal zu Stefan rüberzugehen und mich an seine Knöchel zu schmiegen.

»Wir müssen ihn im Hotel nur an der Rezeption vorbeischmuggeln«, ergänzte ihre Mutter.

Stefan zierte sich noch kurz, aber mir war sofort klar, dass es nun für ihn keinen Weg zurück gab. Ich spürte, dass er mich super fand. Und er wusste, dass er sich vor seinen zwei Frauen zum Helden machte, wenn er mich mitnahm.

Wenig später war es kinderleicht, mich an Joan vorbeizuschmuggeln, dem alten Mallorquiner, der an der Rezeption des Hotels Nachtdienst schob. Kati lief zu ihm und fragte, ob sie noch ein Eis bekommen könnte. Während Joan sich mit Kati über die Truhe neben dem Eingang beugte, schlichen Stefan und Anna an den beiden vorbei in den Innenhof. Anna hielt mich dabei vor ihrer Brust auf den Armen und schirmte mich mit ihrem Körper vor Joans Blick ab. Das klappte sehr gut, denn mein Vater ist ein Ratero, meine Mutter ein Terrier. Ich wiege keine drei Kilo.

Das Appartement im Hotel wurde für fast eine Woche mein neues Zuhause. Sie legten in einer Ecke von Katis Zimmer ihre Badehandtücher auf dem Boden zusammen, damit ich es dort in der Nacht weich hatte. Sie besorgten Trockenfutter und auch einige Dosen für mich, damit ich nicht mehr im Müll wühlen musste, wenn ich Hunger hatte. Jeden Tag schmuggelten sie mich an der Rezeption vorbei – im Glauben, dass Joan nichts auffiel.

Und dann durfte ich sogar in ihrem Auto mitfahren. Es war ein Mietwagen. Vorn saßen immer Stefan und Anna. Mein Platz war hinten auf der Rückbank bei Kati. Und sie machten ständig die Fenster auf, damit der Luftzug mich kühlte.

Meine erste Fahrt ging nach Binissalem. Das ist das bekannteste Weindorf auf Mallorca. Dort lebt Erika.

»Erika wird schon wissen, was wir jetzt tun müssen.« Anna kennt Erika noch aus Deutschland, erklärte sie Kati. Sie beide haben da zusammen studiert. Inzwischen ist sie engagierte Tier-schützerin.

Stefan fühlte sich unwohl. Er wirkte angespannt, das spürten alle im Wagen.

»Papa!«, rief Kati von der Rückbank. »Ich will ihn nicht wie-der hergeben, er ist sonst wieder ganz allein.« Kati nahm mich auf den Arm und drückte mich.

»Du hast es mir versprochen!«

»Und mir auch«, pflichtete ihr Anna bei.

Stefan schwieg und bog in einen Feldweg ein.

»Da vorn muss es sein«, sagte er nur und hupte vor einem großen Tor.

Eine Frau mit kurzen, blonden Haaren öffnete und schloss das Tor gleich wieder hinter uns. Sie umarmte Anna und gab Ste-fan die Hand, nachdem sie beide ausgestiegen waren.

Dann kam sie ans Auto, grüßte Kati, hatte aber eigentlich nur Augen für mich.

»Na, da ist ja die kleine Schnauze!« Sie nahm mich vom Rücksitz, hob mich hoch, roch an mir und betrachtete ganz ge-nau mein Fell.

»Flöhe scheint er keine zu haben. Aber ich gebe euch sicher-heitshalber nachher was mit.«

Sie setzte mich am Boden ab – und nachdem sie ein weite-res Törchen geöffnet hatte, liefen drei riesige Hunde auf mich zu. Doggen! Alle drei rochen an mir und legten mir ihre riesigen Köpfe kurz auf den Rücken. Ich wusste sofort, was das bedeutet: Sie wollten mir zeigen, wer hier die Chefs auf dem Grundstück sind. Ich lief zu Stefan und versteckte mich zwischen seinen Schuhen.

»Na, da hat aber einer schon mächtig Vertrauen gefasst!«, sagte Erika zu Stefan und legte ihren Arm auf seine Schulter.

Wir gingen alle ins Haus, ich bekam frisches Wasser, die Doggen legten sich auf der Terrasse in den Schatten.

»Als Erstes müsst ihr einen Heimtierausweis holen. Dann muss der Hund einen Chip bekommen. Und dann natürlich seine Impfungen. Sonst nimmt euch die Airline nicht mit.« Es war mir schnell klar, dass Erika über mich redete, während sie den Erwachsenen Kaffee servierte und Kati ein Glas Limonade auf den Küchentisch stellte.

»Wie heißt er überhaupt?«, wollte sie dann wissen.

»Leo! Ich finde, er sieht aus wie Leo«, erklärte Kati, und keiner widersprach.

Sie alle saßen am Tisch und schauten zu mir runter.

»Dann werde ich gleich mal etwas rumtelefonieren, wie wir das mit der Impfung hinbekommen. Ihr seid ja nur noch fünf Tage hier, oder?« Erika wirkte sehr entschlossen.

»So eine Impfung geht doch ruckzuck, oder nicht?« Stefan wirkte ein wenig, als suche er nach einer Möglichkeit, mich nicht mitnehmen zu müssen. Also wollte er mich doch noch hier auf Mallorca lassen.

»Die Impfung geht ruckzuck, das stimmt. Auch alles andere geht schnell. Es gibt aber ein kleines Problem.«

»Und das wäre?«

»Die Impfung gegen Tollwut muss mindestens drei Wochen alt sein. Sonst darf der Hund nicht in Deutschland einreisen.«

»Warum das denn nicht?«, wollte Anna wissen und schaute besorgt zu mir runter.

»Weil die Impfung erst nach drei Wochen wirklich wirkt.«

Jetzt schaute sogar Stefan besorgt.

»Wie soll das denn gehen? Wenn man hier nur zwei Wochen Urlaub auf Mallorca macht wie die meisten Leute?«

Erika schaute nun beide an – Stefan und Anna. Sie redete etwas leiser, damit niemand von den Nachbarn oder Spaziergängern am Haus etwas hätten hören können:

»Dann muss die Impfung eben schon vor drei Wochen gemacht worden sein ...«

Stefan machte ein fragendes Gesicht.

»Na ja, der Tierarzt schreibt einfach nicht den richtigen Tag in die Spalte im Ausweis. Sondern einen Tag, der bereits drei Wochen zurückliegt. Ich kann euch die Adresse einer Tierärztin geben, mit der ich häufig zusammenarbeite.« Erika zog die Augenbrauen hoch, was bedeuten sollte: »Ihr wisst, was ich meine.«

Stefan wusste es.

»Das ist doch Urkundenfälschung ...«

»Nein, das ist Notwehr.«

»Und wenn wir mit ...«, jetzt schaute Stefan wieder zu mir, deutete sogar per Kopfnicken auf mich, um dann fast flüsternd weiterzusprechen, »wenn wir mit Leo die Tollwut in Deutschland einschleppen?«

Jetzt lächelte Erika.

»In Deutschland gibt es die Tollwut. Hier auf Mallorca ist sie längst ausgerottet. Hier hat kein einziges Tier die Tollwut. Es geht nur um den Stempel und das richtige Datum im Ausweis, sonst nichts.«

Damit schien sich Stefan erst einmal zufriedenzugeben, aber im Auto sagte er:

»Richtig wohl fühle ich mich nicht.«

Ich fühlte mich wohl. Mit der ganzen Situation. Mit meiner neuen Familie. Und mit der Aussicht, bereits in wenigen Tagen zu verreisen. Nach Deutschland. In einem Flugzeug!

Ein wenig Stress hatte es noch gegeben, als ich mich am zweiten Tag mitten im Zimmer erleichtert hatte. Aber was sollte ich tun? Sie alle hatten mit mir geschimpft und vor mir drohend ihren Zeigefinger in die Luft gestreckt. Seitdem ich nun immer fiepe, wenn ich muss, ist das auch geklärt. Einer von den dreien nimmt mich dann, schleicht mit mir an der Rezeption vorbei, und wir spazieren ein wenig um die Ecken, bis ich alle Geschäfte erledigt habe.

Das klappt alles sehr gut. Auch in dieser Beziehung lernen sie schnell. Und springen sofort, wenn ich auch nur etwas lauter werde. Sobald ich belle, reagieren sie sofort, damit mich niemand hören kann. Oder eben fiepe. Dann gibt es sofort ein Leckerchen oder einen Spaziergang. Klasse!

»Was für ein Stress«, meckerte Stefan zwischendurch immer mal wieder. Das sind die Momente, in denen ich aus Prinzip zu Stefan gelaufen bin und mich wedelnd vor ihn gestellt habe.

»Es wird spannend!«

Ich habe gar nicht bemerkt, wie Stefan den letzten der drei gepackten Koffer hinter die Tür des Appartements gehievt hat. Aber es scheint nun etwas sehr Wichtiges bevorzustehen.

»Jeder weiß, was er zu tun hat«, sagt er jetzt und schaut erst Anna, dann Kati an. Zuletzt guckt er zu mir.

»Du kleine Nervensäge musst jetzt auch mitspielen!«

Mir ist nicht wirklich klar, was er von mir will. Ich wedele vorsichtshalber. Kati zieht mir mein Halsband über und nimmt mich wieder hoch. Anna nimmt zwei Taschen in die eine Hand. Mit der anderen zieht sie ihren Koffer hinter sich her in den Aufzug. Stefan folgt mit den beiden anderen Koffern.

Unten will sich Kati wie immer mit mir an Joan, dem Rezeptionisten, vorbeischleichen.

»*Hola,* kleine *Chica!*«, ruft er. »Zum Abschied noch ein letztes Eis?«

Ich kann riechen, wie meiner neuen Familie die Nervosität in die Knochen fährt. Anna zittert sogar leicht.

Kati hält mich noch fester umschlossen als vorher und ist bereits an der Rezeption vorbei, da ruft Joan erneut nach ihr.

»Darf ich den Hund denn wenigstens einmal streicheln?«

Anna, Stefan und Kati starren Joan an.

»Also bitte, ich mache das hier seit fast zwanzig Jahren. Glaubt ihr, dass ihr die Ersten seid, die einen Straßenhund aufs Zimmer schmuggeln?«

»Seit wann weißt du das mit dem Hund?«, will Anna jetzt von ihm wissen.

»Seit dem ersten Abend, als ich mit Kati nach dem Eis in der Truhe kramen musste.« Er lacht und zum ersten Mal sehe ich, dass ihm vorn ein Schneidezahn fehlt. Dann beugt er sich über seinen Tresen, auf dem der Computer steht und die Ablage für die Zimmerschlüssel. Kati geht zu ihm rüber, öffnet ihre Arme. Joan streichelt mir über den Rücken. Ich lecke ihm die Hand.

»Habt ihr wenigstens alle Papiere, die ihr für den Flug mit dem Hund braucht?«

»Ich hoffe es«, sagt Stefan, sieht dabei aber nicht sehr überzeugt aus.

Nun sitzen wir alle im Wagen, und ich merke, wie erleichtert die drei sind.

»Da haben wir ja noch mal Glück gehabt, dass Joan so ein Hundenarr ist.«

Anna atmet hörbar auf und lächelt Stefan an.

»Dieses Glück brauchen wir aber heute noch ein paarmal. Denn noch ist der kleine Kerl nicht bei uns zu Hause angekommen.«

Stefan dreht den Schlüssel im Zündschloss, und wir starten in Richtung Flughafen. Ich kann jetzt wieder riechen, dass die Angst zurückkommt.

Dabei war am Tag zuvor doch alles nach Plan gelaufen. Gleich nach dem Frühstück hatten wir uns auf den Weg zum Örtchen Alaró gemacht. Dort war die Tierärztin, die nach mir schauen sollte.

Die Sonne schien bereits am Vormittag gnadenlos aufs Autodach, und die Klimaanlage pustete nach Kräften kalte Luft in den Wagen. Drei Kilometer lang fuhren wir durch einen riesigen Schatten, und es wurde angenehm frisch. Das war der Soller-Tunnel, durch den wir auf die andere Seite des Tramuntana-Gebirges gelangten, ohne den Pass mit seinen nervigen Kurven durchqueren zu müssen, bei denen mir immer kotzübel wird. Nur wenige Autominuten hinter dem Tunnel tauchten auf der linken Seite riesige Schornsteine auf, weitab von der Straße oder einem Dorf.

»Das ist es«, bemerkte Anna nur ganz kurz, damit wir es auf der Rückbank nicht mitbekamen.

»Was ist da?«, wollte Kati sofort wissen. Kinder bekommen immer das mit, was sie nicht hören sollen.

»Nichts.«

»Das stimmt nicht. Ich habe es doch eben genau gehört. Also: Was ist da?«

»Okay«, erklärte Stefan, holte aber zuvor tief Luft. »Das ist Son Reus. Da wird der Müll verbrannt.«

»Und?« Kati und ich spürten sofort, dass das nur die halbe Wahrheit war.

»Und da ist auch das große Tierheim. Son Reus halt.«

»Neben dem Müll?«

Jetzt schaltete sich Anna ein. Sie drehte sich um und schaute uns beide an.

»Na ja, ich finde, das kannst du ruhig wissen. Du bist alt genug«, sagte sie zu Kati.

»Dort ist das Tierheim, das ist richtig. Dort kommen die Hunde hin, die auf der Straße eingefangen werden. Von denen niemand weiß, wem sie gehören.«

»Wie Leo?«

»Wie Leo.«

Kinder sind so neugierig wie Hundewelpen. Sie wollen immer alles ganz genau wissen. Sie haben keine Angst vor der Wahrheit.

»Und was passiert dann mit den Hunden?!«

Anna schaute wieder nach hinten, drehte sich halb zur Rückbank und nahm dann die Hand ihrer Tochter.

»Die Hunde werden totgemacht, wenn sich nach einer gewissen Zeit niemand meldet, dem sie gehören.«

»Alle?«

»Ja, alle. Außer denen, die von Leuten wie Erika abgeholt und womöglich nach Deutschland gebracht werden zu einer neuen Familie.«

»Wie Leo!«

»Wie Leo.« Jetzt lächelte Anna. Erst lächelte sie mich an, dann Kati. Die nahm mich auf ihren Schoß, streichelte mir das Fell, drückte mich ganz fest an sich.

»Leo, du brauchst keine Angst zu haben. Wir nehmen dich ja mit.«

Stefan wollte etwas sagen, aber der strenge Blick seiner Frau auf dem Beifahrersitz hielt ihn davon ab. Ich hatte das ungute Gefühl, dass er sich Sorgen machte, und das hatte womöglich mit der Tierärztin zu tun, zu der wir unterwegs waren.

Die Praxis lag in einer kleinen Gasse am Rande Alarós. Nachdem wir den Wagen geparkt hatten, musste ich erst mal alle Ecken und Mauern an der Straße beschnuppern. Überall roch es nach anderen Hunden.

»Ich schätze mal, der Hund ist etwa vier Monate alt, nicht mehr«, erklärte die Tierärztin, die sich als Angelika vorgestellt hatte. Spritzen wollte sie mir geben, gegen Tollwut und Staupe. Ein Halsband gegen Flöhe und Zecken sollte ich bekommen – und einen Mikrochip unter mein Fell.

»Muss das alles wirklich sein?« Kati hatte sofort Mitleid mit mir.

»Na ja, das Flohhalsband finde ich schon mal ziemlich gut«, antwortete Stefan.

»Ein Chip ist ja auch nicht schlecht«, ergänzte Anna.

»Und er ist Pflicht. Wenn ihr den Hund mit nach Hause nehmen wollt. Nach Deutschland.«

»Was würde denn passieren, wenn er keinen Chip hätte?«, wollte Stefan wissen.

»Die Fluggesellschaft würde euch nicht mitnehmen. Das würde passieren.«

Angelika tastete überall an mir herum, an der Seite und am Rücken. Zog an meinen Beinen, drückte ein paar Haare meines Felles auseinander und betrachtete mit einer Lupe ganz genau meine Haut darunter. Sie hielt mit ihrer Hand mein Maul auf und schaute sich jeden einzelnen Zahn an.

»Dann wollen wir mal!«

Die Spritzen mit den Impfseren spürte ich kaum. Nur bei der Spritze mit dem Mikrochip musste ich zucken. Der Chip ist etwa so groß wie ein Reiskorn und brannte im ersten Augenblick unter meiner Haut, links am Nacken. Das Lesegerät piepste sofort, als Angelika mit ihm über die Stelle fuhr. Sie schaute auf die Zahlen und trug sie in meinen Ausweis ein. Anschließend schrieb sie noch eine Weile in dem blauen Ausweis auf verschiedenen Seiten herum und setzte mit lautem Krachen etliche Stempel auf das Papier.

Dann bekam ich von meiner Ärztin ein Leckerchen, und wir durften gehen.

In der Tür blieb Stefan plötzlich kurz stehen.

»Ach, eines noch!«

Er schaute zu Angelika rüber, die neben dem Behandlungstisch stand und mit einem Lappen meine Haare wegwischte.

»Wie genau wird denn so ein Hund kontrolliert?«

»Na ja. Kommt drauf an. Hier in Palma muss die Fluggesellschaft darauf achten, dass alles seine Richtigkeit hat. Das geht meistens schnell. Aber in Deutschland sind sie manchmal schon sehr streng. Mit ein wenig Glück sehen die den Hund aber gar nicht. Dann marschieren Sie einfach am Zoll vorbei nach draußen, und fertig ist die Sache.«

»Und was muss man befürchten, wenn irgendwas nicht stimmt?«

»Gefängnis bis zu dreieinhalb Jahren.«

Daraufhin lachte sie schallend laut.

Wir sind inzwischen am Flughafen angekommen – und ich muss an Angelikas Lachen denken. Ich weiß noch immer nicht, wie sie das gemeint hat. Und ich habe das Gefühl, dass Stefan noch viel angespannter ist als ich. Er wirkt gereizt.

Sie laden die Koffer aus, und ich springe aus dem Auto, um ein wenig in den Ecken zu schnuppern. Stefan sieht mich und brüllt direkt Kati an.

»Du sollst den Hund doch festhalten, warum lässt du ihn denn einfach laufen?«

Das Kind hat Tränen in den Augen – da nutzt es auch nur wenig, dass ich zu ihr laufe und wedele.

»Jetzt mach dir mal nicht in die Hose«, meint Anna, knipst die Leine an meinem Halsband fest und drückt das andere Ende in Katis Hand.

Kurz darauf am Check-in-Schalter bemerke ich allerdings, wie auch Annas Hände zittern. Sie sind beide so nervös, dass ich ihren Schweiß riechen kann, obwohl sie heute früh ausgiebig geduscht haben.

»Warum dauert das denn so lange?« Stefan flüstert das zu Anna, damit die Frau am Schalter ihn nicht hören kann. Die schaut ganz lange in meinen Heimtierausweis, blättert in den Seiten hin und wieder zurück, vergleicht irgendwas auf einem Zettel, auf dem offenbar ganz genau aufgelistet ist, was sie alles kontrollieren muss, guckt wieder zurück zu meinem Ausweis und schüttelt mit dem Kopf.

Nach einer gefühlten Ewigkeit schaut sie endlich auf zu Stefan, klappt meinen Ausweis zu und reicht ihn rüber – zusammen mit den Ausweisen der drei anderen. Die drei großen Koffer verschwinden auf einem Band hinter ihr.

»Was man heute braucht, nur um mit einem Hund zu vereisen. Verrückt.« Die Frau sagt das auf Deutsch mit spanischem Akzent. Sie steht nun auf und guckt zu mir runter. Sie lächelt mich an.

»Guten Flug«, sagt sie noch, bevor wir zur Rolltreppe gehen.

Stefan atmet ganz tief durch.

Leider hält seine Erleichterung nicht lange an.

Schuld daran ist eine Frau um die sechzig mit sehr blondem Haar und sehr brauner Haut. Sie sitzt uns im Warteraum gegenüber und liest in einer Zeitschrift.

Als sie mich entdeckt, kommt sie rüber und kniet sich vor mir hin.

»Darf ich?«, fragt sie, und als Anna nickt, streichelt sie mir durchs Fell.

»Er heißt Leo«, erklärt Kati.

»Ist das ein kleiner Mallorquiner?«, will die Frau wissen. Kati nickt.

»Na, da drücke ich aber alle Daumen.«

Das hätte sie vielleicht nicht sagen sollen. Denn in diesem Moment weht aus Stefans Richtung Angstgeruch zu mir.

»Wieso muss man da die Daumen drücken?«

»In Köln sind sie wahnsinnig streng beim Zoll mit Tieren! Ich bringe immer einen Hund mit aus Mallorca. Immer. Bei jedem Urlaub. Vom Tierschutz. Ich bin Flugpatin.«

»Ja und – wie meinen Sie das? Wie streng sind die in Köln?«

»Mich ziehen die jedes Mal bis aufs Hemd aus, wenn ich mit dem Hund durch die Kontrolle will. Die suchen regelrecht nach irgendwas, das nicht stimmt.«

»Was soll denn nicht stimmen?« Stefan fragt das, obwohl er ganz genau weiß, was bei mir nicht stimmt.

»Na ja, die Daten. Geburt. Impfungen. So etwas halt. Oder die finden den Chip nicht mit ihrem Lesegerät. Was glauben Sie, wie oft die mich hier schon genervt haben! Wie oft ich mit dem Hund nicht reindurfte? Sogar einen Tierarzt haben die schon extra kommen lassen!«

»Was sollte der denn machen?«

»Da hatten die mir nicht geglaubt, dass der Hund schon alt genug sei für eine Tollwutimpfung. Und ein Tierarzt, der sieht sofort, wie alt ein Hundchen ist. Na ja, heute habe ich einen Dalmatiner mit. Der ist schon fast zehn. Unten im Frachtraum fliegt der mit. Auf den wartet in Köln schon eine Familie aus Aachen.«

Ich habe den Eindruck, dass Anna heilfroh darüber ist, dass wir jetzt zum Boarding aufgerufen werden.

»Alles Schikane!«, ruft uns die Dalmatiner-Frau noch hinterher.

Der Flug war das aufregendste Erlebnis in meinem Leben.

Die vielen Geräusche, der ungewohnte Druck – all das hat mir ganz schön Angst gemacht. Die Angst war so riesig, dass ich in den beiden Stunden während des Fluges pausenlos zittern musste. Sie haben mein Körbchen direkt vor Katis Sitz auf den Boden gestellt. Ich durfte nicht für eine Minute raus. Zwischendurch haben Anna und auch Kati immer mal wieder nach mir geschaut, haben ihren Kopf ganz nach unten gestreckt, mir ins Gesicht gelächelt und mit mir gesprochen.

»Dauert nicht mehr lange, wir sind gleich da, Leo.«

Sollte mich wohl etwas beruhigen.

Aber erst jetzt bin ich wirklich beruhigt. Wir sind am Boden. In Köln. Es riecht völlig anders als auf Mallorca. Und es ist deutlich kühler. Ich würde gern das Körbchen endlich verlassen. Aber wir stehen hier noch am Band und warten auf unsere Koffer.

»Huhu!«, hat eben noch mal die Dame gerufen und gewunken. Jetzt steht sie am Schalter für »Sperrgepäck« und wartet auf die Box mit dem Dalmatiner.

Am Zoll hinter dem Gepäckband stehen drei Beamte – zwei Männer und eine Frau. Stefans Angstgeruch kann man jetzt vermutlich in der ganzen Ankunftshalle riechen. Wir bilden eine Art Karawane. Vorneweg schiebt Stefan den Wagen mit den drei Koffern, dann folgt Kati, die mich im Körbchen auf dem Arm trägt, und ganz am Ende Anna mit den beiden Taschen, die sie als Handgepäck mitgenommen haben.

Stefan ist schon fast durch die Automatiktür durch, da hört er die Frau vom Zoll hinter sich rufen.

»Na, was haben wir denn da? Einen Hund?«

Stefan bleibt stehen. Regungslos. Er sieht aus, als knickten ihm gleich die Beine weg.

Ganz langsam dreht er den Kopf um. Direkt neben meinem Körbchen steht jetzt die Beamtin und winkt jemanden ran.

»Das war mir so klar, dass ich hier wieder antreten kann – so was von klar war mir das!«

Die Frau mit dem Dalmatiner fährt rechts ran zu den Zollbeamten und fuchtelt mit den Armen. Wir gehen weiter durch die Tür nach draußen.

***

Leo hat sich gut in Deutschland eingelebt. Er wohnt seit fünf Jahren in der Kölner Südstadt.

Anna, Stefan und Kati nehmen ihn fast überall mit hin. Nur für ihren zweiwöchigen Mallorca-Urlaub in jedem Sommer geben sie ihn zur Oma, die im Bergischen Land lebt.

Die Geschichte von der Rettung Leos aus dem mallorquinischen Müll und der illegalen Einreise des Hundes vorbei am Zoll in Köln erzählen Stefan und Anna noch immer mit Stolz.

 ## Jenseits vom Ballermann

Der Tierschutz

Niemand kennt die genaue Zahl von Hunden und Katzen, die auf Mallorca herrenlos aufgefunden werden. Allein im staatlichen Tierheim Son Reus landen pro Jahr rund 1.500 Hunde und mehr als tausend Katzen. Die Behörden versuchen seit einiger Zeit, möglichst viele Tiere an neue Familien zu vermitteln. Bis vor wenigen Jahren wurde den Hunden und Katzen nur eine Gnadenfrist von 15 Tagen gelassen. Fand sich bis dahin kein neuer Besitzer, wurden sie getötet. Zahllose private Initiativen auf der Insel kümmern sich um die Adoption von Tieren und organisieren die Reise von Hunden oder Katzen zu neuen Familien ins Ausland. Laut Schätzungen von Tierschützern findet etwa jeder dritte herrenlose Hund ein neues Zuhause in Deutschland.

Impressum

Jürgen Mayer
Endlich ist wieder Mallorca!
Wahre Geschichten, die die Insel nie verlassen sollten
ISBN: 978-3-95910-260-5

Eden Books
Ein Verlag der Edel Verlagsgruppe
Copyright © 2021 Edel Germany GmbH, Neumühlen 17, 22763 Hamburg
www.edenbooks.de | www.edel.com
1. Auflage 2021

Projektkoordination: Juliane Noßack
Lektorat: Kanut Kirches
Umschlaggestaltung: FAVORITBUERO, München
Umschlagillustrationen: Wellen © Natalya Timofeeva / Shutterstock; Yoga-
frau, Schwimmer, Frau auf Luftmatratze, Sonnenschirm, Handtuch, Flipflops,
Ball, SM Paar, Sonnenbrand-Paar, Nerd © avian / Shutterstock; Schwimm-
ring © ann131313 / Shutterstock; Hintergrundstruktur © BG Creator / Shut-
terstock; Eimer © Sylvie Design / Shutterstock
Autorenfoto: © privat
Layout und Satz: Datagrafix GSP GmbH, Berlin | www.datagrafix.com
Icons im Innenteil: Made by © Freepik from www.flaticon.com
Druck und Bindung: GGP Media GmbH, Pößneck

Printed in Germany

Dieses Buch ist auch als E-Book erhältlich.

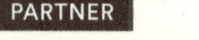  

Partner des Naturparks
Nossentiner / Schwinzer Heide

Eden Books unterstützt bei der Produktion dieses Buches das Projekt »Junge
Riesen für die nächsten 100 Jahre«. Damit wird ein Anteil der unvermeid-
baren CO_2-Emissionen kompensiert.

MIX
Papier aus verantwor-
tungsvollen Quellen
FSC® C014496